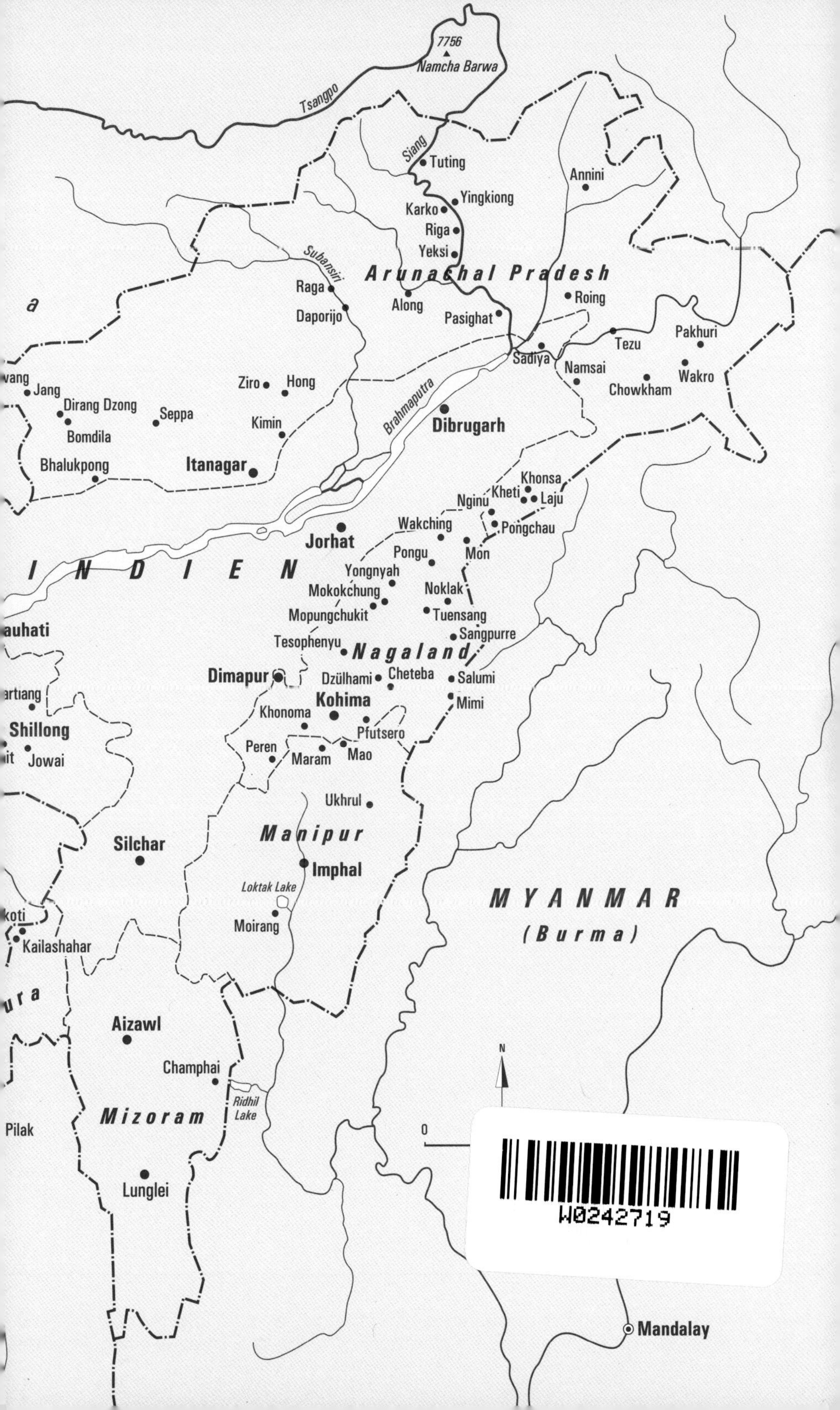

7756
Namcha Barwa
Tsangpo
Siang
Tuting
Annini
Yingkiong
Karko
Riga
Yeksi
Subansiri
Arunachal Pradesh
Raga
Along
Roing
Daporijo
Pasighat
Pakhuri
Tezu
Sadiya
Namsai
Wakro
Chowkham
Jang
Ziro
Hong
Dirang Dzong
Seppa
Kimin
Bomdila
Brahmaputra
Dibrugarh
Bhalukpong
Itanagar
Khonsa
Kheti
Laju
Nginu
Pongchau
Wakching
Jorhat
Pongu
Mon
Yongnyah
INDIEN
Mokokchung
Noklak
Mopungchukit
Tuensang
Sangpurre
Tesophenyu
Nagaland
Dimapur
Dzülhami
Cheteba
Salumi
Kohima
Mimi
Khonoma
Shillong
Pfutsero
Peren
Jowai
Maram
Mao
Ukhrul
Manipur
Silchar
Imphal
Loktak Lake
MYANMAR
(Burma)
Moirang
Kailashahar
Aizawl
Champhai
Ridhil Lake
Mizoram
Pilak
N
0
Lunglei
Mandalay

PETER VAN HAM

In den Bergen der Kopfjäger

Peter van Ham

IN DEN BERGEN DER KOPFJÄGER

Indiens wilder Nordosten

Frederking & Thaler

Für Aglaja –
in Dankbarkeit für zehn Jahre Gemeinsamkeit
an den entrücktesten Orten der Welt,
und für Dshamilja –
in Liebe und in der Hoffnung, dass du die Passion
deines Vaters verstehst
und dir vielleicht sogar zu Eigen machst ...

Inhalt

Prolog: Eine Frau mit großen Scheiben in der Nase

»Will jemand Frosch?«

Die hutzelige Alte mit den riesigen Scheiben in der Nase und den tätowierten Streifen im Gesicht zieht ein mickrig anmutendes Amphibium aus ihrem Korb und wirft es in hohem Bogen in die Glut.

»Fernseher aus!«, befiehlt sie streng.

Ein Junge von ungefähr 12 Jahren langt zu dem kleinen Gerät, über dessen Bildschirm nervtötendes MTV-Singapur flimmert. Ein letzter Blick auf Madonna, und dann sind wir eingetaucht in die urtümliche Welt der Apa Tani. Wenn die alte Tira nach Hause kommt, hat 1996 ausgespielt. Von dieser Gegenwart will sie nichts wissen. Und die nächstjüngere Generation auch nicht. Noch immer zieht die Familie Tiras Geschichten den schnell aufeinander folgenden Bildern vor, die kaum einer richtig versteht. Im Gegensatz zu dem, was da aus Delhi, Bombay oder Hongkong zu ihnen schwappt, macht das, was Tira sagt, Sinn. Es spricht den Leuten aus dem Herzen, es hat mit ihnen zu tun, mit ihnen: den Apa Tani, den Kindern des ersten Menschen.

Heute erzählt Tira die Geschichte der Buru – monströser Wesen, die das Tal der Apa Tani bevölkerten, bevor Letztere sie mit glühenden Scheiben vertrieben und den Sumpf, den sie bewohnten, trockenlegten. Die Familie mit ihren 20 Mitgliedern, die alle auf dem Fußboden aus halbierten Bambusstäben um die offene Feuerstelle sitzen, hat die Geschichte schon hundertmal gehört, will sie aber noch weitere 100 Male hören. Denn es ist ihre Geschichte, die Geschichte ihrer Identität, die davon berichtet, wie sie hier im Subansiri-Distrikt von Arunachal Pradesh siedelten, auf fast 2000 Meter Höhe, wo es bitter kalt ist, aber auch unglaublich schön ...

Und heute gibt es obendrein noch Frosch! Fast hätte Tira ihn im Eifer des Erzählens vergessen. Schnell holt sie das halb verkohlte Tier aus der Glut, beißt hinein und lässt es herumgehen. Ich verzichte, worauf die Alte mit einem zahnlosen Grinsen ruft: »Man merkt, ihr seid keine Apa Tani!« Sie will mich unbedingt überzeugen: »Wir essen alles! Und dir bekommt Frosch sicher auch gut. Oder was hältst du von einem Stückchen getrocknete Ratte – müsste hier oben über der Feuerstelle noch irgendwo rumliegen!«

Ich bin am Ziel meiner Träume angelangt. In diesem Moment erscheint mir nichts erstrebenswerter, als mich zusammen mit Aglaja, meiner Frau, hier ums Feuer zu kauern, in einem rußgeschwärzten Langhaus inmitten von Tiras Familie, einen Bambusbecher mit Reisbier in der Hand. Und auch Aglaja fühlt so – ich sehe es am Leuchten in ihren braunen Augen.

Es hat lange gedauert, bis dieser Traum wahr geworden ist und wir den Frauen der Apa Tani gegenüberstehen. Unzählige Gesuchsschreiben sind vorausgegangen, jahrelange Beschäftigung mit muffigen alten Büchern, sogar eine Ausweisung aus Indien – und nun sind wir doch hier!

Es geschieht nicht oft, dass das Leben eine entscheidende Wende nimmt durch ein Ereignis, das als bloßer Zufall abgetan werden könnte, sich bei näherer Betrachtung aber als Bestimmung herausstellt. Ein solches Erlebnis hatte ich, als mir in einem Laden am Connaught Place in Delhi ein verstaubtes Buch in die Hände fiel. *Christoph von Fürer-Haimendorf: Himalayan Adventure* las ich auf dem Umschlag. Ich war damals gerade von einer Expedition in den kargen Westhimalaja zurückgekehrt, wo ich mich mit der esoterischen Kunst der tibetischen Klöster beschäftigt hatte, und stutzte, als ich das Bild auf dem Schutzumschlag sah. In einer Mischung aus Scheu und Stolz blickte da eine tibetische Frau in die Kamera. Doch mitten durch ihr Gesicht zog sich ein breiter, dunkel tätowierter Streifen, und in ihren Nasenlöchern steckten große schwarze Holzscheiben. So etwas hatte ich noch nie gesehen im Himalaja. *Frühe Reisen in Nordostindien* hieß der Untertitel des Buches. Neugierig blätterte ich es durch und las im Klappentext vom geheimnisvollen Osthimalaja und einem noch geheimnisvolleren Tal und seinen Bewohnern, den Apa Tani, zu denen der österreichische Anthropologe in den 1940er-Jahren als erster westlicher Reisender gelangt war. Fürer-Haimendorfs Buch verwirrte mich. Es erzählte von einem düsteren, wilden, gewalttätigen Himalaja, so ganz anders als alles, was ich dort bislang kennen und lieben gelernt hatte. Da gab es nicht nur nackte Felsen und ein paar mühsam angelegte grüne Gerstenfelder, über denen sich ein tiefblauer Himmel wölbte – nein, Fürer-Haimendorf schilderte eine beängstigend wuchernde Natur! Wollte man zu den Apa Tani gelangen, musste man sich durch einen gefährlichen Regenwald mit giftigen Schlingpflanzen und dornigen Farnen kämpfen, der ihr Tal einschloss. Und im Gegensatz zu Frieden und Mitgefühl, wie sie die tibetischen Buddhisten des Westhimalaja schon so lange kultivierten, berichtete er von Krieg! Die Apa Tani schnitten ihren Feinden die Hände ab, nagelten diese Trophäen an alte Bäume und durchlöcherten sie mit Pfeilen, bevor man sie in den nächstgelegenen Fluss warf. Sie tätowierten sich und schmückten sich mit den Fellen und Federn der Jagdtiere, die sie mit Pfeil und Bogen erlegten. Zu besonderen Anlässen schlachtete man bis zu 100 Büffel, betrank sich mit Hirse- und Reisbier und ließ sich dann an Lianen, die an penisartige Fruchtbarkeitspfosten gebunden waren, in die Luft schnellen – ein Sport, bei dem regelmäßig Jugendliche zu Tode stürzten.

Mir schossen sofort unzählige Gedanken durch den Kopf. Sollten die Apa Tani tatsächlich eine tibetische Volksgruppe sein? Was hatten sie mit Tibet zu tun? Was hatten sie in den 1200 Jahren seit den Anfängen des Buddhismus, der den Menschen Tibets und des restlichen Himalaja eine so bedeutende geistige und künstlerische Blüte beschert hatte, getrieben? Waren sie vergessen worden? Hatten sie sich dem Glauben verweigert? War die Kraft des Buddhismus an dem »grünen Wall« abgeprallt? Und waren sie wirklich »glückliche Barbaren«, wie Fürer-Haimendorf sein erstes Buch über die Apa Tani genannt hatte?

Meine Neugierde wuchs. Doch wie sollten sich meine Hoffnungen, die Apa Tani und ihr Land zu sehen, erfüllen? In dieser

Region zu reisen, war unsagbar schwierig: In den undurchdringlichen Dschungelbergen regnete es immerzu, dort gab es gigantische Blutegel und Stechfliegen, die stanken, wenn man sie erschlug, und ihre Stiche schmerzten monatelang. Zudem war nicht nur der Osthimalaja, sondern ganz Nordostindien, ein Gebiet so groß wie Westeuropa, für den Zutritt ausländischer Reisender gesperrt. Sperrgebiete waren aber, wie ich damals glaubte, mein Metier – war ich nicht unter den Ersten gewesen, die die Region Spiti im Westhimalaja betreten hatte, und hatte ich nicht Fotogenehmigungen und den Segen des Dalai Lama für meine Unternehmungen erhalten? Und so machte ich mich naiv und selbstherrlich im Frühjahr 1995 zusammen mit Aglaja auf gut Glück nach Assam auf, dem Tor nach Nordostindien. Es kam, wie es kommen musste: Wir wurden umgehend nach Hause geschickt. Noch nicht einmal unsere Nasen durften wir aus dem Flughafengebäude stecken – Sperrgebiet.

Bislang hatte ich nur die esoterischen Kulturen des Himalaja kennen gelernt – die Erkenntnis durch Entsagung, die Erleuchtung durch Überwindung der Begierden. Bei den Menschen Nordostindiens ging es, nach allem, was ich bisher erfahren konnte, um etwas wesentlich Bodenständigeres, nämlich um das reine Leben und Überleben. Die Menschen lebten in der Natur und von dem, was sie ihr in mühsamer Arbeit abringen konnten. Um ihr Zusammenleben zu regeln, stellten sie Gesetze und Tabus auf. Sie deuteten ihre Stellung in der Welt mit all ihren Geschöpfen und erfanden dazu Mythen und Märchen. Künste waren meist nur so weit entwickelt, wie es sich um die Ausschmückung des eigenen Körpers handelte. Eine Schriftsprache besaßen die Völker nicht, und ihre religiöse Praxis diente der Besänftigung von Geistern und Dämonen durch Tier- und oftmals gar Menschenopfer. Der Wunsch, diese Welt mit eigenen Augen zu sehen, wurde uns zur fixen Idee: Wir mussten einfach dorthin, um zu verstehen, wie sich die Teile des Puzzles zusammenfügen, was das Ganze ausmacht.

Das Glück kam uns zu Hilfe – in Gestalt von Mr. P.K. Dong, dem Direktor des Indischen Fremdenverkehrsamtes in Frankfurt, dem wir unser enttäuschendes Erlebnis in Assam schilderten.

Kurze Zeit später teilte er uns mit, dass die Regierung von Indien (die uns über ihre Lokalbehörde noch wenige Monate zuvor die Einreise verwehrt hatte) es begrüßen würde, wenn Aglaja und ich den Nordosten ihres Landes bereisen und in der Welt bekannter machen würden. Mit Hilfe von Mr. Dongs Verbindungen waren bald alle zuständigen Stellen informiert, dass es da zwei Verrückte gab, die die »Sieben Schwestern Indiens«, wie Nordostindien auch genannt wird, erforschen wollten – 55 Jahre nachdem es das letzte Mal gewagt worden war.

Es sollte ein Abenteuer werden, das bis heute zehn Jahre angedauert hat …

Assam, Meghalaya und Tripura

Assam ist anders – die Sieben Schwestern Indiens

Im April 1996 ist es endlich so weit: Aglaja und ich stehen auf dem von Palmen umsäumten Flugplatz von Gauhati, der Hauptstadt Assams. In der Hand halten wir eine »extraspezielle« Sondergenehmigung für die sieben nordöstlichen Staaten Indiens, »gültig für den Besuch von Assam, Meghalaya, Tripura, Mizoram, Manipur, Nagaland und Arunachal Pradesh«. Außerdem sind wir ausgerüstet mit einem Sack voll Referenzen, die uns vor allem der inzwischen zum Freund gewordene Mr. Dong mit auf den Weg gegeben hat, adressiert an seine Kollegen, die an Orten, die wir irgendwann vielleicht einmal erreichen werden, die Posten eines Direktors oder sonstigen Beamten bekleiden. Der indische Geheimdienstler ist etwas verwundert über unsere Ankunft, denn Europäer, die tatsächlich auch die zur Einreise nötigen Papiere vorlegen können, sind hier schon lange nicht mehr gesehen worden. Egal, wie der misstrauische Herr sie auch dreht und wendet – die Papiere sind in Ordnung, und er muss uns einreisen lassen! Die Tür des Terminals öffnet sich, und uns weht eine feuchte, aber angenehm frische Brise entgegen. Draußen überschlagen sich die Taxifahrer, uns ihre Dienste anzubieten, doch wir genießen heute ein ganz besonderes Privileg! Ein weißer, frisch gewienerter Maruti-Minivan wartet in der Sonne auf uns, davor ein Fahrer wie in einem Film aus alten Zeiten: Sushil, ein Bengale, steht neben dem indischen Suzuki-Nachbau stramm, in blauer Busfahrer-Uniform, mit Krawatte, Manschettenknöpfen, Pomade und Schirmmütze, und – salutiert. »*Welcome to Assam, Sah'b! Welcome to Assam, Memsah'b!*«, begrüßt er uns stolz. Er weiß, dass er die angenehme Pflicht hat, die ersten offiziellen Reisenden durch sein Land zu geleiten. Das Tourismusbüro von Gauhati hat, da es noch nicht über eigene Fahrzeuge verfügt, die in ganz Nordostindien vertretene Firma *Network Travels*, eigentlich ein Lokalbus- und Lastverkehrsunternehmen, mit unserem Transport beauftragt. Wir laden die Rucksäcke ins Gepäckfach, klettern durch die Schiebetür in den Van, bewundern die frisch gewaschenen weißen Gardinen an den Wagenfenstern, und los geht es. Alles fasziniert uns. Vielleicht nur aus dem Grund, weil endlich all die Anspannung der letzten Monate von uns abfällt, doch spätere, stressfreiere Reisen haben unsere ersten Eindrücke bestätigt: Assam ist anders! Anders als das restliche Indien. Es ist wie eine Insel – vielleicht ein wenig wie der Süden Indiens oder Sri Lanka. Dies mag an den Kokospalmen und Bananenstauden liegen, die sich überall in Überfülle aus der feuchten Erde erheben. Doch 1996 sind in Assam noch die wenigsten Straßen geteert, und Fahrräder und Fahrradrikschas bestimmen das Straßenbild. Gebannt blicken wir auf Männer, die in sarongähnlichen Wickelröcken Arm in Arm durch die Straßen laufen, auf Kühe, die gemütlich wiederkäuen, auf Händler, die Mangos, Orangen und Ananas an vor Lehmhäusern aufgebauten Ständen feilbieten. Ein Bild des Friedens und der Ruhe, das augenscheinlich so gar nichts mit dem zu tun hat, was wir über dieses Land gehört haben. Es soll ein Hort Dutzender Untergrundbewegungen sein, die ihre Ziele – meist Unabhängigkeit vom Mutterland Indien – mit Waffengewalt und Bombenanschlägen zu erreichen suchen. Daran werden wir erinnert, als wir die vielen Baracken der *Assam Rifles*, der viel gerühmten Militäreinheiten, an uns vorbeiziehen sehen und der strenge Drill auf den Kasernenhöfen in den Blick kommt. Sushil, den wir nach den gewalttätigen Auseinandersetzungen fragen, meint, die Grausamkeiten fänden nur an »entlegenen Orten« statt und kreuzten nicht die Wege »normaler Touristen«, die er in uns sieht. Wie soll er auch wissen, dass wir uns für ebenjene entlegenen Orte brennend interessieren und viel Energie aufgewendet haben, um diese zu sehen.

Wir biegen um eine Kurve, und da liegt er vor uns: der Brahmaputra – der »Sohn des Brahma«, der einzige als männlich erachtete Fluss Indiens. Als Tsangpo entspringt er am heiligen Berg Kailash in Tibet und fließt knapp 1300 Kilometer auf dem Dach der Welt, bis er nach einer ausladenden Schleife in einer unzugänglichen, erst vor ein paar Jahren erkundeten Schlucht in Arunachal Pradesh indischen Boden erreicht und als Siang oder Dihang gen Assam strömt. So gewaltig sind die monsungeschwängerten Wassermassen des Brahmaputra, dass er häufig seinen Lauf wechselt und das gesamte Land unter Wasser setzt. Doch auch jetzt schon, Anfang April, am Ende der Trockenzeit, ist sein Bett hier in Gauhati mehrere Kilometer breit, und er sieht eher wie ein Meer aus denn wie ein Fluss. Nur eine einzige, drei Kilometer lange Stahlbrücke überquert den Riesenstrom bei Gauhati. Überall sonst werden Fähren eingesetzt.

Wir beziehen ein Hotel direkt am Strom und lassen uns einfangen von dem gemächlichen Treiben unten am Ufer. Da legen verrostete Fähren an, die scheinbar noch aus der britischen Kolonialzeit stammen, spucken Menschen aus und nehmen neue auf. Je länger wir aus dem Hotelfenster blicken, umso überwältigter sind wir von der ungeheuren Weite des Brahmaputra und des Landes, das er durchfließt. Dieses zu erkunden, wird der letzte Abschnitt unserer Entdeckungen Indiens sein – dann haben wir den ganzen Subkontinent bereist und kennen gelernt.

Aglaja hat ihre erste Indienreise im Alter von 16 Jahren unternommen. In Orte wie Varanasi einzutauchen, den tausende Hindus aufsuchen, um zu sterben, oder Allahabad, wo Millionen Menschen sich in den Fluten des Ganges von ihren Sünden reinwaschen, das unglaubliche Elend, aber auch die großartige Liebenswürdigkeit und Weisheit, welche die Menschen ausstrahlen, das alles hat ihr Leben entscheidend geprägt. Während ihres Medizinstudiums absolvierte sie mehrere Praktika in Krankenhäusern Indiens und Nepals. Das hatte in ihr den Wunsch geweckt, den gesamten Himalaja zu sehen. 1987 steckte sie mich mit ihrem Indienfieber an, und ich habe seitdem viel Zeit und Geduld darin investiert, Sondergenehmigungen für die abseitigsten Gebiete des Himalaja zu erhalten. Uns beide faszinieren die tibetischen Völker und der Buddhismus. Und nun sind wir aufgebrochen, um die urtümlicheren Formen der tibetischen Kultur zu suchen.

Hier in Assam sollen sie zu Hause sein – so beschreiben es zumindest die Bücher aus der britischen Kolonialzeit. Damals war das Gebiet, das sich von der Ostgrenze Bhutans über die schneebedeckten 7000er-Gipfel im Norden bis nach Yünnan im Nordosten erstreckt, noch nicht aufgeteilt. Erst mit den beginnenden 1960er-Jahren bildete Indien auf Wunsch der Lokalbevölkerungen daraus sieben Bundesstaaten – die »Sieben Schwestern Indiens«, ein Name, der gut gewählt ist, drückt er doch einerseits Verwandtschaft aus, andererseits auch Andersartigkeit gegenüber dem restlichen Indien. Wie schwierig muss es einst gewesen sein, dieses Land zu erkunden, zu vermessen und zu kartografieren! Straßen gab es keine, nur Saumpfade der Einheimischen. Man konnte zwar den Brahmaputra befahren, doch nur wenige Kilometer nördlich und südlich seines Laufs beginnen Bergwaldgebiete, die zu britischen Zeiten noch undurchdringlich, von feindseligen Völkern besiedelt und von Malariamücken bevölkert waren. So gelang es dem britischen Empire nur in Ansätzen, Assam zu vermessen, geschweige denn zu verwalten. Zum Glück, dachte ich, denn so konnten die Kolonialherren nur geringen Einfluss auf die hier ansässigen Völker nehmen. Die Briten beließen es bei wenigen kleinen Distriktverwaltungssitzen, sodass große Teile des Landes bis zum Ende der Kolonialzeit nie von Europäern betreten worden waren. In den Grenzgebieten waren bereits 1913 *inner lines* festgelegt worden, die Fremde ohne Genehmigung nicht übertreten durften. Diese Politik gilt bis heute und gestaltet das Reisen hier so kompliziert, denn für jeden Bundesstaat gelten eigene Einreiseregelungen – für jeden braucht man eine eigene Genehmigung, die auch stets kontrolliert wird, nicht nur an den Grenzposten, sondern mitunter gar in den Regionen selbst durch unangemeldete Besuche von Geheimdienstbeamten oder vom indischen Militär.

Wahrlich kein leichtes Unternehmen, das wir uns da vorgenommen haben! Wir treten auf die Veranda des Hotels und blicken in die untergehende Sonne, die den »Sohn des Brahma« in ein blutrotes Licht taucht. Ja, hier sind wir richtig, wir werden unser Abenteuer bestehen.

Im Schoß der Muttergöttin

Am nächsten Morgen um Punkt acht Uhr steht Sushil in frischer Uniform bereit und unternimmt mit uns einen »Eingewöhnungstrip«. Bald hinter der großen Brücke beginnt das ländliche Assam. Die acht Monate anhaltenden Regenmassen aus zwei Monsunen und seine Lage entlang eines der größten Flüsse der Erde haben diese Region zu einer der »Reiskammern Indiens« werden lassen – Reisfelder, so weit das Auge reicht! Dazwischen ein wenig Senf, der gelbe Farbtupfer in das saftige Grün zaubert. Und da ist der in der ganzen Welt berühmte Tee. Überall entlang des Wegs liegen sie, die Plantagen, welche die Briten mit dem liebevollen Namen »Teegarten« bedacht haben.

Als wir uns mit Sushil unterhalten, stellt sich heraus, dass er bereits den gesamten Nordosten bereist hat, allerdings nicht mit Touristen, sondern als Lastwagenfahrer. Und je länger er am Steuer sitzt, desto mehr kehrt er zum indischen LKW-Fahrstil zurück. Seine Manöver werden immer rasanter und riskanter, und unsere Bitten, vorsichtiger zu fahren, zeigen so gut wie keine Wirkung. Was uns besonders wütend macht, ist Sushils offensichtliches Bestreben, Tiere zu überfahren. Jeder vernünftige Fahrer nimmt den Fuß vom Gas, wenn er Tiere auf der Straße sieht – auch in Indien. Sushil tut das nicht. Er bricht sogar aus seiner Spur aus, um Hühner, Ziegen, Hunde, vor allem aber Katzen ins Visier zu nehmen. In einem kleinen Dorf rast er auf ein Kätzchen zu, das am Straßenrand sitzt, überfährt das Tier und kommt dabei auch noch einem Straßenverkäufer gefährlich nahe! »Ist der wahnsinnig? Will er uns alle umbringen!«, schreit Aglaja los, während es mir vor Schreck die Sprache verschlagen hat. Kreidebleich klammert sie sich an ihren Sitz und brüllt Sushil an, sofort anzuhalten. Der ist völlig außer sich – seine Augen sind weit aufgerissen, und ein verrücktes Lächeln umspielt seine Lippen. Er tut, als habe er sie nicht verstanden, und hält das mörderische Fahrtempo bei. Auf der Dorfstraße hinter uns läuft die Menge zusammen, kümmert sich um die Katze und den verstörten Händler. Im Rückspiegel sehe ich noch, dass die Leute die erhobenen Fäuste ballen. Als Sushil wieder ansprechbar ist, verlangsamt er seine Fahrt, meint aber, es sei viel zu gefährlich anzuhalten, denn das Dorf, das wir gerade passiert hätten, sei ein Rebellennest. Als wir ihn endlich zum Anhalten bringen und ihn zur Rede stellen, ist er wie verwandelt – er bricht in Tränen aus und entschuldigt sich. »Ich hatte einmal ein Vogelpärchen, das ich auf meinen LKW-Fahrten immer mitgenommen habe. Eines Nachts habe ich doch glatt eine Katze dabei erwischt, wie sie gerade meine Vögel auffrisst. Mich hat eine solche Wut gepackt, dass ich das Mistvieh gegriffen und so lange am Schwanz gegen die Wand geschlagen habe, bis ihr Schädel zerschmettert war. Seither habe ich mir geschworen, jede Katze, die meinen Weg kreuzt, umzubringen! Sie müssen verstehen, *Sah'b*!«

Wir sind entsetzt über die Geschichte dieses einsamen, offensichtlich psychopathischen Mannes. Zwar stimmen wir Sushil zu, dass es gefährlich wäre, zurück ins Dorf zu fahren, und wir unseren Weg schleunigst fortsetzen sollten, jedoch nicht wegen etwaiger Rebellen, sondern weil es in Indien schnell zu gewalttätigen Ausschreitungen kommen kann (zum Glück hat er keine Ziege oder Kuh angefahren!). Eines steht allerdings fest: Dies ist definitiv unsere letzte Tour mit Sushil.

Entnervt erreichen wir bald Hajo, ein bedeutendes Pilgerziel für Hindus und Buddhisten, einige Kilometer von Gauhati entfernt auf einem Hügel gelegen. Verehrt wird hier die hinduistische Gottheit Hayagriva, eine Inkarnation Vishnus, die als Schutzgottheit ihren Weg auch in den buddhistischen Pantheon Tibets gefunden hat. Daher wird der Tempel auch von Buddhisten verehrt, von denen einige zudem glauben, dass Buddha hier und nicht in Bodhgaya die Erleuchtung erfahren hat. Ein weißes steinernes Bild des Religionsstifters thront im Dach des Kuppeldoms. An der langen Treppe sitzen weiß gewandete Frauen und verkaufen für ein paar Rupien Blumengirlanden, die als Opfergaben dargebracht werden. Im finsteren, stickigen Innenraum riecht es nach einer Mischung aus Räucherstäbchen, Fett, Urin und einer Substanz, die wir – noch – nicht zuordnen können. Die Atmosphäre stimmt uns auf das ein, was wir auch in anderen Tempeln Assams und Tripuras empfinden werden: Hier herrscht eine andere Vorstellung vom Göttlichen – kein luftiges, entrücktes Götterbild, sondern eines, das mit Schweiß, Erde und auch Tod in Verbindung zu stehen scheint. Schwarz, nur von einer Butterfettlampe beleuchtet, blickt uns das maskenartige Antlitz Hayagrivas furchteinflößend und drohend entgegen. »Nicht sehr heilig, eher unheimlich«, murmelt Aglaja vor sich hin und trifft damit, was auch ich empfinde.

Auf unseren Indien- und Nepalreisen haben wir schon viele hinduistische Tempel besichtigt – doch in Assam praktiziert man eine ganz besondere Form dieser Religion. Hauptverehrung genießt Kali, die Muttergöttin der Zerstörung, die hier Kamakshya heißt. Sie reitet auf einem Tiger, hält abgeschlagene Köpfe in ihren 1000 Armen und verlangt von den Menschen Opfer. Eigentlich sind diese Darstellungen rein symbolisch zu verstehen, der Mensch soll seine bösen Eigenschaften besiegen – was durch die abgeschlagenen Köpfe drastisch dargestellt wird –, doch die Bewohner Nordostindiens legen dieses Bild eher konkret aus: Der Gottheit müssen tatsächliche Opfer gebracht werden, damit sie friedlich bleibt. Und kein Opfer ist größer als das eines Menschen! Menschenopfer, von denen man sich erhoffte, dass die Gemeinschaft dadurch den Segen der Göttin erhalten würde, waren hier bis ins 20. Jahrhundert noch an der Tagesordnung!

Der berühmteste Kamakshya-Tempel Assams steht in Gauhati auf dem Nilachal-Hügel am Ufer des Brahmaputra, zu dem wir uns im Anschluss an unseren Besuch in Hajo aufmachen. Vor dem Eingang zum Haupttempel betreiben Händler einen lukrativen Handel mit Opfergaben aller Art. Hier müssen wir, wie an allen Tempeln, die Schuhe ausziehen. Innerhalb der Tempelanlage laufen Dutzende Ziegen meckernd umher, und der eigentümliche Geruch, den wir schon beim Besuch des Hayagriva-Tempels wahrgenommen hatten, dringt auch hier in unsere Nasenlöcher. Auf einmal wird mir klar, was es ist – altes Blut! Die Ziegen werden im Tempelbezirk geduldet, weil sie Kamakshya geopfert werden sollen! Dazu nehmen die Gläubigen auch Kot und Urin in

Kauf, der die Fliesen der Tempelanlage als glitschiger, klebriger Belag überzieht.

Wie die Pilger wandern wir zunächst rund um den Tempel. Vor dem steinernen Abbild einer stillenden Mutter, deren Schoß mit rotem Farbpulver (oder ist es Blut?) bestrichen ist, sitzt ein Inder und zeichnet es kunstvoll in seinen Skizzenblock ab. Eine Weile beobachten wir ihn bei seiner Arbeit. Als er auf uns aufmerksam wird, unterbricht er seine Zeichnung und fragt uns verwundert: »Wie kommen Sie denn hierher? Fremde habe ich hier so gut wie noch nie gesehen.« Mr. Banerjee arbeitet für den Archäologischen Dienst Indiens und erklärt uns gern die Mythologie des Tempels.

»Kamakshya, die Muttergöttin, war die Gemahlin Shivas, des Gottes der Zerstörung. Nach ihrem Opfertod wurde ihr Leichnam von Vishnu, dem Gott des Todes, zerstückelt und die Teile über der Erde verstreut. Alle Orte, an denen eines ihrer Körperteile zur Erde fiel, gelten als heilige Stätten. Der Ort, an dem ihre Gebärmutter die Erde berührte, wurde zur heiligsten aller Pilgerstätten. Es ist der Ort, auf dem Sie gerade stehen.«

»Wissen Sie auch, wieso sich diese Form des Hinduismus gerade hier ausgebildet und erhalten hat?« frage ich Mr. Banerjee interessiert.

»Weil die in Assam lebenden Völker seit Urzeiten Fruchtbarkeitskulte praktizieren. Sie messen dem Weiblichen, also der Fähigkeit, Kinder zu gebären und so neues Leben entstehen zu lassen, große Macht bei.«

»Warum ist der Kult dann aber mit so vielen Blutopfern verbunden?« Aglaja blickt leicht angewidert auf die Opfervorrichtungen im Hintergrund des Tempels. »Das Symbol des Lebens ist das Blut«, antwortet der Archäologe. »Die Erneuerung des Lebens zeigt sich am deutlichsten in der monatlich wiederkehrenden weiblichen Menstruation. Daraus leitet sich das Prinzip ›Göttin – Blut – Erde – Fruchtbarkeit‹ ab. In den ältesten bekannten Fruchtbarkeitskulten wurden die dargebrachten Opfer nach Anrufung der Gottheit zerstückelt und die Teile in der Erde vergraben. Die mit dem Blut in Berührung gebrachte Erde wird so fruchtbar und ermöglicht das Weiterbestehen des Menschen.«

Er betrachtet eine Weile gedankenversunken seine Zeichnung und fährt dann fort: »Den Menschen wurde immer deutlicher, dass es ohne Fruchtbarkeit keine Zukunft gibt. Fruchtbarkeit aber, so heißt es, ist nur dann wirksam, wenn Kali wütet, also aktiv ist und vernichtet. Die Gottheit stellt das Vergängliche des Lebens dar, das stirbt, aber mit seinem Sterben neues Leben entstehen lässt – so wie das Samenkorn verfaulen muss, damit es keimen kann. Sobald also die Göttin alles um sich herum zerstört hat, kommt aus ihrem fruchtbaren Schoß immer wieder Neues. Damit wird Zerstörung, symbolisiert im dargebrachten Opfer, zur Reinigung, und Blut bleibt wie schon seit Urzeiten das Symbol sich ständig erneuernden Lebens. So schließt sich der Kreis zur symbolischen Darstellung der Kali. Sie ist ein Sinnbild für Reinheit. Wer Kali anbetet, reinigt sich von allen negativen Gedanken, die von der Erkenntnissuche ablenken.«

Nachdenklich reihen wir uns ein in die Schlange der Pilger, die zum innersten Heiligtum des Tempels vordringen wollen. Es liegt in einer dunklen Felsenhöhle unter dem Haupttempel und besteht aus einer mit Seidenstoffen und Blumengirlanden verdeckten, steinernen *Yoni*, dem hinduistischen Symbol für das weibliche Geschlecht. Je tiefer wir die vielen Stufen zum Heiligtum hinabsteigen, desto heißer und stickiger wird die Luft, und bald kann ich mich des eigenartigen Gefühls nicht erwehren, dass ich tatsächlich in eine Art Mutterleib zurückkehre. Sind das etwa schon Anzeichen tiefer religiöser Erkenntnis? So neugierig ich war, zum Heiligsten vorzudringen, so froh bin ich auch, wieder draußen, im Sonnenlicht, zu sein. Zu beklemmend ist die Atmosphäre im dunklen Heiligtum, und nur zu deutlich habe ich die Gründungsgeschichte des Tempels vor Augen: 1565 weihte der König von Assam das Heiligtum, indem er 140 Männer opferte und deren Köpfe auf Kupferplatten vor der Göttin aufstellte. Später opferte ihr ein König sogar 700 Männer. Es kommt mir so vor, als hätte ich heute den Herzschlag Nordostindiens gespürt – das, worum es von nun an immer wieder gehen wird.

Haare für den Schlangengott

In Gedanken noch bei dem Erlebten, das wir noch nicht so recht deuten können, entfliehen wir am nächsten Morgen dem so düsteren, stickigen Gauhati. Meghalaya heißt unser Ziel, und ich hoffe auf Bergfrische, Kühle, Luft und damit vielleicht auch auf Klarheit! Doch zunächst müssen wir eine nicht enden wollende Strecke ungeteerten, zwischen Staub und Matsch wechselnden Wegs hinter uns bringen. Was auf einer Karte als *National Highway* ausgewiesen ist, erweist sich in der Wirklichkeit häufig nur als eine etwas breitere Piste mit noch mehr Schlaglöchern. So verhält es sich auch diesmal, und John aus Shillong, unser neuer Fahrer, der uns mit seinen tibetisch anmutenden Gesichtszügen auf Anhieb sympathisch ist, erklärt uns, dass er für die 82 Kilometer Wegstrecke, die er schon oft zurückgelegt hat, drei bis vier Stunden braucht.

An der Grenze zu Meghalaya, wo ein Beamter nicht ohne eine gewisse Verwunderung unsere Papiere kontrolliert, begrüßt uns ein Schild mit der Aufschrift: »*Attention! Dry State!*« Meghalaya ist ein christliches Land, und daher herrscht Alkoholverbot! Allerdings nur vordergründig, wie wir bald erfahren sollen. Zumindest verschwinden erst einmal die Schnapsläden, die zu Dutzenden noch auf der assamesischen Seite gestanden haben. Bedächtig schraubt sich die Straße in luftigere Höhen und führt an saftig grünen Palmen- und Bananenhainen vorbei. Wir sind gespannt auf dieses Land – vor allem Aglaja. Es ist eines der wenigen Länder auf der Erde, in dem die Frauen »regieren«! Besser gesagt heißt das, Besitz, Erbfolge, Ehe und Nachkommen werden über die weibliche Linie weitergegeben. Das gilt für alle drei großen ethnischen Gruppen in Meghalaya: die Khasi, Jaintia und Garo. Deren Siedlungsgebiete sind durch tiefe Schluchten, welche die gesamte Bergwelt Meghalayas durchziehen, voneinander getrennt. Umso erstaunlicher ist es, dass sich unabhängig voneinander bei allen drei Ethnien eine matrilinear geprägte Gesellschaft herausgebildet hat.

Aglaja ist keine Feministin, jedoch eine selbstbewusste Frau. Und als Psychotherapeutin interessieren sie besonders familiäre

Strukturen. Daher sieht sie den Begegnungen mit den Völkern Meghalayas mit besonderer Erwartung entgegen und brennt darauf zu erfahren, wie das Leben in einer weiblich beziehungsweise mütterlich geprägten Gesellschaft ist.

»Was glaubst du, ist das Leben für die Frauen dort leichter, schwerer oder gleich? Ich bin ja gespannt, was dein Geschlecht zu melden hat. Hoffentlich bekomme ich genug Anregungen, wie ich in Zukunft mit dir umspringen kann.« Auf Aglajas Gesicht zeigt sich ein breites, verschmitztes Grinsen.

»Wir werden ja sehen, wohin das Ganze geführt haben mag. Ich jedenfalls habe so meine Bedenken«, entgegne ich selbstsicher.

20 Kilometer vor Shillong haben wir den serpentinenreichen Aufstieg bewältigt, vor uns breitet sich in sanften Wellen eine Hochebene aus. Die Vegetation hat sich verändert, überall wachsen Nadelbäume. Als wir um eine Ecke biegen, bietet sich uns ein atemberaubender Anblick. Eingerahmt von Hügeln, die im Dunst nur als Silhouette wahrzunehmen sind, liegt da unten ein türkisfarbenes Juwel, ein großer See. Obwohl erst Nachmittag, ist der Umiam-See eingetaucht ins Licht der sich schon wieder verabschiedenden Sonne. Da in ganz Nordostindien Delhi-Zeit gilt, wenngleich die Region mehrere Längengrade östlich von der Hauptstadt entfernt liegt, geht die Sonne hier um vier Uhr früh auf, und um 19 Uhr ist es längst stockfinster. Wir halten an, ich springe aus dem Wagen und laufe zum Ufer. Der Duft von Pinien, Kiefern und Tannen steigt mir in die Nase, und befreit atme ich durch. Ja, die Berge sorgen für Klarheit, so kommt es mir zumindest vor.

Wenig später erreichen wir Shillong, eine geschäftige Kleinstadt mit Wohnvierteln, die sich weit über mehrere Hügel hin ausdehnen, überall stehen einfache Bungalows. Einst war Shillong die Hauptstadt des ungeteilten Assam der Briten. Noch heute erinnern viele im *Georgean Style* erbaute, mehrstöckige Gebäude mit grün gestrichenen Wellblechdächern, die inzwischen Rost angesetzt haben, an diese Epoche. In einem Sanatorium fanden die von Malaria und anderen Tropenkrankheiten geplagten Mitglieder der Krone, vor allem Soldaten, Erholung und Genesung. Diese weitläufige, wie ein Golfplatz anmutende Anlage mit ihren zahlreichen, hinter einem zentralen Gebäude gruppierten Bungalows ist heute ein Hotel – das *Pinewood*. Es soll für die nächsten Wochen unsere Heimat werden. Auf den Betten liegen dicke Wolldecken, die nach Mottenkugeln duften. Mit einem Lächeln schiebe ich meine beiseite, aber spätestens um vier Uhr morgens bin ich heilfroh, dass sie da sind: Es ist nicht nur empfindlich, sondern höllisch kalt geworden; die Höhe auf knapp 2000 Metern macht sich bemerkbar. Doch das Frühstück in der warmen Sonne und im Duft hunderter Blumen macht das Zähneklappern der vergangenen Nacht schnell vergessen, und wir schmieden Pläne, wie wir das »Matriarchat« der Khasi, einem den Thailändern, Kambodschanern und Laoten verwandten Volk, sowie der aus Bangladesh stammenden Garo erforschen wollen.

Als wäre es Vorsehung gewesen, bietet sich bei unserem Ausflug zum Shillong Peak oberhalb der Stadt eine erste Gelegenheit. Etwas gelangweilt lehnen wir am Geländer der Aussichtsplattform und betrachten die mittelständischen indischen Hochzeitsreisenden, die sich Shillong zuhauf als Flitterwochenziel ausgesucht haben, als uns eine stattliche, allem Anschein nach fest im Leben stehende Khasi-Dame anlächelt. Meesha Myrtong heißt sie und fragt interessiert nach unserem Woher und Wohin. Wir seien gekommen, um die traditionelle Kultur der Khasi kennen zu lernen, von der wir schon so viel gehört hätten, antworten wir ihr. Ihr Lächeln weicht einer ernsteren Miene, als sie sagt: »Nun, davon ist nicht mehr viel übrig. Wir Khasi und Jaintia sind schon lange Christen. Schlangenanbeter werdet ihr nicht mehr viele finden.«

Schlangenanbeter? Gibt es den U-Thlen-Kult, von dem wir gelesen haben, denn immer noch? Soweit wir wissen, haben damals nur noch wenige Khasi-Familien in ihren abgeschiedenen Bergen den Kult praktiziert. Doch nun treffen wir auf eine Frau, die nichts Eiligeres zu tun, als den Geheimkult offen anzusprechen.

»Oh ja«, erklärt uns Meesha auf unser ungläubiges Staunen, »bis in die 1950er-Jahre brachten viele Familien ihrer Schlangengottheit U Thlen Menschenopfer dar. Diese Praxis, die mit allerlei schwarzer Magie einherging, sollte einer Familie Glück bringen, wie beispielsweise die Geburt eines Kindes.«

Begierig, Näheres zu erfahren, laden wir Meesha zum Tee in der windigen Aussichtscafeteria ein und bitten sie weiterzuerzählen. »Die Legende besagt, dass in der Gegend von Cherrapunjee eine Riesenschlange (›Thlen‹ in Khasi) in einer Höhle hauste und Menschen fraß, die sich in ihre Nähe wagten. Schließlich aber wurde sie getötet und in zwei Hälften geteilt. Die eine Hälfte sollten die Bewohner Assams, die andere sollten die Khasi verzehren. Da Erstere so zahlreich waren, aßen sie den Thlen restlos auf. Daher gibt es heute in Assam keine Thlen mehr. Die Khasi jedoch, die weniger zahlreich waren, ließen unglückseligerweise ein Stück ihrer Hälfte übrig. Daraus entstanden viele kleine Thlen, die seither die Gegend unsicher machen.«

»Und wie ist aus dem Ungeheuer dann eine Gottheit geworden?«, frage ich erstaunt.

»Nun, eine richtige Gottheit ist U Thlen eigentlich nicht«, antwortet die gesprächige Meesha, »eher ein Dämon, der zerstören, aber auch Wünsche erfüllen kann – je nachdem, ob er das Blut, nach dem er verlangt, bekommt oder nicht. Die Familie, bei der er sich niederlässt, kann die Kette ihrer Unglücksfälle nur durch ein Opfer beenden. Früher waren das Sklaven, aber heutzutage opfern die Leute das, was sie in die Hände bekommen können. Jemand aus Bengalen oder ein Assamese, der spätabends auf einsamen Wegen durch die nebligen Berge heimkehrt, ist da eine leichte Beute. Und wenn sie keinen aus der Ebene finden, holen sie sich eben ein Opfer aus dem eigenen Land und schlagen es tot. Haare, Fingernägel und Blut des Getöteten werden U Thlen dann in einem häuslichen Ritual dargebracht, was ihn besänftigt.«

Mit einem gewissen Unbehagen merke ich, dass Meesha von der Vergangenheit in die Gegenwart gewechselt ist.

»Doch leider habe ich nun keine Zeit mehr, mein Business ruft mich«, beendet sie abrupt ihre Erzählung und trinkt ihren Tee aus.

»Welche Tätigkeit üben Sie denn aus?« Aglaja wittert ihre Chance, endlich mehr über die Gesellschaftsstruktur der Khasi zu erfahren.

»Ich leite einen Kohletagebau«, antwortet Meesha. Ich traue meinen Ohren nicht, als ich höre, mit welcher Selbstverständlichkeit sie dieses nach meinen »patriarchalischen« Vorstellungen absolut männliche Gewerbe als ihr Business bezeichnet. Meesha bleibt meine Verblüffung nicht verborgen, und sie erklärt: »Als jüngste Tochter habe ich die Mine von meiner Mutter vererbt bekommen – sie ist schon seit Generationen in unserem Besitz. Leider habe ich Schwierigkeiten mit den Arbeitern, sie drohen mit Streik. Ich muss zusammen mit meinem Bruder zur Versammlung. Hoffentlich können wir den Streit schlichten.«

»Sie sprechen von Ihrem Bruder. Kommt Ihr Mann auch mit zu der Versammlung?« Aglaja möchte es genau wissen.

»Wieso sollte er?«, wundert sich Meesha, »was hat der damit zu tun? Es ist doch meine Mine! Nein, nein, das ist eine Familienangelegenheit. Da hat mein Mann zunächst einmal nichts zu suchen.« Aglaja nickt verständnisvoll, sie ist bereits ein wenig vertrauter mit der Khasi-Kultur. Mir jedoch bleibt der Mund offen stehen. Aber diesmal bemüht sich Meesha nicht, mein Befremden herabzumindern. Zu eilig scheint sie es zu haben. »Heute Abend bin ich eingeladen«, sagt sie. »Kommen Sie doch einfach mit. Eine gute Gelegenheit, ein bisschen mehr von der ›traditionellen Khasi-Kultur‹ kennen zu lernen.«

»Es findet doch nicht etwa ein Thlen-Ritual statt?«, frage ich erschrocken und greife mir unwillkürlich an den Kopf, Meesha hat mir doch nicht unmerklich ein paar Haare abgeschnitten? Auch Aglaja blickt kurz etwas besorgt, lächelt dann aber und meint: »Wieso nicht, das wäre doch spannend!«

»Nein, nein, keine Angst!«, lacht Meesha, »wir feiern die Einsetzung der *Khadduh*, der jüngsten Tochter.«

Wir wissen zwar nicht recht, was es damit auf sich hat, versprechen aber gern, gegen sieben Uhr im Dorf Mawphlang bei der Familie Syiemlieh zu sein. »Glauben Sie denn selbst an U Thlen?«, fragen wir noch schnell, als Meesha sich verabschiedet.

»Ich?«, ruft Meesha aus, »nun, liebe Freunde, das ist für mich keine Frage des Glaubens. Ich habe ihn leibhaftig gesehen.«

Ein Fest für die jüngste Tochter

Der Nordosten Indiens scheint wirklich ein Land der Mysterien zu sein. Wie kann eine Frau, die ausgerechnet einen Kohletagebau leitet, etwas so »Abergläubisches« auf eine Weise erzählen, als sei es real? Und wie kann es sein, dass eine Frau ein solch »männliches« Unternehmen leitet? Gespannt auf das, was wir am Abend erleben werden, setzten wir uns am späten Nachmittag ins Auto und fahren nach Mawphlang, einen Ort 20 Kilometer südlich von Shillong.

Wir sind in einer der regenreichsten Gegenden der Erde unterwegs – ein benachbartes Dorf hält mit zwölf Metern den Niederschlagsweltrekord. Daran werden wir erinnert, als eine halbe Stunde nach unserem Aufbruch die Sonne untergeht. An einem steilen Vorsprung halten wir kurz an, da sich hier ein grandioser Blick auf die weite Ebene unter uns und die sie umgebenden Berge bietet, die der Abenddunst in tiefblaues Licht hüllt. Doch von unten steigt eine Nebelfront wie ein sich verzweigender, grauer Wurm bedrohlich die Felswände empor. Schnell erobert der Nebel auch unsere gefährlich ausgesetzte Straße, und kurz darauf sind wir eingeschlossen in einer dicken grauen Suppe, welche die letzten Strahlen des Sonnenlichts verschluckt. So undurchdringlich ist der Nebel, dass es in den Schwaden zu regnen beginnt. John, unser Fahrer, schaltet das Abblendlicht ein, doch das macht die Sache nur noch schlimmer. Geblendet von der Reflexion, kneifen wir die Augen zu und sehen überhaupt nichts mehr. Sogar das Standlicht ist noch zu hell. Deshalb entscheidet sich John kurzerhand, ohne Licht zu fahren! Uns wird immer mulmiger zumute. Hier unterwegs zu sein, das ist, als führe man kontinuierlich gegen eine graue Wand, die zwar wie Watte nachgibt, hinter der aber jederzeit ein Hindernis auftauchen kann. Fast erscheint es uns sinnvoller, neben dem Auto herzulaufen – womöglich wären wir dann sogar schneller. Sicherer wäre es allemal. Zwischen angestrengtem Wischen der Frontscheibe – die Scheibenwischer funktionieren nicht – und dem Herausstrecken des Kopfes aus dem Seitenfenster blendet John hin und wieder kurz auf, in der Absicht, uns entgegenkommende Fahrzeuge zu warnen. Zu Recht bemerkt Aglaja etwas genervt, dass wir schon über zwei Stunden fahren und Mawphlang noch immer nicht erreicht haben. Da taucht vor uns im Dunst eine Gestalt auf, sie hat sich fest in eine Wolldecke gehüllt. John erkundigt sich nach dem Weg. Es sei nicht mehr weit, sagt der Befragte und verabschiedet sich mit dem Khasi-Gruß »Khublei«.

Was »nicht mehr weit« bedeutet, fragen wir uns nach einer weiteren halben Stunde Schleichfahrt durch die dicke Suppe. Ich schaue auf den Kilometeranzeiger. Wir haben schon über 30 Kilometer zurückgelegt. Nie wieder werde ich den Angaben auf einer Karte Nordostindiens Glauben schenken! Ich bete um ein glückliches Ende unserer Fahrt und hänge meinen Gedanken über das, was Meesha zum Schlangenkult gesagt hat, nach.

Es passt, denke ich, dass in diesem Land, in dem das weibliche Prinzip solch hohe Verehrung genießt, auch Schlangenkulte praktiziert werden. Die Schlange steht in vielen Kulturen in symbolischer Verbindung mit der Muttergöttin und dadurch mit dem Prinzip der Fruchtbarkeit. Im Volksglauben verehrt man die Schlange zugleich als *das* Tier, das in der menschlichen Lebenswelt den Tod bringt. Dadurch – so die Hoffnung – besänftigt man sie und schützt sich vor ihrem tödlichen Biss. Einmal besänftigt, spendet die Schlange Leben oder, anders gesagt, dem Tod muss Leben zum Opfer gebracht werden, damit daraus wieder Leben entstehen kann. Eine ziemlich paradoxe Vorstellung, die sich aber logisch in ein Weltbild einordnet, in dem es darum geht, die Gegensätze aufzulösen. Löst es vielleicht auch die Gegensätze von Sinn und Unsinn auf?

Plötzlich schrecke ich auf, ein Schlagloch bringt mich in die Wirklichkeit zurück. Wenn die Fahrt durch das neblige Nichts nur bald ein Ende hätte! Aglajas Magen knurrt inzwischen so laut, dass sogar John es hört, während mir die dauernden Kurven und die benzinschwangere Luft zu schaffen machen. Zum Glück sind wir endlich da, der Nebel lichtet sich ein wenig, und John parkt vor dem Haus der Familie Syiemlieh, einem Bungalowgebäude, wie es in ganz Nordostindien als Zeichen für einen gewissen

Wohlstand gilt. Wir klopfen, eine bengalische Hausangestellte öffnet uns und führt uns ins Wohnzimmer. Meesha kommt uns mit erhobenen Händen entgegen. »Hallo, Schwester!«, begrüßt sie Aglaja freudestrahlend. Ich werde kaum beachtet, und als ich ihr die Hand zum Gruß entgegenstrecke, sagt Meesha: »Hallo, kleiner Bruder!« Dass ich gut drei Köpfe größer bin als sie, zählt nicht, befinden wir uns doch im »Reich der Frauen«, wo Männer immer ein wenig »kleiner« sind. Gerade wird *Paan* serviert, der obligatorische indische Nachtisch aus Betelnuss, Kalk und *Paan*-Blatt. Wir entschuldigen uns, dass wir für die Strecke knapp vier Stunden gebraucht haben, worauf Meesha nur selbstbewusst entgegnet: »Nächstes Mal müsst ihr mit mir fahren!« Noch darüber rätselnd, wer es bei dem Wetter schneller hätte schaffen können als der brave John, stehen wir schon inmitten all der Partygäste. Das Syiemlieh'sche Haus ist voller Menschen, wir zählen rund 25 Leute unterschiedlichen Alters. Sie gehören alle demselben Klan an – Großmutter, Mutter Kamtilin und ihr Mann James, Kamtilins ältere Schwester Sarah und ihr Mann Paul, Tanten, Onkel und vor allem Kinder. Und was für Kinder! Sie sind auf das Feinste herausgeputzt. Die Mädchen tragen lange safranfarbene, ärmellose Brokatgewänder über roten oder blauen Seidenblusen und auf den Köpfen silberne Reifkronen mit Plastikblumen. Schwere silberne Armbänder zieren die Handgelenke und Ketten mit dicken goldenen Perlen die Hälse der Kleinen. Die Häupter der Jungen krönen orangerote Turbane, und sie sind in dunkelblaue, mit ornamentalen Motiven bestickte Westen gekleidet. An feinsten Silbergehängen hängen silberne Köcher mit ebensolchen Pfeilen. Dass die Kinder der ganze Stolz der anwesenden Erwachsenen sind, ist unverkennbar. Letztere sind selbst nicht feierlich gekleidet – heute ist der Tag der Jugend, der Erben. Ein wohlgenährtes Mädchen von rund drei Monaten, die jüngste Tochter, steht eindeutig im Zentrum der Aufmerksamkeit. Die Großmutter, die Älteste unter den Versammelten, hält das Baby in den Armen. Die Kleine blickt mit großen braunen Augen in die Welt, und alle, die vorbeigehen, herzen und küssen sie. Eigentümlicherweise ist auch sie gar nicht geschmückt. Ein Mann mit leichtem Schnurrbart, der die Kleine nicht aus den Augen lässt und sich uns als ihr mütterlicher Onkel vorstellt, erklärt uns, dass die anderen Kinder zu ihren Ehren herausgeputzt sind, um sie in der Welt des Klans feierlich zu begrüßen.

Was ist hier los? Wir sind mitten in der Willkommenszeremonie für die *Khadduh*, die jüngste Tochter des Hauses. Im Gegensatz zum Westen, wo der älteste Sohn nach dem Vater die wichtigste Rolle in der Familie einnahm, gerade auch beim Erbe, übertragen die Khasi der jüngsten Tochter die entscheidenden Funktionen. Bereits wenige Monate nach der Geburt wird das Baby vor allen Familienmitgliedern in seine spätere Rolle als Bewahrerin, Hüterin und Verwalterin des Klanerbes eingeführt. Sollte ihr eine weitere Schwester folgen, verliert sie ihren Status, und die Zeremonie wird erneut an der nunmehr Jüngsten durchgeführt. Die Dame des Hauses wird uns die Bedeutung dieses Ritus offenbaren, doch erst sollen wir uns an den Resten des immer noch reichhaltigen Büfetts bedienen – Reis, Hühnchencurry, *Dhal* (Linsenbrei) und verschiedene Blattgemüse. Als Vegetarierin begnügt sich Aglaja mit den pflanzlichen Anteilen des Büfetts, ich dagegen lasse mir nach der anstrengenden Fahrt alles schmecken. Dazu wird Reisbier gereicht. Vom Alkoholverbot scheint man hier noch nichts gehört zu haben. Das trübe Getränk aus vergorener Reismaische wird von heute Abend an im gesamten Nordosten Indiens unser ständiger Begleiter sein, auf die eine oder andere Art zubereitet, in der Qualität mal exquisit und delikat, mal aber auch die Ursache für Übelkeit, Kopfschmerzen und Erbrechen.

Auf ein Zeichen von Aglaja hin stellen wir uns neben Meesha. Zu viele Fragen sind von heute Vormittag offen geblieben. »Wie war die Versammlung?«, eröffnet Aglaja das Gespräch. »Schwierig.« Meesha nippt an ihrem Glas. »Die Arbeiter finden, sie bekommen zu wenig Lohn. Kaum einer weiß noch die Sozialleistungen, die mein Klan den Familien der Arbeiter zukommen lässt, zu schätzen. Stattdessen laufen sie alle zur Kommunistischen Partei. Ziemliche Sorgen macht mir allerdings ein Gewerkschaftler. Ich hoffe, er hat nichts vor ...«

»Könnte er Ihnen denn gefährlich werden?«, wagt Aglaja vorsichtig zu fragen.

»U Thlen«, flüstert Meesha, und die in unserer Nähe Stehenden blicken erschreckt auf.

Nach einer Weile betroffenen Schweigens frage ich leise: »Es gibt ihn also wirklich? Sind Sie mit ihm tatsächlich in Berührung gekommen?«

»Mein jüngerer Bruder ist an seinem Fluch gestorben. Ich habe gesehen, wie der Thlen seine Seele aufgefressen hat, bis er nicht mehr er selbst war und schließlich starb.« Tränen steigen Meesha in die Augen. Sie wendet sich ab und setzt sich zwischen die Kinder. Es ist ihr unmöglich, das Gespräch fortzuführen – der Schmerz sitzt wohl zu tief.

»Wahrscheinlich war er schizophren«, erklärt mir Aglaja leise auf Deutsch, damit uns niemand versteht. »Geisteskrankheit wird in nicht technisierten Gesellschaften oft mit Besessenheit oder einer Verfluchung gleichgesetzt.« Wir fragen lieber nicht weiter, doch bald werden wir noch mehr über U Thlen erfahren.

Da tritt Kamtilin Syiemlieh, die Dame des Hauses, in die Runde – eine würdevolle Frau von Anfang 40 mit breitem Gesicht, schwarzem, langem Haar und durchdringender Stimme. Sie bittet alle in die Küche. Für uns ist dies eine große Ehrbezeugung, gilt die Küche doch als das wahre Heiligtum eines jeden Khasi-Hauses – selbst wenn es in westlichem Baustil errichtet worden ist –, denn hier steht der *Rympei*, der symbolisch hoch bedeutsame Herd. Wie bei allen Völkern Nordostindiens ist der Herd auch hier eine offene Feuerstelle. Darüber hängt ein Gestell, auf dem man Fleisch dörrt, Mais trocknet oder auch Korbwaren lagert, die vom aufsteigenden Ruß überzogen und somit haltbar gemacht werden. Beißender Rauch steigt uns in die Augen, als wir zusammen mit allen Angehörigen rund um die Feuerstelle Platz nehmen und uns Kamtilin, die Mutter der kleinen *Khadduh*, noch einmal offiziell willkommen heißt. Meesha übersetzt, wir bedanken uns höflich für die uns entgegengebrachte Ehre. Kamtilin sagt, die Zeremonie sei schon fast beendet. Viele Gebete seien bereits gesprochen, ein Hahn geopfert und die Orakel befragt worden. Doch eines fehle noch – das Erzählen des Urmythos der Khasi. So soll die »Wahrheit« an die Ohren der *Khadduh* dringen. Dass auch wir den Mythos hören würden, sei ihnen eine große Freude, denn dann könnten wir gewiss die Kultur der Khasi verstehen lernen. »Ihr müsst wissen«, fügt Kamtilin hinzu, »der Klan ist stolz darauf, dass ihr an der Feier teilnehmt. Ihr kommt von weit her und interessiert euch für unsere Kultur. Wir hoffen deshalb, dass ihr einen kleinen Eindruck vom Reichtum unserer Traditionen mit nach Hause nehmt.« Augenzwinkernd wirft Meesha uns einen vielsagenden Blick zu, bevor Kamtilin um Ruhe bittet und zu erzählen beginnt.

»Vor langer Zeit lebten noch nicht so viele Khasi in den grünen Hügeln von Meghalaya wie heute. Ursprünglich stammen die Khasi von 16 Klans ab. Damals waren Himmel und Erde eins: Sieben Klans wohnten in sieben Hütten auf dem Berg Sohpetbneng. Die übrigen neun Klans wohnten in ihren Hütten im Himmel nahe der Urmutter Ka Blei. Von der Erde hinauf zu den Wolken wuchs eine mächtige Eiche. Und mitten aus der Eiche führte eine Leiter bis in den Himmel. Wenn die Klans sich besuchten, bedienten sie sich der Leiter. Jeder Besuch war ein Fest, und die Klanmütter konnten der Urmutter immer nahe sein. Da kam eines Tages auf leisen Pfoten ein Tiger daher. Er schmeichelte sich bei den Leuten auf der Erde ein: Viele Vorteile sollten sie davon haben, wenn sie die Eiche fällten, sagte er. Und die Leute fällten den mächtigen Baum. Da aber wurde es dunkel auf Erden. Die Sonne verschwand hinter dem toten Baum und wollte nicht mehr aufgehen. Viele finstere Tage hindurch suchten die Menschen, bis sie endlich jemanden fanden, der bereit war, ihnen zu helfen. Es war der Hahn, der sich als Vermittler anbot und dem es durch sein unermüdliches Krähen gelang, die Sonne wieder hervorzulocken. Die Himmelsleiter aber war verschwunden, und die Hütten im Himmel waren unerreichbar geworden. Unermüdlich versuchen die Angehörigen der sieben Familien seither, die alte Einheit zwischen Himmel und Erde wiederherzustellen und das Paradies zurückzuholen – gelungen ist es bisher nicht. Doch die Mütter der sieben Hütten, der ›sieben Wurzeln‹, bewahrten die Kraft, die sie einst von Ka Blei, der Urmutter, bekommen hatten, und gaben sie fortan an ihre Töchter weiter, die sie für das Wohl ihrer Klans einsetzten – bis heute.«

Eine Weile starren wir alle nachdenklich schweigend ins Feuer. Dann fängt Kamtilin an, die Geschichte zu erläutern. Dabei hat sie vor allem die Kinder im Auge, die davon noch nicht so oft gehört haben, blickt aber auch immer wieder mahnend zu den Erwachsenen hin: »Bei uns Khasi haben die Frauen eine besonders große Kraft. Sie stehen in direkter Verbindung mit der Urmutter, der Herrscherin, der Natur. Deshalb beruht unsere gesamte Kultur auch auf dem Mutterrecht. Das Mutterrecht ist in unserer Religion begründet, die wir auf unsere Göttin zurückführen.«

Aglaja blickt auf. Sie traut sich nicht, Kamtilin durch eine Frage zu unterbrechen. Aber die Mutter der *Khadduh* hat schon verstanden, dass sie uns noch ein paar Worte zu der Göttin sagen muss. »Unsere höchsten Götter sind U Blei Nogthaw, der Schöpfer, und Ka Blei, Mutter Natur, die Herrscherin. Ka Blei ist uns wichtiger. Sie offenbart sich jeden Tag. Sie verkörpert das Prinzip des Lebens, weil alles auf der Welt Geborene dem weiblichen Körper entspringt. Und für uns Khasi folgt daraus, dass alle Kinder zu ihrer Mutter gehören. Wir halten uns an den Grundsatz: ›Während Mutterschaft eine Gewissheit ist, ist Vaterschaft nichts weiter als ein Mythos‹.«

Hiermit, das wissen wir aus unserer Lektüre, spielt sie auf den freien Umgang mit Sexualität in der traditionellen Khasi-Gesellschaft an, aber auch auf die rechtliche Stellung des Angeheirateten. Kamtilin sieht uns unverwandt an, sodass sich Aglaja trotz des feierlichen Anlasses zu fragen getraut, welchen Einfluss der Glaube an Ka Blei auf das Alltagsleben hat.

»Aus unserem Glauben an die Göttin und aus dem Mythos der sieben Hütten hat sich ergeben, dass die Klanmutter die wichtigste Person ist«, erklärt Kamtilin und legt ein Scheit Holz nach. »Sie ist das Oberhaupt und die Priesterin. Sie verwaltet den Besitz und das Einkommen der Familienmitglieder und gilt als irdische Vertreterin der Urmutter Ka Blei.«

Ich blicke in die Runde und versuche zu ergründen, was die Männer von dem halten, was die Frauen sagen, kann jedoch nur stoische Mienen entdecken, die gedankenverloren ins Feuer starren.

Nun schaltet sich Meesha ein: »Bei uns wird übrigens nicht der Name des Mannes weitergegeben, sondern der Name der Frau. Kinder gehören zum Klan der Mutter und nicht zur väterlichen Verwandtschaft. Außerdem nimmt der Mann bei der Heirat den Namen der Frau an.«

»Ja«, nimmt Kamtilin den Faden wieder auf, »aber wir sind auch für wichtige Rituale verantwortlich. Zum Beispiel müssen wir die Bestattungen ausrichten. Indem wir die Verstorbenen in der Grabstätte des Klans beisetzen, geben wir sie wieder zurück in den Schoß der Klanmutter. Diese Verpflichtung fällt stets der *Khadduh* zu, der jüngsten Tochter. Sie ist die wichtigste Frau des Klans.«

»Ist das noch immer so? Auch heute noch?«, bohrt Aglaja nach.

»Ja, natürlich«, kommt von Meesha die Antwort, »auch wenn die Bestattungsfeierlichkeiten eine Menge kosten.«

»Und gilt das auch bei Christen?« Mit meiner Frage will ich ein wenig provozieren.

»Wir sind Christen«, antwortet die Kamtilin ruhig und zeigt auf ein Jesusbild an der Wand, das ich bisher nicht beachtet habe. Wir sind sprachlos. Nicht nur, dass uns hier die erstaunlichsten Regeln des Zusammenlebens zu Ohren gekommen sind, die wir je gehört haben – nun stammen sie auch noch aus dem Mund einer Christin!

»Ja, und ich bin ebenfalls eine *Khadduh*. Manchmal aber«, fügt Kamtilin hinzu, »ist es der *Khadduh* verboten, die Feierlichkeiten durchzuführen oder ihnen beizuwohnen. Dann hat sie eines unserer Tabus übertreten.«

»Wir haben viele Tabus!«, lässt sich da auf einmal eine tiefe Stimme aus dem Hintergrund vernehmen. Zum ersten Mal meldet sich auch ein männlicher Anwesender zu Wort. Es ist Paul, der Mann von Sarah, Kamtilins älterer Schwester.

»Zum Beispiel, wenn eine *Khadduh* einen Liebhaber innerhalb des gleichen Klans hat!«, wirft Meesha ein und wirft einen sprechenden Blick auf ihren Vorredner.

»Ja, und auch wenn eine *Khadduh* nach einer Scheidung zu früh wieder heiratet, wenn sie zu lange von der Familie getrennt lebt oder sich weigert, die Bestattungskosten zu übernehmen, auch das führt zum Ausschluss aus dem Klan«, ergänzt der Mann trotzig und gibt Meesha den Blick zurück, bevor er, mit finsterer Miene, zu Kamtilin sieht.

Die Spannungen sind nun mit Händen zu greifen, da ist es für uns besser zu schweigen. Um die Verlegenheit zu überspielen, wechselt Kamtilin das Thema: »Wart ihr schon in Smit? Oder in Nartiang?« Als wir den Kopf schütteln, fährt sie emphatisch fort: »Ihr müsst nach Smit fahren! Dort wohnt *sie*!«

»Wer ist *sie*?«, fragte ich.

»Die *Syiem Sad*«, antwortet Meesha, »sie kann euch viel mehr erzählen. Sie ist unsere Hohepriesterin, die irdische Verkörperung Ka Bleis, der Herrscherin. Und in Nartiang seht ihr, wie wichtig uns die Gräber sind. Ihr werdet staunen!«

Wir erachten dies als Hinweis darauf, dass der Abend beendet ist, verabschieden uns von allen und umarmen die wunderbaren Kinder und die *Khadduh*, auf die eine wichtige Zukunft zukommt, die heute Abend offiziell begonnen hat. Als wir aus dem Haus treten, ist der Nebel einer klaren, kühlen Mondnacht gewichen. Die Zikaden zirpen, der Wind rauscht durch die Pinien, und irgendwo bellt ein Hund. »Es ist schon erstaunlich, wie gastfreundlich die Leute hier sind. Und wie auskunftswillig ... besonders Kamtilin.« Aglaja hängt laut ihren Gedanken nach, während ich tief die nach dem Regen herrlich frische Luft in meine Lungen ziehe.

Schweigend gehen wir zum Auto. Ohne ein weiteres Wort wechseln zu müssen, sind wir uns einig: Es ist schön, hier zu sein, wieder unterwegs in der Fremde. Und wir sind glücklich, dass es hier so anders ist, anders als alles, was wir bisher erlebt haben.

Große Steine, große Mütter

Wir folgen den Vorschlägen unserer Gastgeberin und fahren am nächsten Tag zunächst nach Nartiang. Eine Odyssee der gestrigen Art wollen wir nicht noch einmal erleben, daher geht es, nach einem leichten Frühstück, schon bei Sonnenaufgang los. Nartiang, ein Marktflecken, liegt zwischen Shillong und dem 66 Kilometer entfernten Jowai, der Hauptstadt der Jaintia Hills. Je näher man der Ortschaft kommt, desto dichter drängen sich auf den Hängen rechts und links der Straße die Grabanlagen. Ein Klangrab besteht aus drei, fünf oder sieben grob behauenen Felsbrocken, davor liegt jeweils eine Steinplatte. Unter den Dolmen wird die Asche der Verstorbenen bestattet; die Seele, so will es die Tradition, kehrt dann zur Urmutter zurück.

Die Gräber von Nartiang sind bis zu 500 Jahre alt und mehrere Meter hoch. Zwischen ihnen haben – wie sollte es anders sein – Jaintia-Frauen Marktstände errichtet. Fasziniert beobachten wir, mit welcher Leichtigkeit die Menschen hier ihr tägliches, durch das Christentum stark beeinflusstes Leben mit den »heidnischen« Traditionen ihrer Vorfahren verbinden. Wüssten wir nicht, dass an diesen Steinen noch die alten Rituale zur Ahnenverehrung durchgeführt werden, könnten wir glauben, der Kultplatz sei entweiht worden und würde nur mehr als Auslage für »profane« Waren Verwendung finden. Doch der Anschein trügt: Hier hat eine Verschmelzung von Alt und Neu stattgefunden, und der Markt ist ein beredter Ausdruck dieser Synthese!

Auf dem Markt werden Betelnüsse, Fische, Hühner, Gemüse sowie vereinzelte Korbwaren feilgeboten. Als wir bei einem sorgfältig geflochtenen, pfeilspitz zulaufenden Korb den Preis aushandeln wollen, wie wir es aus dem restlichen Indien gewohnt sind, blickt uns die Verkäuferin erst ungläubig an, bricht dann in schallendes Gelächter aus und wendet sich an ihre Nachbarin. »Handeln ist bei uns nicht üblich!«, ruft diese uns fröhlich zu, »wir sind hier nicht in Indien!« Abgesehen davon, dass der Satz das Selbstverständnis der Bevölkerung nicht nur dieser Region, sondern von ganz Nordostindien ausdrückt, weist er uns auf das hin, was wir überall erleben werden: Der genannte Preis ist fest und fair, und deshalb wird nicht gefeilscht!

Nach Smit sind es einige Kilometer Wegs, doch wir sind neugierig geworden auf die *Syiem Sad*, die Hohepriesterin. Ihr »Palast«

ist eine vergrößerte Version des traditionellen Khasi-Hauses. Das Dach des Holzhauses ist mit dicken Lagen verwitterten Palmstrohs gedeckt, an der großen Veranda hängt ein urtümlicher Kalender aus verknoteten Schnüren. In diesem Gebäude widmet sich die Hohepriesterin den rituellen Pflichten zum Wohle des Khasi-Volkes, wobei sie immer im Kontakt mit den Geistern und Urahnen stehen soll. Als wir anklopfen, ist sie jedoch nicht zu Hause – sie ist einkaufen! Ihr Mann, der Arzt Dr. Balajied Syiem, bittet uns nach kurzem Zögern hinein. »Die *Syiem Sad* ist eine viel beschäftigte Frau«, sagt er.

Auf den ersten Blick scheint das Haus aus einem großen Raum zu bestehen. Nur durch eine kleine Öffnung dringt ein wenig Licht ein – die Rituale finden im Dunkeln statt. Als sich unsere Augen an die Finsternis gewöhnt haben, sehen wir, dass eine Tür, deren Rahmen Segnungsstreifen aus weißem Kalk trägt, zum *Rympei* führt, also zur heiligen Feuerstelle in die Küche. Bald halten wir die erste Tasse Tee mit den für Indien typischen »Glucose-Biscuits« in Händen und zeigen Balajied das Foto von einer alten Frau – der *Syiem Sad* –, das wir aus einer indischen Zeitschrift geschnitten haben. Er schaut es an und kämpft mit den Tränen. »Nein, das ist nicht die gegenwärtige *Syiem Sad*, das ist meine Schwiegermutter. Sie ist letzten Herbst gestorben«, erklärt er leise. »Nun ist ihre älteste Tochter, meine Frau, die Hohepriesterin.«

»Ich dachte, die jüngste Tochter wäre die Hüterin des Klanerbes?«, wundere ich mich. Erst gestern hatten wir doch erfahren, wie dies bei den Khasi gehandhabt wird. »Ja, in den anderen Familien ist das auch so«, antwortet Balajied, »aber in der Familie der *Syiem Sad* wird immer die älteste Tochter Hohepriesterin, denn sie hatte am längsten Gelegenheit, alles von ihrer Mutter zu erlernen. Sie kennt ihre Praktiken am besten, schließlich ist sie als Erste von ihr in alles eingeweiht worden.«

Bei weiteren Tassen Tee erzählt uns Balajied, ein Mann von Ende 40, dass er neben seiner Tätigkeit als Arzt auch das Amt des *Syiem* für den Distrikt Kyrim ausübt.

»*Syiem*«, erklärt er, »das ist eine Mischung aus Fürst, Chief und Bürgermeister.« Schon wieder eine Überraschung!

»Ja, regieren in Meghalaya denn nicht die Frauen?«, denkt Aglaja laut.

»Das ist schon richtig«, sagt Balajied, »ich habe dieses Amt, wie alle *Syiem*, die den 25 Distrikten der Khasi-Hills vorstehen, von meiner Schwiegermutter verliehen bekommen. Alle *Syiem* stammen aus unserem Klan.«

Wir werden an die auch sonst überall auf der Welt anzutreffende Vetternwirtschaft erinnert, fragen aus Höflichkeit aber nicht weiter nach.

»Bei uns«, fährt Balajied fort, »ist die Vertretung des Volks nach außen Männersache. Die eigentliche Macht liegt aber bei den Frauen. Das ist auch bei uns *Syiem* deutlich zu spüren. Erledige ich meine Arbeit nicht zufrieden stellend, kann mir meine Schwiegermutter oder jetzt, da sie nicht mehr ist, meine Frau das Amt jederzeit wieder entziehen.«

»Weiß man, wie sich das Matriarchat bei den Khasi entwickelt hat?«, fragt Aglaja.

»Ja, es heißt, dass die Klans früher untereinander immerzu in kriegerische Fehden verstrickt waren. Die Männer waren dauernd fort, um irgendwo zu kämpfen. So mussten die Frauen sich um alles kümmern – Kindererziehung, Verwaltung, Geschäfte ... Daran hat sich bis heute nicht viel geändert. Es ist sogar so, dass der Mann immer ins Haus der Ehefrau zieht, aber stets mehr mit seinem eigenen Klan als mit dem Klan seiner Frau verbunden bleibt. Das liegt daran, dass die Verbindung zwischen Mann und Frau, die ja immer aus unterschiedlichen Klans stammen müssen, als unsicher angesehen wurde.«

»Welche Aufgaben hat denn dann ein Ehemann?«, will ich wissen.

»Hauptsächlich für den Nachwuchs des Klans seiner Frau zu sorgen.«

»Ist er denn auch an der Erziehung der Kinder beteiligt?«

»Traditionell nicht wirklich«, antwortet Balajied. »Dafür gibt es den Bruder der Frau. So bin ich auch eher für die Erziehung der Kinder meiner Schwester zuständig als für meine eigenen.« Balajied sagt dies mit einer gehörigen Portion Selbstverständlichkeit, die mich staunen lässt.

Doch bevor er noch weiter ausholen kann, öffnet sich die Tür, und herein kommt eine Frau um die 50 mit Brille und langem schwarzen Haar, westlich gekleidet. Als wir sehen, dass sie in ihren Händen zwei Plastiktüten mit Einkäufen trägt, springen wir auf, wissen wir doch, dass sie die *Syiem Sad*, die Hohepriesterin der Khasi, sein muss. Etwas verwundert sehen wir zu, wie die vollkommen weltlich anmutende Dame ihre Autoschlüssel mit Schwung auf den Sims wirft und herüberkommt, um uns zu begrüßen. Auch sie freut sich über das Bild ihrer Mutter, wenngleich sie längst nicht so bewegt erscheint wie ihr Mann vorhin. Wer weiß, welches Verhältnis sie zu ihrer Mutter hatte, und vielleicht zwingt ihre Stellung sie dazu, sich vor uns Fremden zu beherrschen. Schließlich repräsentiert sie die gesamte Khasi-Gesellschaft und ist, so lange sie denken kann, auf diese Aufgabe vorbereitet worden.

Ihr Englisch ist genauso hervorragend wie das von Balajied, sodass wir schnell miteinander ins Gespräch kommen. Lassen sich ihr Amt und ihre herrschaftlich-priesterliche Abstammung aus ihrer äußeren Erscheinung kaum ablesen, so offenbart sich dies in ihrer Rede umso deutlicher. Ehrfurcht gebietend und mit ernster Miene, gleichzeitig aber ruhig und bescheiden, geht sie auf unsere Fragen ein: »Das Haus, das ich bewohne, steht schon seit 73 Jahren. Für die Gläubigen stellt es das Zentrum der Welt dar. Denn hier ist der Rest des Baumes zu finden, der einst Himmel und Erde verband.«

Wir sind überrascht, dass der Mythos, von dem wir gestern Abend hörten, so real ist. »Dort, der Hauspfosten«, sagt sie und zeigt an die Westwand. »Er ist durch ein Bambusgitter geschützt, niemand außer mir und einem bestimmten Priester darf ihn berühren. Ich tue das im Gebet. Durch die Berührung erhalte ich Kraft von beiden – den sieben Hütten auf der Erde wie auch den neun im Himmel. Dann habe ich die Fähigkeit, die kranken Menschen zu heilen, die zu mir kommen. Hier erfahre ich auch, wie ich die Rituale zu vollführen habe.«

»Was sind das für Krankheiten, die Sie behandeln?«, fragt Aglaja auch aus beruflichem Interesse.

»Vor allem solche, die durch U Thlen verursacht sind.«

Wir trauen unseren Ohren nicht. Ist die Geschichte etwa doch wahr und nicht nur ein Schauermärchen? Die *Syiem Sad* erzählt uns jedenfalls von Menschen, die mit U Thlen in Berührung gekommen sind. Manchen hat die Angst vor dem Opfertod Arme und Beine ausgerenkt, andere konnten ihren Kopf nicht mehr gerade halten.

»Ich begegne U Thlen mit genau der Waffe, die ihn, wie wir aus dem Mythos wissen, umbringt – mit Eisen. Und zwar, indem ich betend ein Schwert, das Symbol meiner Macht, erhitze, bis es glüht, und dem Patienten damit ein Büschel seines Haupthaares oder ein Stück seines Gewandes abschneide. Dann trinkt der Kranke geweihtes Wasser und ist geheilt.«

Ich sehe Aglaja an und weiß, dass sie das Gleiche denkt wie ich: Die *Syiem Sad* wendet also eine Art Gegenzauber an. Wenn der Kranke an die höhere Macht der Hohepriesterin glaubt, kann er seine Ängste überwinden und genesen. Doch werden wir unschlüssig, als uns die Hohepriesterin versichert, dass auch fremde Menschen zu ihr kommen und ebenfalls geheilt werden – allein durch die Macht des Rituals, der Segnung und des Gebets sowie mit Kräutern aus den Wäldern, wie sie sagt.

Wir bleiben skeptisch. Hat sich denn gar nichts verändert? »Wie sehen Sie Ihre Rolle als *Syiem Sad* in der Gegenwart, sind Sie noch so anerkannt wie früher, gerade auch angesichts der vielen Christen?«, fragen wir höflich, aber forschend nach.

»Ich bin eine reine Khasi. Meine ganze Familie ist rein Khasi – pur Khasi!«, das ist ihre Überzeugung. »Wir haben das Christentum nicht angenommen. Um uns herum treten aber immer mehr Menschen zum Christentum über. Das sehen wir mit gemischten Gefühlen. Zwar sind wir den Missionaren dankbar, denn sie haben uns Bildung gebracht, aber ihr Kreuzzug hat in unserer Gesellschaft doch tiefe Narben hinterlassen. So haben sie den Menschen einen Begriff von Schuld eingeimpft, und damit kam die Angst. Andere Teile der christlichen Ethik waren schon in der Khasi-Kultur vorhanden. Niemand stahl etwas, Ehebruch, Mord, Armut waren unbekannt. Im Klan wurde jeder aufgefangen. Nie hätte es ein Khasi zugelassen, dass ein anderer hungern oder betteln muss. Die Assamesen konnten uns nicht besiegen, die Bengalen nicht und auch die Briten nicht. Erst Jesus, der Friedensstifter, hat es geschafft, uns zu entzweien«, sagt die *Syiem Sad* bitter. Aber sie ist realistisch: »Da ich das Rad der Zeit nicht zurückdrehen kann, sehe ich mich nun als Vermittlerin zwischen den traditionell gläubigen Khasi und den Konvertierten – was nie die Rolle der *Syiem Sad* gewesen ist. Ich bin für meine Leute da, helfe ihnen, heile sie von Krankheiten, schütze ihren Lebensraum und halte die Rituale in Ehren, die unserer Gesellschaft seit Jahrtausenden das Überleben ermöglicht haben. Und meine älteste Tochter wird mein Amt weiterführen – das ist sicher.«

Niemandes Söhne

Shillong kann sich eines weltweit wohl einmaligen Phänomens rühmen: einer männlichen Emanzipationsbewegung! Dieses Bündnis, dem in ganz Meghalaya mehr als 1000 Männer angehören sollen, nennt sich »Synkong Rympei Thymmai«, die »Vereinigung des neuen Herdes«. Ist es für Männer wirklich so schlimm im Matriarchat, dass sie sich organisieren müssen und nun den Aufstand proben? Nach dem, was wir bisher gehört und gesehen haben, ist unser Eindruck zwiespältig. Einerseits haben wir die »Herrschaft der Frauen« als verantwortungsvoll und harmonisch kennen gelernt, und Männer wie Dr. Balajied Syiem – der allerdings zu den Privilegierten zählt – haben uns das bestätigt. Andererseits haben die bei der *Khadduh*-Feier anwesenden Männer, als es um Tabus ging, ihrem Missmut unmissverständlich Ausdruck verliehen.

Wir wollen es genauer wissen und vereinbaren ein Gespräch mit Mr. Pilgrim Lakiang, dem Vorsitzenden der Bewegung. John fährt uns zum Sitz der Vereinigung, vorbei am »Police Bazar«, dem geschäftigen Zentrum der Neustadt Shillongs, über dicht befahrene Straßen in ein Wohnviertel am Rand der Stadt. Überall hängen Plakate, die ein großes Event ankündigen. Billy Graham, der bekannte amerikanische Prediger, kommt nach Shillong.

Johns Augen leuchten, als er die Plakate sieht. »Ja«, sagt er, »er kommt ins Fußballstadium! Es ist schon seit Monaten ausverkauft. Aber ich habe, dem Himmel sei Dank, noch eine Karte ergattert! Es wird wunderbar werden, denn wie beim letzten Mal werden die Lahmen gehen und die Blinden wieder sehen können ...«

Wir halten vor einem etwas heruntergekommenen Betongebäude. Vom Balkon im ersten Stock grüßt ein großes, kreisrundes Schild mit den Emblemen der Vereinigung: Pfeil und Bogen und zwei gekreuzte Schwerter vor einer hinter grünen Hügeln aufgehenden Sonne. Die Symbole der traditionellen Männerrolle verkünden eine neue Botschaft: Über Meghalayas Berge sollen sich die Männer erheben und sich für ihre Interessen einsetzen.

Ein junger Mann kommt uns entgegen, modern gekleidet in gestreiftem Hemd und grauer Flanellhose. Er trägt einen Bart, hat die Haare mit Pomade leicht seitlich gekämmt und stellt sich als »Studentenbeauftragter der Bewegung« vor. Im Büro steht ein altertümlicher Computer, auf dem Schreibtisch und in Wandregalen türmen sich Akten. Davor Flugblätter und Broschüren. Die Bewegung scheint ja recht aktiv zu sein, denke ich, was mir der Student bestätigt: »Wir machen viele Flugblattaktionen und klären die Männer in den ländlichen Regionen über ihre Rechte auf.« Da kommen drei ältere Herren aus einem Hinterzimmer. Wir werden von Mr. Lakiang begrüßt. Er sieht wie ein Lehrer aus und bittet uns höflich, auf ein paar Metallstühlen mit Sitzflächen aus Plastikgewebe Platz zu nehmen. Bald stehen Milchtee und Kekse bereit. Das Interview kann beginnen.

Mr. Lakiang stellt uns zunächst seine Kollegen und sich vor – alles Männer mittlerer bzw. höherer Bildung: Zwei sind Beamte bei der Stadt, der junge Mann studiert im fünften Semester Wirtschaft, und er selbst hat einen mittleren Posten im Bildungsministerium inne. Die Vereinigung ist 1990 gegründet worden, erfahren wir und fragen nach den näheren Umständen.

»Es war für uns Männer untragbar, dass wir in der Khasi-Gesellschaft nicht mehr sind als Zuchtbullen!«, erklärt Mr. Lakiang erregt. »Traditionell haben wir Männer nur ein einziges

Recht, nämlich, dass wir den Klan unserer Frauen mit Nachkommen versorgen. Ansonsten entscheiden die Frauen darüber, was wir tun. Ja, wir müssen sie für alles um Erlaubnis bitten, und sei es, dass wir uns nur ein Hemd kaufen wollen. Von der Knute unserer Mütter geraten wir, wenn wir heiraten, unter die Knute unserer Ehefrau und ihrer Schwiegermutter. In der Ehe haben wir keinerlei Ansprüche zu stellen, wenn es aber zur Scheidung kommt – was nicht selten passiert, da die Frau ja nichts zu verlieren hat –, müssen wir wie Hunde zurück zu unseren Müttern kriechen!«

Seine drei Kollegen nicken zu jedem seiner Worte lebhaft.

»Schon die Mädchen werden bevorzugt«, klagt er weiter. »Wenn das Geld knapp ist, sind es stets die Töchter, die eine Schule besuchen dürfen. Die Söhne müssen auf den Feldern arbeiten oder das Vieh hüten!« Die drei nicken wieder.

»Was geschieht denn, wenn eine Familie keine Töchter hat?«, kann Aglaja einwerfen.

»Dann wird eher ein Mädchen adoptiert, als dass der Besitz an einen Sohn weitergegeben wird! Da setzt auch unsere Kritik ein. Es geht im Grunde nicht darum, die Verhältnisse umzudrehen. Es geht uns, wenigstens zunächst einmal, um Gleichberechtigung!«

»Sie sagen: ›zunächst einmal‹. Was sind denn die ›Endziele‹ Ihrer Bewegung?«

»Schauen Sie sich in der Welt um«, sagt Mr. Lakiang. »Nirgends auf der Welt existiert das Matriarchat, außer vielleicht bei ein paar isoliert lebenden Kleinvölkern. Zugegeben: Das waren wir auch einmal. Und das Matriarchat hatte sicherlich irgendwann einmal eine gewisse Bewandtnis. Doch spätestens dank der Missionare, die nicht nur unsere Herzen für den wahren Gott geöffnet, sondern auch unseren Geist befreit haben, haben wir begriffen, dass Meghalaya nicht mehr so rückständig bleiben kann, wie es derzeit noch ist. Weltweit herrschen die Männer, also muss es auch bei uns so sein!« Breite Zustimmung im Publikum!

»Berufen Sie sich bei Ihren Forderungen auch darauf, dass der christliche Gott ein Mann ist?«, frage ich. Damit habe ich meinem Gegenüber aus der Seele gesprochen.

»Die wahre Religion lehrt uns, dass Gott männlich ist – Gott Vater, der Heilige Geist und dann auch noch sein Sohn. Nirgends ist die Rede von einer Frau. Gott ist ein Mann, so viel ist klar!«

Langsam kommen wir zu der Überzeugung, dass die einzige männliche Emanzipationsbewegung der Welt eine Sache des religiösen Fundamentalismus ist, zumal Mr. Lakiang im Weiteren weniger politisch als vielmehr mit der christlichen Moral argumentiert: »Wissen Sie, wir haben auch Angst. Uns ergreift eine tiefe spirituelle Angst, wenn wir sehen, wie unsere Brüder ihr Leben fristen und dabei in den Pfuhl der Sünde abgleiten. Denn so viele unserer Freunde führen ein Leben, das der Sünde des Fleisches verhaftet ist. Sie haben mehrere Frauen! In der traditionellen Kultur wird ihnen diese Freiheit zugestanden, sie dürfen zusätzliche sexuelle Bindungen eingehen. Doch das ist heuchlerisch, denn der Mann darf seine Zweitfrauen niemals in das Haus seiner Hauptfrau bringen! Frauen unterschiedlicher Herkunft dürfen nicht zusammen unter einem Dach wohnen und auch nicht zusammen arbeiten. Somit pendelt der Mann rastlos zwischen seinen Frauen und zwischen seiner Herkunftsfamilie hin und her – nirgendwo ist er zu Hause, eben ›niemandes Sohn‹. Und das Schlimme ist, dass dies bei uns immer weiter einreißt, trotz der Proteste seitens der Kirche. Daher reicht die Religion als Motivation zur gesellschaftlichen Veränderung nicht aus. Bevor nicht die gesamte Khasi-Gesellschaft in ihren Grundstrukturen verändert ist, bevor nicht die Herrschaft der Frauen abgeschafft worden ist, werden die Männer nur als Sünder vor das Antlitz des Herrn treten können. Und dagegen kämpfen wir!«

»Auf welche Art sind Sie verheiratet, Mr. Lakiang?« Aus Aglajas Frage spricht eine gewisse Vorahnung, dass Herr Lakiang auch psychologische Hintergründe für sein Engagement haben könnte, was sich auch prompt bestätigt.

»Ich bin geschieden«, sagt dieser und blickt – nicht ganz ohne Wehmut, wie ich meine – zum Fenster hinaus, vor dem eine blutrote Sonne hinter den Hügeln verschwindet. Das Interview ist beendet.

An diesem Abend sprechen Aglaja und ich noch lange über dieses Treffen und auch über unseren bisherigen Eindruck der frauendominierten Gesellschaft der Khasi. Beide sind wir von einer gewissen Traurigkeit über die sich abzeichnenden Veränderungen ergriffen – nicht weil wir Traditionen verherrlichen, sondern weil die Veränderung von außen kommt. Sie hat fundamental mit der Christianisierung zu tun, die seit dem ausgehenden 19. Jahrhundert in Nordostindien – so wissen wir bereits – wenig rücksichtsvoll vorangetrieben wurde. Dogmatik und Seelenfang standen damals im Vordergrund, mit dem Ergebnis, dass Menschen, die mit sich, ihrem Leben und ihrer über Jahrhunderte entwickelten Gesellschaft im Einklang waren und sich geborgen fühlten, plötzlich Gefühle von Scham und Unsicherheit sowie einen Begriff von »Sünde« entwickelten. Natürlich sind die Khasi-Berge keine abgeschlossene, insulare Region mehr. Doch muss deswegen eine funktionierende Gesellschaft umgestülpt werden – auch wenn oder nur weil sie nahezu einzigartig ist? Und für welchen Preis? Was bleibt an nationaler und persönlicher Identität, wenn die Khasi-Gesellschaft eines vielleicht nicht mehr allzu fernen Tages wie alle anderen geworden ist? Lässt sich das Beste aus »der alten Welt« denn nicht ins 21. Jahrhundert hinüberretten? Warum müssen zunehmende Bildung und Wissen um die Welt »da draußen« immer auch mit Leid einhergehen? Natürlich können wir die Männer verstehen in ihrem Streben nach Emanzipation, doch die Bewegung wirkt auf uns noch unausgegoren und fanatisch. An diesem Abend sind wir uns nicht sicher, was wirklich wichtig ist im Leben: Wissen oder Geborgenheit ...

Meghalayas liebenswerte Kopfjäger

Bei den Gesprächen, die wir in den letzten Tagen über Matriarchat und männliche Emanzipation geführt haben, hat uns immer wieder erstaunt, dass niemand die ebenfalls in matrilinearen Gesellschaftsstrukturen lebenden Garo erwähnt, auf die wir so neugierig sind. Haben die Khasi und Jaintia nichts mit ihnen zu tun? Wohnen sie zu weit entfernt voneinander? Leben sie vielleicht noch so traditionell, dass die beiden anderen Völker, die sich so rasant verändert haben, auf die Garo herabblicken? Den alten Büchern zufolge waren sie »wilder« als ihre Nachbarn, fernab in den Wäldern bewohnten sie ihre althergebrachten Langhäuser und praktizierten eigentümliche Rituale.

Mr. Dong, unser Freund vom indischen Fremdenverkehrsamt, hat uns die Adresse von Nesfield Sangma mitgegeben, einem Garo, der früher bei Air India in Bombay gearbeitet hat, jetzt aber als Geschäftsmann in Tura lebt, dem Sitz der Distriktverwaltung. Ich rufe ihn an. Leider rauscht es so stark in der Leitung, dass ich kaum ein Wort verstehe, glaube ihn aber sagen zu hören, dass er uns seine Berge und sein Heimatdorf zeigen möchte. Also machen wir uns am nächsten Morgen auf zum Flughafen. Ein Helikopter verbindet Gauhati täglich mit Shillong und Tura. Die Abflugs- und Ankunftszeit ist ungefähr festgelegt, hängt aber vom Wetter ab. So kann es passieren, dass der Hubschrauber gar nicht kommt, wenn an seinem Startort Wolkenbrüche niedergehen oder es am Zielort stürmt. Die Alternative zu dem einstündigen Flug, so er denn stattfindet, ist eine mehrtägige Autotour über hunderte von Bergrücken, auf so schlechten Straßen, dass man des Öfteren nach Assam ausweichen muss.

Wie froh sind wir daher, als der Hubschrauber sich mit uns an Bord in die Lüfte erhebt! Helikopterflüge haben etwas sehr Unmittelbares: Man hat fast das Gefühl, selbst zu fliegen. Pilot und Kopilot, die zum Glück einen kompetenten Eindruck machen, sitzen direkt vor uns. Wir flachsen ein wenig mit ihnen, bevor sie uns die Geräusche hemmenden Kopfhörer in die Hände drücken. Rasch gewinnen wir an Höhe. »Tiefe« wäre ein weitaus passender Ausdruck, denn wir können den Menschen, die auf den sich unter uns ausbreitenden Bergketten leben, quasi in den Kochtopf schauen. Auf den Bergrücken sind breite, quadratische Brandspuren zu sehen, die Spuren des *Jhum*, des Brandrodungsfeldbaus. Nach einer Weile ändert sich das Bild. Die Berge werden höher – wir fliegen nicht mehr über sie hinweg, sondern zwischen ihnen hindurch, und der unberührte Wald breitet sich immer weiter aus, je tiefer wir in die Berglandschaft eindringen. Der Pilot blickt uns aus seiner dunklen Brille lächelnd an, und im Lärm des Rotors lese ich seinen Lippen ab, dass wir unser Ziel erreicht haben. Unter uns liegt Tura, die Hauptstadt der Garo Hills, Heimat der matriarchal geprägten Kopfjäger!

Rund um das abgegrenzte Plateau auf halber Höhe des gewaltigen Felsens, dem Hausberg von Tura, haben sich ein paar Leute eingefunden und warten geduldig, bis der Rotor zum Stillstand kommt. Wir steigen aus. Ein warmer Wind bläst durch das trockene Gras, und wir bewegen uns auf die kleine Wartehalle des Flugplatzes zu. Da ich niemanden winken sehe, steigen doch Zweifel in mir hoch, ob ich Mr. Sangma am Telefon richtig verstanden habe. Aber da fährt mit quietschenden Reifen ein Jeep vor, bremst abrupt, ein gehetzt wirkender junger Mann rennt uns entgegen und ruft: »*Hello, Peter? I am Nesfield!*« Es hat geklappt – der gut aussehende Mann mit Pilotenbrille (vielleicht noch aus alten Air-India-Zeiten) platzt augenscheinlich vor Energie. Er sprudelt über wie ein Wasserfall und erzählt von sich, seiner Familie, den Garo und von seinem Heimatdorf, das er morgen mit uns besuchen will. Er bringt uns im Hotel *Orchid* unter, einer flachen, an die staatlichen *Guesthouses* erinnernden Herberge. Eine halbe Stunde später sitzen wir wieder im Auto und holen seine Frau und seinen Sohn zum Picknick am Fluss ab.

Tura liegt in einem Talkessel und zieht sich terrassenförmig die Abhänge entlang. Als Erstes springt uns die Farbe Orange in die Augen, denn in der Talsohle des Kessels breitet sich eine große Betelnuss-Produktionsstätte aus. Mitten in einem Wald schlanker Bäume, die dünnen Kokospalmen ähneln, sind in die orangebraune Erde große Wasserbecken eingelassen, angefüllt mit meterhohen, durchlässigen Körben. In den Körben werden die orangefarbenen Nüsse 14 Tage in Wasser eingelegt, was ihnen ein wenig die Schärfe nimmt. Mehr benötigt man nicht, um ein Produkt herzustellen, das den Bewohnern Indiens und vieler anderer asiatischen Länder einen delikaten kulinarischen Genuss bereitet. Wir können der leicht berauschenden Nuss wenig abgewinnen –

vor allem nicht dem konstanten Räuspern der Leute, die sie essen, und dem roten Schleim, den sie beständig ausspucken!

Wir erreichen einen idyllischen Fluss, der aus einem tiefen Dschungel strömt, und lagern uns auf den glatt gespülten Felsplatten am Ufer. Nesfields Frau hat eine Unmenge Verpflegung mitgebracht, und sie hat noch längst nicht alles ausgepackt, da fängt Nesfield schon an, von seinem Volk zu erzählen. Er liebt es so sehr, dass er vor lauter Heimweh seinen gut bezahlten Posten bei Air India in Bombay aufgegeben hat.

»Wir Garo sind anders als die Khasi und Jaintia«, erklärt er stolz. »Wir haben gelernt, unsere Traditionen zu bewahren, trotz vielfältiger Angriffe von außen. Unser Volk war das erste, mit dem die East India Company in Berührung kam, als sie ihren Einflussbereich von Kalkutta aus gen Osten erweitern wollte. Die Briten haben unsere besonders geformten Schwerter schon im 18. Jahrhundert kennen gelernt und dann fast 100 Jahre gebraucht, bis sie unser kleines Gebiet einigermaßen unter Kontrolle gebracht haben. Mehr als ein Drittel der Garo-Dörfer ist lange Zeit unabhängig geblieben.«

Es überrascht uns, von welchem Stolz und Eifer der kultivierte Mann gepackt wird, seine eigenen Worten scheinen ihn mitzureißen. Aber diese Haltung werden wir in Nordostindien noch häufig antreffen. Alle sind hier stolz auf ihre Herkunft und sprechen von ihrem Volk immer in der Wir-Form. Stolz und Würde bestimmen nicht nur das Antlitz der Leute, sondern auch das, was sie sagen. Und immer behaupten sie, dass sie sowieso viel stärker sind als alle andere um sie herum! Ob dieses Verhalten mit einem Aufbäumen gegen die Gefahr kultureller Entwurzelung gleichzusetzen ist, vermag ich in diesem Moment noch nicht zu sagen. Jedenfalls beeindrucken uns Nesfields Worte mächtig.

»Vor ungefähr 3000 Jahren sind wir von Tibet über Assam und Bengalen hier in unsere Berge gewandert. Unser Land ist knapp 10 000 Quadratkilometer groß, jedes Dorf wird von der weisen und starken Hand eines *Nokma*, des Chiefs, geführt. Es ist kein leichtes Leben, das mein Volk hier in den Bergen zu bewältigen hat. So ist unter den zwölf Garo-Gruppen die Vorstellung entstanden, dass die Menschen die Ernteerträge beeinflussen könnten, wenn sie Mutter Erde opfern. Das größte Opfer, das unsere Vorfahren glaubten darbringen zu können, war das eines Menschen. Von Blut benetzt, so war der Glaube von uns Garo damals und ist es in veränderter Form eigentlich bis heute, trägt die Erde wieder Frucht.«

Das erinnert uns unweigerlich an den Kamakshya-Tempel von Gauhati. »Wollen Sie damit sagen, dass es hier Menschenopfer gegeben hat?«, fragt Aglaja vorsichtig.

»Genau, zwar nicht so, wie man sich Menschenopfer vielleicht vorstellt. Rituelle Tötungen oder dergleichen waren nicht üblich. Aber – unsere Vorfahren gingen auf Kopfjagd!«

»Kopfjagd?« Wir erschrecken.

»Ja, Kopfjagd. Früher lagen die Dörfer untereinander oft in Fehde, meist wegen eines Stücks Ackerland«, fährt Nesfield fort. »So verbanden sich bei der Kopfjagd mehrere Zwecke. Die mit den Köpfen durchgeführten Rituale erhöhten, spirituell gesehen, die Fruchtbarkeit der Felder und daneben auch das Ansehen des Kopfjägers. Manche Dörfer wählten denjenigen als ihren Anführer, der die meisten Köpfe erbeutet hatte. Dieser wurde dann – im wahrsten Sinne des Wortes – *headman* des Dorfes.«

»Liegt darin nicht die Gefahr, dass das Morden überhand nimmt?«, gebe ich bei dem Gedanken an das blutrünstige Spektakel etwas unbehaglich zu bedenken.

»Nein, nein, es gab immer Rituale, die das gegenseitige Töten beendeten.«

Sofort denke ich an Friedensabkommen oder Ähnliches, aber es kommt ganz anders. »In meinem Heimatdorf steht, wie ihr sehen werdet, ein Baum, der an die Zeiten der Kopfjagd erinnert. Der Baum wurde, bevor die Briten kamen, von zwei miteinander in Fehde liegenden Klans gepflanzt. Er trägt kopfgroße, saure Früchte, und die feindlichen Parteien leisteten den feierlichen Schwur, sich bei der erstbietenden Gelegenheit zusammenzutun, um diese Früchte mit dem Sud eines gegnerischen Kopfes zu verzehren. Die Seite, die den Gegner besiegte, trennte seinen Kopf ab und kochte daraus und mit den Früchten eine Brühe. Alle tranken davon. Danach wurde der Baum gefällt, und die Fehde war beigelegt.«

»Und warum steht der Baum immer noch?«, fällt Aglaja Nesfield geistesgegenwärtig ins Wort. Als Antwort sieht dieser uns nur vielsagend an, und wir ahnen Schlimmes ...

In der Nacht erleben wir unser erstes tropisches Gewitter. Ich fahre von meinem durch ein Moskitonetz geschützten Lager hoch, als ein greller Blitz mit einem Krachen den Raum gespenstisch erleuchtet. Es stürmt und donnert, als ginge die Welt unter. Blätter fegen an unserem Fenster vorbei, und die Zweige der Büsche schlagen gegen die Scheiben. Wie Trommelfeuer prasselt der Regen unaufhörlich auf das Wellblechdach. Zwischen Wachen und Träumen erscheinen mir Gesichter von Kriegern, die, mit eigentümlichen Schwertern bewaffnet, abgetrennte Köpfe in ihr Dorf bringen, wo ihnen zu Ehren wilde Tänze aufgeführt werden. Mit dem nächsten Donnerschlag sehe ich die Krieger vor mir, wie sie die Köpfe in einen Topf mit kochendem Sud tauchen. Nun scheint es mit meinem Schlaf endgültig vorbei zu sein. Hellwach sitze ich in der drückenden Hitze des Raumes, um den herum die Hölle losgebrochen ist, während Aglaja friedlich neben mir weiterschläft. Meine archaischen Trugbilder weichen realistischeren Sorgen. Wenn es heute Nacht dermaßen stürmt und regnet, wie aufgeweicht sind dann morgen die Wege zu unserem Dorf? Werden wir es wohl erreichen können? Und wenn ja, will ich überhaupt dort hin, nach allem, was wir heute gehört haben? Doch dann überwältigt mich die Müdigkeit, und schlaftrunken strecke ich mich auf meiner Matratze aus, egal, ob die Welt um mich herum nun untergehen wird oder nicht.

Am nächsten Morgen erstrahlt die Welt so, als hätte ich das nächtliche Unwetter nur geträumt. Es ist ein klarer Sonnentag, die Vögel singen, und nur ein paar Pfützen auf der ungeteerten Straße vor dem Hotel erinnern an das Armageddon wenige Stunden zuvor. Bald – wir sitzen noch bei einem Frühstück mit pappigem Toast und künstlich schmeckender Marmelade – stellt sich Nesfield ein. Die Reise zu den Kopfjägern Meghalayas kann beginnen.

Unser Ziel ist Nesfields Heimatdorf. Seit fünf Jahren ist er nicht mehr dort gewesen, der Weg dorthin bereitet ihm Kopfzerbrechen. Nach einer Weile verlassen wir die Hauptstraße und biegen auf eine holprige *Cacha Road* ab – so nennt man in ganz Nordostindien die kleinen Pfade, die zu abgelegenen Dörfern in den Bergen führen.

Die Achsen des Jeeps ächzen bedenklich, als wir von Schlagloch zu Schlagloch holpern. Immer wieder fällt der Wagen in tiefe, vom Regen der letzten Nacht randvoll gefüllte Pfützen, und wir müssen uns mit dem Vierradantrieb den Weg aus ihnen heraus erkämpfen. Eine Weile geht es durch dunklen Dschungel, von dessen Hängen sich immer wieder kleine Bäche über die Piste ergießen, auf der unser Jeep bedrohlich ins Rutschen gerät.

Dann erreichen wir ein Hochplateau. Der Weg, gerade einmal so breit wie der Jeep, teilt sich. Rechts und links von mannshohem Gras umgeben, können wir unmöglich ausmachen, wohin die Pisten führen. Wir beratschlagen und folgen einem Weg, der sich in drei Arme aufteilt. Nesfield wählt den mittleren, der auf ein kleines Wäldchen zuführt, an das er sich zu erinnern meint.

Und auf einmal sehen wir es – das Häuschen aus Bambus, hoch oben in einem Baum, der Wachtturm der Garo, der sie gegen Angreifer schützen soll. Ich fühle mich an die Alpträume der vergangenen Nacht erinnert und erkundige mich, ob der Wachtturm, *Borang* genannt, immer noch den gleichen Zweck erfüllt. Mit großen Augen sagt Nesfield: »Ja, natürlich, sie haben uns bestimmt schon gesichtet! Ihr habt doch euer Testament gemacht?« Er lacht laut: »Fremde – und noch dazu wohlschmeckende – sind heutzutage eher selten zu erspähen, daher nutzen die Dorfbewohner den *Borang* vor allem, um die Saat vor Vögeln zu schützen. Die gute Nachricht ist aber: Wir sind bald da – ich erinnere mich wieder.«

Es braucht aber noch eine halbe Stunde Irrfahrt, bis wir ein Schlupfloch im Wald finden. Ein Trampelpfad, so eng, dass sich Ranken und Schlingpflanzen an den Achsen des Wagens verfangen, führt zu einem kleinen Holzschild: »Chidaogre« ist da in abblätternder Farbe zu lesen. Unmittelbar daneben steht ein aus

Bambusstangen gefertigter Altar, den von Blut verklebte Hühnerfedern schmücken.

Wir fahren auf den weiten, sauber gefegten Dorfplatz. Auf der gelben, nackten Erde stehen ungefähr 20 lang gestreckte, palmblattgedeckte Häuser. Alle sind sie in derselben Richtung erbaut, und zwar auf abschüssigem Boden, wobei der Eingangsbereich ebenerdig und das Hausende auf Stelzen errichtet ist. Hier und da stehen merkwürdige Gerüste, vor den Häusern gewahre ich Ansammlungen von Pfählen. Und da erhebt sich auch der »Kopfbaum« mit seinen kopfgroßen, gelben Früchten!

Ja, so hatten wir uns das gewünscht! Endlich ein vollkommen traditionelles Dorf – ohne Wellblech, ohne Strom, ohne sichtbare Zeichen westlicher Zivilisation, zumindest nicht auf den ersten Blick.

Vor den Häusern erblicken wir ein paar Dorfbewohner, die ihrem Tagwerk nachgehen. Als wir aber aus dem Jeep steigen, ist niemand mehr da, das Dorf ist regelrecht ausgestorben. Außer dem Gackern der Hühner, die mit ihren Küken überall umherlaufen, ist kein Laut mehr zu vernehmen. Nesfield traut sich als Erster, ein paar Worte auf Garo in die Stille zu rufen. Nichts. Endlich, nach langen Minuten, taucht aus einem der Langhäuser ein junger Mann auf. Er trägt ein kleines Kind auf dem Arm, das, als es unsere Gesichter sieht, in angsterfülltes Geschrei ausbricht. Abschätzend, ja misstrauisch blickt auch der junge Mann zu uns herüber, die breiten Lippen fragend geöffnet. Um dem Kopf hat er ein Tuch zu einer Art Turban gewickelt. Von seiner goldbraunen Haut ist kaum etwas zu sehen, er hat ein langärmliges, schmutziges T-Shirt übergezogen. Nesfield geht auf ihn zu und redet ihn an. Wir hören die Wörter »Sangma« und »Germany«, und langsam entspannen sich die Züge unseres Gegenübers. Dann dreht er sich um und ruft mit lauter Stimme etwas in die leer gefegten Häuserzeilen. Knarrend öffnen sich Türen, und die Bewohner, die ihm zum Verwechseln ähnlich sehen, lugen vorsichtig aus den dunklen Innenräumen. Ob Männer oder Frauen, alle tragen sie Turbane und langärmelige Kleidung über ihren Shorts. Der

Schweiß steht ihnen in dicken Perlen auf der Stirn – es ist gut und gern 42 °C heiß!

Aus dem größten der Häuser tritt ein hoch gewachsener, gut aussehender Mann. Auch er trägt ein Kind auf dem Arm. Den linken Arm weit ausgebreitet, geht er auf Nesfield zu, beide umarmen sich. Es ist der *Nokma*, der Chief und höchste Priester von Chidaogre, und er erkennt Nesfield. Nun werden auch wir begrüßt, und der *Nokma* bittet uns in sein Haus. Langsam kehrt die freundliche, arbeitsame Atmosphäre wieder in das Dorf zurück, als wir unsere Schritte zum Haus des Oberhaupts lenken.

»Wir dachten, ihr seid Missionare!«

Vor dem Haus des *Nokma* sind *Kima* aufgestellt, kunstvoll geschnitzte und bemalte Grabpfosten, die einen verstorbenen Ahnen darstellen. Eingerahmt sind sie von beschnitzten Holzstangen, den Himmelsleitern, über die der Verstorbene ins Reich der Toten gelangen soll. Einer der Grabpfosten ist in Turban und Gewand gekleidet, kleine Glasstücke bilden die Augen des kunstvoll stilisierten Gesichts. Schwarze Punkte, die, wie man sagt, an die früher auch von den Garo praktizierten Tätowierungen erinnern, zeigen uns, dass es sich um einen männlichen Verstorbenen handelt. Später werden wir noch oft die Erfahrung machen, dass Grabfiguren ein sichtbares Zeichen für die Lebendigkeit der traditionellen Kultur eines Volkes sind, jetzt freuen wir uns, dass der *Nokma* unsere Frage nach dem alten Bestattungsritus zum Anlass nimmt, uns in die Kultur der Garo einzuweihen.

Es ist der Schwiegervater des *Nokma*, der kürzlich gestorben ist, erfahren wir durch Nesfields Übersetzung – Englisch spricht hier niemand. Komplizierte Rituale haben die Bestattungsfeierlichkeiten begleitet, daher die Schreine überall zwischen den Häusern. Nun sei er Chief geworden und zugleich, wie bei den Garo üblich, höchster Priester. Dies mag auf die Zeit verweisen, als die Garo noch ihren größten Kopfjäger zu ihrem Anführer wählten – stand dieser doch durch seine Jagderfolge am klarsten in direktem Kontakt zu den Göttern der Fruchtbarkeit.

Wie sich die Ämter vererben, das möchten wir genauer wissen: »Wieso sind Sie jetzt, da Ihr Schwiegervater tot ist, *Nokma* geworden?« »Weil meine Frau die jüngste Tochter des letzten Chiefs ist«, antwortet der mit silbernen Ringen in den Ohren geschmückte *Nokma*. »Sie hat keine männlichen Geschwister. Da sie erbberechtigt ist, fällt mir als ihrem Mann das Amt zu. Bei uns ist die Ehefrau Eigentümerin von Grund und Boden, aber der Ehemann darf vollen Gebrauch davon machen, und im Falle des Todes seiner Frau bleibt er Nutznießer von Haus und Hof. Die Angehörigen der Verstorbenen sind sogar verpflichtet, ihm eine neue Ehefrau – natürlich aus der gleichen Sippe – zu verschaffen.«

»An Ehefrauen mangelt es uns also nicht«, lacht er. »Auch ich habe eigentlich genug Frauen.« »Wie viele denn?«, frage ich schnell dazwischen. »Sechs«, zählt der *Nokma* und nimmt dabei seine Finger zu Hilfe. »Eigentlich nur fünf, aber nun ist mein Schwiegervater gestorben.« Wir sehen ihn verwundert an. »Wie es bei uns Garo Brauch ist, habe ich dann auch noch meine Schwiegermutter geheiratet.«

Nesfield hat es sich inzwischen mit einem ersten Bambuskrug Reisbier vom Vortag bequem gemacht. Schmunzelnd fügt er noch hinzu: »Übrigens sind auch außereheliche Beziehungen kein Tabu. Dem Mann ist es erlaubt, alle seine Frauen mit nach Hause zu bringen, allerdings gibt es Rangunterschiede.«

Wie bei den Khasi früher, fällt mir ein. »Haben Sie auch Kinder?«, fragt Aglaja den *Nokma*. »Vierzehn!«, kommt es stolz zurück. »Und die schlafen alle hier?«, wundert sie sich und lässt den Blick durch den Raum schweifen.

»Nein, nein, ich habe für jede meiner Frauen ein eigenes Haus gebaut und besuche sie dort. Hier wohne nur ich mit meiner Hauptfrau und deren Familie.« Die Art, wie der *Nokma* über die Familie spricht, besagt viel über den Status des Mannes in einer Garo-Familie. Dieser bleibt stets der Angeheiratete und gehört, wie traditionell auch bei den Khasi und Jaintia, mehr zu seinem eigenen Klan als zu dem seiner Frau. Grund hierfür mögen, wie ich vermute, auch die vielen ethnischen Auseinandersetzungen sein, welche bei den Garo noch durchaus lebendig sind und die

Männer in die gefahrvolle Rolle des von zu Hause abwesenden und daher unverlässlichen Kriegers zwingen.

Da kommt die »Hauptfrau« des *Nokma* zur Tür herein. Wesentlich kleiner und längst nicht so schlank wie er, hält sie ein Baby in ihren muskulösen Armen. Sie stillt es gerade an ihrer nackten Brust und schreit, als sie uns sieht, erschrocken auf, macht auf dem Sporn kehrt. Kurze Zeit später kehrt sie zurück, mit einem schüchternen Lächeln und nun bekleidet mit einem langärmligen T-Shirt. Ihr Baby hat sie in ein rosafarbenes Schultertuch gewickelt, aus dem heraus es schon wieder die Mutterbrust sucht. In den Händen hält sie Feuerholz. Sie hockt sich an der Feuerstelle nieder und entfacht mit den mitgebrachten Scheiten das Feuer. Ich entzünde mir an der Flamme eine Zigarette und biete unserem Gastgeber ebenfalls eine an. Da sehe ich, dass sich der dunkle, schlauchförmige Raum mittlerweile gefüllt hat. Mindestens 20 Leute haben sich hier drinnen versammelt. Und 20 weitere haben auf der bedenklich ächzenden Veranda Stellung bezogen und versuchen, durch die sich immer wieder öffnende Seitentür einen Blick auf uns zu erhaschen.

Das Interesse der wachsenden Menge an uns mit einem Lächeln erwidernd, biete ich auch den Übrigen eine Zigarette an. Nicht wenige greifen zu, können jedoch mit dem gelben Teil am Mundende der Zigarette nichts anfangen – sie entfernen sofort den Filter. Auch die Frau des *Nokma* nimmt eine Zigarette und zerdrückt sie fast mit ihren vor Schmutz strotzenden Fingernägeln, als sie sich vorbeugt und sich von mir Feuer geben lässt. Die Temperatur im Innenraum ist durch die Anwesenheit so vieler Menschen beträchtlich angestiegen – ich schätze sie auf rund 45 °C. Viele stehen vor uns, mehr oder weniger wie Gott sie schuf, nur mit einem Lendenschurz und dem obligatorischen Turban bekleidet. Andere, die ein T-Shirt tragen, entledigen sich ihrer unpraktischen Hülle.

»Jetzt können wir fragen, warum sie alle verschwunden sind, als wir ankamen«, schlägt Aglaja vor. Dieses Verhalten ist uns rätselhaft geblieben, also erkundigen wir uns nach der Ursache. »Wir dachten, ihr seid Missionare!«, ruft der *Nokma* aus. Auch er ist dabei, sich aus seinem vom Schweiß feuchten Stück Stoff zu schälen. Wir sind völlig verblüfft: »Wieso denn bloß?«

»Es ist noch nicht allzu lange her«, erzählt er uns, »da sind Jeeps in unser Dorf gekommen, voll beladen mit ›Gottesmännern‹. Sie sind ausgestiegen und haben uns beschimpft. Wir sind nackte Wilde, haben sie gesagt, wie Tiere. Wir sollten uns schämen, so vor die Augen unserer Nachbarn zu treten. Wenn der Schöpfer an der Himmelspforte uns so sieht, verwehrt er uns den Eingang zum Paradies. Sie haben uns die beiden Schlüssel zum Himmelreich mitgebracht, haben sie gesagt, und uns zwei Sachen gegeben: weiße T-Shirts und Bücher. Sie wollen wiederkommen und nachsehen, ob wir unsere T-Shirts auch tragen, und uns nach dem Inhalt des Buchs fragen. Dann sind sie eingestiegen und weggefahren. Jetzt weiß ich nicht, was wir tun sollen. Wir können ja nicht lesen.«

»Zeigen Sie uns doch mal das Buch«, bitten wir. Der *Nokma* zieht es aus einer Wandmatte und reicht es uns. Wie das Kreuz auf seinem Umschlag verrät, ist es eine Bibel.

»Seitdem verstecken wir uns lieber erst, wenn ein Auto in unser Dorf kommt. Es könnten ja die Missionare sein. Und wenn wir ein Auto sehen, ziehen wir schnell unsere T-Shirts an – auch wenn sie so schlecht riechen!«

Wir trauen unseren Ohren kaum, und auch Nesfield blickt bekümmert drein, als er sich seufzend seinem Bier zuwendet, das vermutlich immer salziger schmeckt, denn Schweiß tropft von seiner Stirn in den Krug. Er verzieht den Mund, schüttet das Bier durch die Ritzen der Rotangmatte auf den Boden, wirft die Zigarettenkippe ins Feuer und macht sich daran, mittlerweile etwas schwankend, Nachschub zu holen.

»Unser Dorf hat ungefähr 200 Einwohner, rund die Hälfte hat sich zum Christentum bekehrt«, sagt der *Nokma*. »Aber das ist nicht weiter schlimm, denn sie nehmen an den alten Ritualen nach wie vor teil.«

Aglaja und ich sehen uns an. Wir sind uns einig: Es ist schlichtweg perfide, wie die Missionare die Menschen degradieren, indem sie sie »nackte Tiere« nennen, ihnen einen ersten Begriff von

Scham und Schuld ob ihrer bislang als so natürlich empfundenen Nacktheit einpflanzen und dann noch das Minderwertigkeitsgefühl durch das Austeilen von Bibeln steigern. Der »Mangel«, nicht lesen zu können, muss bei diesen stolzen Menschen das Bedürfnis nach Veränderung schüren und den Wunsch aufkommen lassen, ebenso kompetent beziehungsweise »gut« wie die Fremden zu werden, die sie darauf gestoßen haben, dass sie Menschen zweiter Klasse sind! Ich fühle, wie Wut in Aglaja aufsteigt. Erlebnisse wie diese, in denen der Absolutheitsanspruch des Christentums so unverhohlen zutage tritt, haben sie schon vor Jahren bewogen, aus der Kirche auszutreten. Es erscheint uns hanebüchen, die Garo als »primitiv« zu bezeichnen. Schließlich verfügen sie – Ethnologen wie Gabrielle Bertrand und Robbins Burling haben es in ihren Büchern eindrucksvoll beschrieben – über eine eigenständige, komplexe Weltanschauung, die den Vergleich mit dem Christentum nicht zu scheuen braucht. Sollen die Missionare die Garo doch in Frieden lassen!

Inzwischen hat der Chief seine gute Laune wiedergefunden und sagt vergnügt: »Ihr habt Glück, heute könnt ihr etwas erleben. Ein Nachbarsjunge soll ins *Nokpante* initiiert werden.«

»Ins *Nokpante*?«, frage ich nach.

»Das ist das traditionelle Junggesellenhaus der Garo, in dem alle männlichen Jugendlichen bis zum heiratsfähigen Alter lebten«, erklärt Nesfield.

»Haben Sie denn in Chidaogre noch ein *Nokpante*?«, will ich vom *Nokma* erfahren.

»Nein, das dürfen wir nicht mehr. Die Missionare haben es verboten«, erwidert der *Nokma*.

»Wie kann der Junge dann initiiert werden?«

»In das *Nokpante* unserer Herzen ...«, sagt er und lächelt dabei gütig.

Aus dem *Nokma* spricht Weisheit. Ihm ist bewusst, dass er nicht viel gegen die Missionare tun kann, die ihm und seinem Volk ihre Weltsicht aufdrängen wollen. Doch zumindest solange Chidaogre noch keinen eigenen Pastor hat, kann der *Nokma* die traditionellen Formen des Zusammenlebens beibehalten, und wer ihm folgen möchte, ist frei, dies zu tun. Der *Nokma* macht sich die Tatsache zunutze, dass das *Nokpante*, das Junggesellenhaus, zwei Aufgaben erfüllt – eine weltliche als Schlafstätte der unverheirateten jungen Männer und eine spirituelle. Wird ein Junge in ein *Nokpante* eingeführt, heißt das, er wird in die Gemeinschaft der Männer aufgenommen. Ob er mit ihnen auch die Schlafstätte teilt, ist eine Sache – wichtiger ist jedoch, dass er überhaupt aufgenommen wird. Und das lässt sich der *Nokma* von niemandem verbieten!

»Wollt ihr dem Kind nicht euren Segen geben?«, fragt er uns. »Der Junge würde sich sein Leben lang daran erinnern.« Das möchten wir gern, und auf unsere Frage, wie wir das tun können, erhalten wir eine einfache Antwort: »Indem ihr den zu opfernden Hahn bezahlt!« Damit hat der *Nokma* die Lacher der inzwischen beträchtlich angestiegenen Menge von Besuchern auf seiner Seite. Mittlerweile ist kaum noch ein weißes T-Shirt zu sehen. Die meisten liegen unter dem Haus, und es erfüllt mich mit einer gewissen Genugtuung, als ich sehe, dass sich die Schweine darüber hermachen.

»Aber natürlich!« Mit dem Vorschlag des *Nokma* sind wir einverstanden. »Gut«, sagt er, »dann können wir ja alles vorbereiten.«

»Was haben wir dabei zu tun?«, frage ich und zücke schon den Notizblock. »Ihr müsst viel, viel Reisbier trinken, das stimmt die Geister fröhlich!«, schreit der *Nokma* in die Menge, die mit brüllendem Gelächter antwortet.

Der Geräuschpegel im zum Bersten angefüllten Raum ist mittlerweile enorm hoch, und nun gesellt sich auch noch ein junger Mann mit einer riesigen Trommel zu uns – die Garo haben große, als heilig verehrte Trommeln und feiern nach der Reisernte *Wangala*, das Fest der 100 Trommeln. Drei Jugendliche springen hoch, kämpfen sich ihren Weg durch die Menge und kommen kurze Zeit später mit großen Trommeln aus dunklem Holz zurück. Nun wird gesungen und getrommelt – auch Nesfield hat sich ein Instrument geschnappt und singt mit.

»Jetzt wisst ihr, warum ich bei Air India gekündigt habe!«, ruft er uns glücklich zu. Er hat Tränen in den Augen – ob vor Rührung oder wegen des beißenden Rauchs, der sich im Haus breit gemacht hat, können wir nicht sagen. »Wie wunderbar, dass ich wieder zu Hause bin und ihr das alles miterlebt!«, lacht er uns an und streckt dabei die Hand nach uns aus. Bevor wir sie ergreifen können, hat er sie jedoch bereits wieder auf der Trommel und fällt mit entrücktem Blick ein in den schweren, dumpfen Schlag seiner Brüder. Kein Lied wird zu Ende gesungen. Stets fällt jemandem ein neues Lied ein, und immer folgen alle der Aufforderung des neuen Sängers, mit einzustimmen. Es kommt uns vor, als wirke unsere Anwesenheit wie ein Katalysator, der die alten Traditionen wiederbelebt, denn die Dorfbewohner überbieten sich förmlich darin, altes Liedgut aus den Kammern ihrer Seele hervorzuzaubern und die Stücke, stets mit Blick auf uns, stolz vorzutragen. Immer geht es um die alten Kriegspraktiken, erfahren wir – die Kopfjagd! Alte Taten werden gerühmt, Raubzüge beschworen, Erfolge aufgezählt. Ein Sänger zückt das lange Krummschwert sowie ein an der Wand hängendes kleines Schild und tanzt mit erhobenen Armen und stampfenden Schritten einen kleinen Kreis auf dem knarzenden Bambusmattenboden. Sein Lied handelt vom alten Kopfbaum, der ja immer noch steht. Die Fehde ist noch nicht beigelegt, und der Krieger bezichtigt die Feinde singend mit Schmähtiraden der Feigheit und Schwäche! Wie lange mag es wohl noch dauern, bis hier in den Garo-Bergen die alten Rechnungen beglichen sein werden?

Mittlerweile haben die Versammelten meine Zigaretten aufgeraucht. Ein aufmerksamer Beobachter sieht, wie ich mit einer gewissen Enttäuschung mein leeres Päckchen zerknülle. Da kramt er einen Beutel selbst angebauten Tabaks aus seinem Lendentuch hervor und bietet mir davon an. Neugierig nehme ich eine Probe. Papier gibt es nicht, die Garo benutzen getrocknete Tabakblätter. Kurz entschlossen reißt mein Spender ein Blatt Papier aus einer herumliegenden alten Zeitung, wickelt den Tabak hinein und entzündet die modern-traditionelle Mischung. So komme ich erstmals in den Rauchgenuss von Druckerschwärze.

Als einer der Trommler sich für kurze Zeit verabschiedet, greife ich mir sein Instrument und stimme ein paar andere, wie ich meine, rhythmisch komplexere Schlagfolgen an als die lediglich das Metrum markierenden dumpfen Viertelnoten der Garo. Da stoppt mit einem Mal der gesamte Vortrag! Betretenes Schweigen. Alle starren mich vorwurfsvoll an. Entgeistert blicke ich in die Runde und frage mich, was ich falsch gemacht habe, als der *Nokma* mir zuruft: »Hindu!« Allgemeines Nicken, er hat den Versammelten aus dem Herzen gesprochen. Alles, was über Viertelschläge hinausgeht, kennen die Garo nur als von den Hindus aus Indien kommend. Und damit wollen sie auf keinen Fall etwas zu tun haben – so viel ist hiermit klar gesagt! Mein leises »*Sorry*« wird nicht mehr wahrgenommen. Längst haben sie wieder den gemeinschaftlichen Gesang angestimmt, und die lästige Unterbrechung ist vergessen. Nach ein paar verhaltenen Schlägen im Takt der Garo gebe ich die Trommel weiter an einen meiner Nachbarn, der sie unter dem stimulierenden Einfluss des Alkohols gehörig malträtiert.

Plötzlich erhebt sich der *Nokma* würdevoll und sagt: »Es ist Zeit.« Zusammen mit der Menge, die respektvoll am Haus stehen bleibt, treten Aglaja und ich nach draußen und gehen mit dem *Nokma*, seinem Helfer, dem Kind und dessen – natürlich mütterlichem – Onkel ein kurzes Stück bergauf. Der Hahn und zwei Krüge Reisbier sind mit von der Partie. Auf einer Anhöhe unmittelbar unterhalb des Kopfbaums steht der Hausaltar: ein geschmückter Bambusschrein mit einem mehrfach gespaltenen Bambuspfahl, den eingeritzte Schlangenlinien und Baumwollpompoms verzieren. In einer der Spalten steckt ein Stein, die Heimstätte der Gottheit, die während des Rituals hier anwesend sein wird. Der Hahn wird festgebunden, dann nehmen alle Platz, der Onkel hält den Jungen auf seinen Knien. Der *Nokma* zupft dem Opfertier ein paar Schwanzfedern aus und steckt sie sich an seinen Turban. Hiermit weist er einerseits auf sein priesterliches Amt hin, andererseits aber auch auf die Verbundenheit mit dem zu opfernden Hahn. Schnell hat er sich aus einem frisch geschlagenen Stück Bambus eine einfache Flöte zurechtgeschnitzt, die er zwischen Gebeten und Beschwörungen mit geschlossenen Augen bläst, um die Gottheit anzulocken. Als er sich ihrer Anwesenheit gewiss ist, bittet er seinen Gehilfen, ihm den Hahn zu reichen. Mit festem Griff umfasst er Hals und Beine, lässt den Hahn unter Beschwörungen mehrmals über dem Kopf des Kindes kreisen und bietet ihn mit weit emporgestreckten Armen der Gottheit im Stein dar. Nun legt er das Tier in den Staub vor dem Altar, greift zum Messer und schneidet ihm, immer noch unter Gebeten, die Kehle durch. Mit dem hervorströmenden Blut benetzt er den Altarpfosten und ein mehrfingriges Blatt. Damit streicht er singend und betend dem Kind, das dem Vorgang die ganze Zeit andächtig gefolgt ist und auch jetzt keine Angst zeigt, über den Kopf und segnet es.

Bei aller Faszination über das Ritual, dem wir beiwohnen, sind wir doch ein wenig beklommen. Schließlich handelt es sich hier um das erste Tieropfer, das wir so hautnah miterleben. Aber es geht noch weiter. Mit dem gleichen Messer schneidet der *Nokma* nun den Darmausgang des Hahns auf. Nach einer Weile hat er die Eingeweide zu fassen bekommen und zieht sie langsam heraus. Er betrachtet sie prüfend, zeigt sie dem Onkel und seinem Gehilfen. Als sich alle drei einig sind, was die Zukunft des Jungen betrifft, sticht er die Kiele eines Federbüschels, das er aus den Flugfedern des Hahns zusammengebunden hat, durch das obere Ende des Darms und befestigt diesen so am Opferpfahl. Lächelnd dreht er sich zu uns um und erhebt sich. Der Junge ist erfolgreich initiiert worden – im Angesicht des Kopfbaums wurde er in die Abfolge der Helden des Dorfes eingereiht und aufgenommen »in das *Nokpante* des Herzens«. Seine Zukunft ist gedeutet worden, und nun kann der Hahn verspeist werden!

Wieder zurück am Haus, beobachten wir, wie der Hahn zubereitet wird: Nachdem der Vogel gerupft ist, nimmt eine der Frauen des *Nokma* ein großes Messer zur Hand und zerteilt ihn der Länge nach in kleine Stücke. Alles (außer dem Darm; der hängt ja am Schrein) ist noch dran – innere Organe, Knochen, Flaumreste! Dann wird ein wohlriechender Ingwersud bereitet, in dem der Hahn gekocht wird. Dazu gibt es Reis und ein wenig *Dhal*, alles zusammen auf einem Bananenblatt serviert. Es schmeckt vorzüglich! Zu sehen, wie es zubereitet wird, hätten wir uns jedoch gern erspart. Es tut gut, etwas in den Magen zu bekommen, das den Alkoholspiegel ein wenig senkt. Die Sonne ist untergegangen, und es wird Zeit, an den langen Rückweg zu denken.

Als wir fertig gegessen haben, fragt Aglaja den *Nokma*: »Wie wird denn jetzt die Zukunft des Jungen? Was haben Sie gesehen?«

»Oh, die wird gut. Es gibt aber einen Weg, die Zukunft des Kleinen so zu beeinflussen, dass sie noch besser wird.«

»Und der wäre?«

»Indem ihr noch ein Hähnchen spendiert.«

Karawanen aus Blech

Der Abschied von Nesfield und seiner Familie fällt uns schwer, doch wir müssen Meghalaya Lebewohl sagen. John, nun wieder unser Fahrer, steigt gut gelaunt in den Minivan – er hat Billy Graham im ausverkauften Fußballstadium von Shillong erlebt und schwebt auf Wolken. Auf geht's Richtung Süden, und zwar zwölf Stunden beziehungsweise 250 Kilometer bis nach Silchar in Assam. Von dort aus wird uns ein Auto der Regierung von Tripura zur dritten der »Sieben Schwestern« bringen.

Bald passieren wir das ausgedehnte Kohleabbaugebiet, wo wohl auch Meesha ihr Bergwerk besitzt. Überall sehen wir Frauen, die zum Teil gelbe Schutzhelme tragen, auf schwarzen Hügeln sitzen, Geld zählen und Männern Anweisungen geben. An das staubverkrustete Bergbaugebiet schließen sich die Jaintia-Berge an, eine Wohltat für Auge und Lunge. Wir folgen der steil bergab führenden Straße durch die grüne Pracht, bis wir im Tiefland von Assam sind, das uns mit einer flachen Landschaft und übermäßig vielen, nicht gerade glücklich dreinblickenden Menschen begrüßt. Es ist tiefe Nacht, und Aglaja schläft schon, als wir durch lange Straßen mit abweisend geschlossenen Ladenfassaden, die in das fahlgelbe Licht der Nachtbeleuchtung getaucht sind, endlich das Tripura House von Silchar erreichen. Jeder Staat im Nordosten Indiens hat an wichtigen Verkehrsknotenpunkten *Guest-*

houses eingerichtet, in denen Staatsbeamte auf ihren Dienstreisen Station machen können. Hier empfängt uns ein untersetzter, burmesisch wirkender Mann, der sich als Abgesandter der Regierung von Tripura vorstellt, in deren Namen er uns »auf das Allerherzlichste« willkommen heißt. Wir tauschten ein paar Höflichkeiten aus, dann fallen wir in einem stickigen, fensterlosen Raum in einen traumlosen Schlaf.

Am nächsten Morgen weckt mich in aller Frühe mein Enthusiasmus für das Neue. Der Abgesandte aus Tripura, Mr. Chaudhuri-Mogh, sitzt schon am Frühstückstisch. »Es tut mir sehr Leid, Sir«, entschuldigt er sich, als ich mit ihm ins Gespräch komme, »aber irgendwelche Staudämme oder andere moderne Errungenschaften, die ich Ihnen zeigen könnte, haben wir nicht in unserem Land. Dafür jedoch 78 Volksgruppen.« Ich bin Feuer und Flamme. Hier wird unser Wunsch, mit weiteren Menschen zusammenzutreffen, die ihre traditionelle Lebensweise fortführen, bestimmt in Erfüllung gehen!

»Tripura«, so erklärt er weiter, »ist der zweitkleinste Staat Indiens nach Goa. Trotzdem sprechen wir 23 verschiedene Sprachen. Den Namen hat Tripura von den Tripuri erhalten, ›den Kindern der Wassergöttin‹. Das ist die größte Gruppe der Urbevölkerung, wozu auch die Reang, die Jamatia, die Noatia und die Halam zählen. Hinzu kommen Völker, die aus benachbarten Ländern wie Bangladesh oder Burma zugewandert sind und schon so lange auf tripurischem Gebiet siedeln, dass sie ebenfalls als Eingeborene gelten. So zum Beispiel mein Volk, die buddhistischen Mogh aus Burma, und viele andere mehr.« Tripura, denke ich, scheint ja wirklich ein besonderes kleines Land zu sein!

Ich gehe Aglaja wecken, denn es ist Zeit, sich von John zu verabschieden und aufzubrechen. Schnell ist unser Gepäck im neuen Minivan, diesmal vom Staat Tripura, verstaut, nicht ganz so schnell jedoch, nämlich erst nach mehrstündiger Fahrt, erreichen wir bei Lathi die tripurische Grenze. Hier bleiben wir erst einmal hängen. »Moghli«, wie wir Mr. Chaudhuri-Mogh kurzerhand getauft haben, regelt zwar zügig die Grenzformalitäten, überbringt uns aber schlechte Nachrichten. Es hat Unruhen gegeben, Aufständische sollen zwei Tage zuvor auf der Strecke nach Kailashahar zwei Menschen getötet haben. Daher dürfen wir nur im Konvoi fahren. Was das bedeutet, begreifen wir, als wir die kilometerlange LKW-Schlange hinter der Grenze erblicken, deren Fahrer wild gestikulierend und schreiend bei den Lastern stehen oder aufgeregt umherlaufen.

»Wir haben Glück«, sagt Moghli. »Wir haben den Rückkonvoi erwischt, und das Militär ist auch schon da. Als ich gestern auf dem Hinweg an die Abzweigung von Kailashahar kam, war der Konvoi schon weg, und ich musste vier Stunden auf den nächsten warten.« »Und wie lange waren Sie unterwegs?«, fragen wir. »Oh, dieses Mal war es nicht so schlimm. Nur knappe 24 Stunden.«

Es dauert noch eine Stunde, bis sich die zähflüssige Blechlawine in Bewegung setzt. Als Regierungswagen dürfen wir uns vor die Laster an die Spitze des Zuges setzen, der ungefähr zwei Kilometer lang ist und aus insgesamt 120 Fahrzeugen besteht. Wir folgen einem offenen Jeep des indischen Militärs. Die dunkelhäutigen Soldaten bedenken uns zunächst mit finsteren Blicken. Nach Winken und Grüßen durch die Windschutzscheibe sowie mehreren voll aufgedrehten Bollywood-Songs aus der Stereoanlage unseres Fahrzeugs hellen sich ihre Gesichter auf, und wir haben einigen Spaß zusammen.

»Wisst ihr«, setzt Moghli zur Erklärung der Lage an, »Tripura hat einen Spitznamen: ›*Northeast Nightmare*‹ – Nordost-Alptraum! Die Sache mit den ›*Undergrounds*‹ ist bei uns besonders schlimm.« Wir erkundigen uns, wogegen der Untergrund ankämpft. »Das ist eine schwierige Frage«, antwortet Moghli. »Ich will versuchen, sie euch möglichst neutral zu beantworten. Man muss ein wenig zurückgehen in der Zeit – nicht weit, nur etwa 2600 Jahre«, lacht er. »So lange existiert nämlich das Königreich Tripura schon. 183 Generationen lang, bis zur Unabhängigkeit Indiens, ist es von der gleichen Dynastie der Manikya regiert worden. Im 15. Jahrhundert hatte sich das Königreich über das gesamte Gebiet zwischen dem Golf von Bengalen bis zur östlichen Grenze Burmas ausgedehnt, besaß also ein riesiges Territorium.

Als die Briten Bengalen annektierten, fielen auch sämtliche Gebiete, die Tripura beherrschte, an die neue Kolonialmacht, und die Bengalen ließen sich nun in Tripura nieder und nahmen der Urbevölkerung immer mehr Land weg. Das ging so weit, dass der Maharadscha gezwungen war, für seine eigene Bevölkerung Reservate einzurichten! Wie unverständlich das war für die Tripuri, die sich früher ja überall nach Belieben in ihrem Land niederlassen konnten, das kann man sich wohl vorstellen. Die Lage wurde noch schlechter nach der Unabhängigkeit Indiens, als Bengalen Teil des islamischen Pakistan wurde. Nicht nur, dass eine massive Flüchtlingswelle der hinduistischen und buddhistischen Bevölkerung in unser wahrhaft kleines Land begann – die im Übrigen bis heute anhält –, sondern Ostpakistan hat auch damit gedroht, Tripura anzugreifen und es sich einzuverleiben.«

Die Soldaten vor uns spielen Karten, und wir bitten Moghli weiterzuerzählen.

»In den letzten Jahrzehnten hat der Anteil der Urbevölkerung um die Hälfte abgenommen. Gleichzeitig ist die generelle Bevölkerungsdichte um das Hundertfache angestiegen! Wir haben nun zwei Millionen Einwohner, vor allem, das muss man leider sagen, Bengalen.«

Moghli schweigt, und uns ist klar, in diese leidvolle Materie dringen wir nicht tiefer ein, als unser Gesprächspartner bereit ist zu offenbaren.

Bei Kumarghat zweigt die Straße Richtung Kailashahar ab, und jeder, der dorthin will, muss sich an einem Kontrollposten registrieren lassen. Unser Fahrer lenkt den Wagen auf Anweisung Moghlis an den Straßenrand. Wir winken den Soldaten ein letztes Mal zu, dann sind sie im Staub der endlosen Lasterschlange verschwunden. Der Polizeichef stellt uns eine Eskorte aus vier mit Maschinenpistolen bewaffneten Männern in grünen Tarnanzügen zur Verfügung. Uns wird es unheimlich, als wir, ein zweites, schwer bewaffnetes Fahrzeug im Rücken, losfahren. »Ist es das wert?«, frage ich Moghli rhetorisch.

»Was, Unakoti?«, gibt er zurück. »Seht selbst ...«

Zehn Millionen Götter minus eins

Und es hat sich gelohnt! Zwar war die Nacht im *Forest Rest House* mit seinen harten Pritschen und vielen Moskitos unruhig, auch lief einer unserer Begleiter ständig vor dem Fenster unseres Zimmers mit knarzenden Schritten und einem Maschinengewehr im Arm auf und ab, doch im warmen Sonnenlicht des neuen, klaren Tages sind die Unannehmlichkeiten schnell vergessen. Gut bewacht, stapfen wir durch den dichten Dschungel, der vom Gesang der tropischen Vögel widerhallt. Mit geschulten Augen spähen unsere Begleiter in den Wald. Die MGs halten sie entsichert im Anschlag, zuweilen heben sie die Hand, womit sie uns gebieten stehen zu bleiben. Wir lauschen gebannt in das Vogelgezwitscher, können aber nichts Verdächtiges ausmachen. Dies scheint wohl auch so zu sein, denn bald erlaubt uns unsere Eskorte, wieder weiterzugehen. Nach einer Biegung weitet sich der Pfad zu einer Lichtung, und vor uns breitet sich ein grandioses Heiligtum aus, die einzige in Fels gehauene Anlage ganz Nordostindiens. Sie trägt den eigentümlichen Namen *Unakoti* – »Zehn Millionen Götter weniger eins«. Staunend wandern wir auf wackligen Holzgerüsten vorbei an hunderten in Flachrelief gemeißelten Skulpturen, die von den steilen Wänden in die Ebene starren. Vor allem menschliche Köpfe sind hier zu finden, aber auch Figuren und Tiere. Die Plastiken kommen uns alles andere als heilig vor. Vielmehr sehen sie aus, als wären sie Ausgeburten einer magischen, beschwörenden Weltsicht, die von Geisterglaube, Dschungel, Jagd und Stammesfehden geprägt ist. So tragen menschliche Figuren Pfeil und Bogen in der Hand und erinnern mit ihrem Kopfschmuck an die Mizo, Naga oder die Völker von Arunachal Pradesh. Aus Tierkörpern und Menschenköpfen zusammengesetzte Wesen, die den in Nordostindien noch weit verbreiteten Glauben an die Verwandlungsfähigkeit von Menschen in Tiere wachrufen, unterstreichen diesen Eindruck. Eigenartig erscheint mir auch, dass vornehmlich Köpfe in den Fels gemeißelt worden sind. Steht das Monument vielleicht im Zusammenhang mit den Kopfjagdtraditionen Nordostindiens?

Eine Vielzahl von Mythen und Legenden rankt sich um die Entstehung des Heiligtums. So wird erzählt, dass ein Künstler sich vorgenommen hatte, zu Ehren der Götter zehn Millionen Bildnisse an einem Tag zu erschaffen. Als am nächsten Morgen die Sonne aufging, fehlte ihm ein einziges Abbild zur vollen Zahl. Aus Wut darüber stürzte sich der Bildhauer von der Felswand. Eine andere, hinduistische Legende berichtet, dass sich einst zehn Millionen Götter des Nachts in Unakoti zusammenfinden sollten, um zum heiligen Ort Benares zu pilgern. Doch einer der Götter war nicht erschienen. Obwohl Shiva zur Weiterreise drängte, wollten die anderen nicht ohne den fehlenden Freund aufbrechen. So geschah es, dass beim ersten morgendlichen Schrei einer Krähe alle Götter zu Stein erstarrten.

Nach Ansicht indischer Archäologen ist Unakoti zwischen dem 11. und 15. Jahrhundert entstanden. Da die Bildnisse stilistisch mit keiner bekannten Kunstform Indiens zu vergleichen sind, vermutet man, dass lokale Künstler die Skulpturen geschaffen haben. Die wesentlich jünger wirkenden Sandsteinplastiken von indischen Göttern, auf die wir stoßen, als wir auf einem antiken gepflasterten Weg entlang eines talwärts stürzenden Baches wandern, rufen in mir die Vermutung wach, dass Unakoti wohl ursprünglich ein altes Heiligtum der Lokalbevölkerung war, die hier ihren naturverbundenen Kulten nachging, und zu einem späteren Zeitpunkt in die hinduistischen Vorstellungen integriert wurde. Zu gern würde ich es miterleben, wenn einmal im Jahr die Gläubigen in Scharen zu dem grandiosen Steinmonument pilgern und die Anlage zum Leben erwachen lassen. Vielleicht bekäme ich dann Rituale zu sehen, die meine Vermutung bestätigen?

An der Abzweigung von gestern verabschieden wir uns von unserer treuen Leibgarde und fahren die wenigen Kilometer bis zur Hauptstadt Tripuras, Agartala. Unser Ziel ist der alte Maharadscha-Palast, in dem heutzutage die Staatsverwaltung untergebracht ist und auch die Tourismusbehörde ihren Sitz hat. Als uns Moghli dem Direktor vorstellt, rät dieser uns, doch den Tempel im alten Teil Agartalas zu besichtigen. Hier erfahre ich, wie naheliegend meine Theorie über die archaischen Riten von Unakoti ist. Vom Priester des Tempels hören wir, dass beim *Kharchi Puja*, dem heiligsten Fest in Tripura, Hindus und Angehörige der Hügelvölker hier bis zum heutigen Tag 14 auf Köpfe reduzierte Gottheiten verehren! Leider ruhen die Köpfe den Rest des Jahres im hiesigen Schrein, doch mit viel Charme können wir den Priester überreden, uns einen Blick auf drei der Häupter zu gewähren. Voller Andacht und Gebete murmelnd, holt er die Messingköpfe aus ihrem Refugium und berichtet Moghli, der uns tapfer übersetzt, stolz von den Feierlichkeiten rund um die urtümlichen Götterbildnisse. Kunstvolle Bambusaltäre, so sagt er, würden für die Köpfe errichtet, die hinter ihren Kronen je zwei Hörner aufweisen, alte Symbole, wie sie schon immer in indigenen Gesellschaften benutzt worden sind, um die Fruchtbarkeitskraft einer in menschlicher Gestalt dargestellten Gottheit zu zeigen. Mit Wasser, Blumen und Reis würden dann die Gläubigen die lebensspendende Fruchtbarkeit der Götter wachrufen.

»Ist das alles, was zur Ehrerbietung der Gottheiten getan wird?«, forsche ich nach, da ich den Verdacht habe, dass womöglich auch größere Opfer zu diesem Zweck dargebracht werden.

»Nein, nein«, entgegnet der Priester. »Zahlreiche Tiere wie Büffel, Ziegen, Hühner, Gänse und Enten werden ebenfalls geopfert.«

Am Abend im Hotel lese ich in einem der modrigen Bücher, die wir im *Tribal Research Institute* von Agartala bekommen haben, nach und erhalte Gewissheit: Mitte des 17. Jahrhunderts brachte man den Köpfen Menschenopfer dar! Dass nur die Köpfe der Gottheiten verehrt werden, die alle im Zusammenhang mit Fruchtbarkeit stehen, legt eine Verbindung zu der in Nordostindien weitverbreiteten Kopfjagd nahe. Und die Kopfjagd wiederum weist auf Menschenopfer hin, zumal beide Praktiken auf derselben Vorstellung gründen: der Notwendigkeit, über das allmächtige Prinzip der Fruchtbarkeit zu verfügen, ohne die man nicht in den Genuss ihrer mannigfaltigen Wohltaten kommt.

Sanfte, schöne Menschen in einer Schale Reis

Das Bemerkenswerte an Tripura ist seine ethnische Vielfalt auf kleinem Raum – mit 11000 Quadratkilometern ist der Staat nur wenig größer als die Garo Hills. Während die Ebenen vornehmlich von den Bengalen bevölkert werden, lebt die Urbevölkerung in eng begrenzten Reservaten in der Hügelwelt von Tripura, wo sie bis heute ihren alten naturreligiösen Praktiken nachgeht.

Wir sind unterwegs zu einem dieser Völker, den Molsum, die, wie Moghli uns erzählt, gerade das Fest der Aussaat begehen. Mit unserem Minivan fahren wir durch einen dichten Wald, keinen Urwald, sondern eine Plantage aus Teak- und Kautschukbäumen, gespickt mit ein paar ausgedehnten Sal-Hainen. In einem dieser Haine verehren die Tripuri einen ganz bestimmten Sal-Baum als Mutter aller Bäume. Zu unserer Verblüffung findet Moghli diesen Baum in dem für uns völligen Einerlei gleich aussehender Bäume auf Anhieb. Die »Baummutter« sieht nicht älter oder größer aus als alle anderen Bäume um uns herum.

»Wie können Sie sich so sicher sein, dass es gerade dieser Baum ist«, fragen wir, »und nicht ein anderer?«

Da legt Moghli den Zeigefinger an die Lippen. Er gebietet uns, still zu sein, nimmt unsere Hände und führt uns um den Baum herum. Hier brennt still und bescheiden flackernd eine kleine Kerze! Wieder einmal sehen wir uns an den Grenzen westlicher Vernunft angekommen, und es bleibt uns nichts anderes übrig, als uns dem Zauber des stillen Orts zu ergeben. Vielleicht ist das Erlebnis eine Vorbereitung auf die Dinge, die wir bald darauf in einem kleinen Dorf sehen werden.

Über Udaipur im Süden Tripuras erreichen wir das Molsum-Dorf Khalabam. Als wir eintreffen, sind die Feierlichkeiten in vollem Gang. Am Dorfeingang steht ein Schrein, in dem die Spuren mehrerer Eiopfer zu sehen sind. Um den sauber gefegten Dorfplatz haben sich die Bewohner versammelt. Jeden Moment soll hier die Verehrung von Sengra, der Waldgöttin, beginnen. Ich denke an den »Mutterbaum«, sehe Moghli fragend an, und der schickt mir ein wissendes Lächeln zurück. Von der versammelten Menge werden wir mit erstaunten Blicken begrüßt, dann läuft uns der Dorfvorsteher fröhlich entgegen. In den Händen hält er eine Anzahl Bambusrohre, aus denen klarer *Jukla* überschwappt. Im Gegensatz zu vielen Völkern Nordostindiens ist es in Tripura Brauch, die alkoholischen, meist auf Reis basierenden Getränke nicht durch Gärung zu gewinnen, sondern sie zu destillieren, was sie wesentlich stärker macht.

Plötzlich, der Dorfvorsteher hat kaum die Zeit, uns willkommen zu heißen und uns unsere Plätze vor seinem Haus zuzuweisen, erscheint ein junges Mädchen – eine Jungfrau, wie er uns erklärt – im Eingang eines auf Stelzen gebauten, mit Palmblättern gedeckten Hauses. Das Mädchen ist festlich gekleidet, auf dem Kopf und als Bluse trägt sie braun-rote, von filigranen gelben Mustern durchwirkte Stoffe, um die Hüften hat sie sich lange, durch breite weiße Streifen aufgehellte Wickeltücher geschlungen. Vor sich trägt sie Sengras Götterbildnis auf einem Bambusaltar, der mit roten Hibiskus- und Malvenblüten reich verziert ist. Die silberne Gottheit, klein wie ein Baby, ist in ein rotes Seidentuch gewickelt. Die Jungfrau überreicht den heiligen Schrein dem Dorfpriester, der ihn behutsam auf den geweihten Boden stellt. Vor dem Antlitz der Göttin entzünden er und seine Gehilfen ein Feuer, indem sie einen Rotangriemen an einem Bambusstab reiben. Feuer für Sengra muss von Hand entzündet werden, erklärt der Priester uns später, und es ist faszinierend zu sehen, wie der Funken auf den darunter gelegten Zunder überspringt. Dann entfernt sich der Priester – stets mit dem Gesicht zur Göttin –, und der getanzte Teil des Rituals beginnt.

Was die fünf Jungfrauen, zwischenzeitlich von jungen Männern unterstützt, hier vor dem Antlitz Sengras aufführen, ist jedoch nicht nur ein Tanz, sondern ein »Gebet in Bewegung«, das die Eingebundenheit menschlichen Lebens in die Kreisläufe der Natur versinnbildlicht: Zur eigentümlich klagenden Musik einer einfachen Geige, einer Flöte und einer Trommel zeigt das Tanzritual der Molsum den gesamten Ablauf des landwirtschaftlichen Jahres – die Brandrodung, das Reinigen des Felds, das Umgraben der Erde, die Aussaat, die Ernte, das Worfeln, das Stampfen des Getreides. Der Gottheit werden alle Tätigkeiten auf wunderbar grazile Art vorgeführt, damit sie Gefallen daran finden möge und ihnen ihren Segen zukommen lässt. Dass die Gottheit in Form eines Babys gestaltet ist, hat seinen Grund: Es ist der Anfang des Jahres, die Fruchtbarkeit im Boden ist also noch klein (wie ein Baby), und die Molsum wollen durch das Ritual erwirken, dass sie wächst!

Wir sind beeindruckt von der Anmut und Schönheit der Menschen und ihrer feinen, leichtfüßigen Art zu tanzen, die Ausdruck eines tiefen Glaubens an die Mächte der Natur ist.

Gerne möchten wir noch verweilen, als Moghli zum Aufbruch drängt. In einem benachbarten Dorf der Reang-Volksgruppe seien ebenfalls beeindruckende Festivitäten im Gange.

Über einen verschlungenen Pfad erreichen wir das Dorf Dashamireang Para. Schon von weitem vernehmen wir Trommel, Zimbeln und Flöten sowie den Gesang einer männlichen Stimme. Fünf Musiker sitzen auf der Terrasse eines eindrucksvollen, auf Stelzen gebauten Langhauses, das bei den Reang *Tong* heißt. Davor stehen auf dem Dorfplatz aufgereiht mehrere Tontöpfe und Worfeltabletts sowie Flaschen, in denen Kerzen stecken. Nachdem wir ausgestiegen sind und uns bekannt gemacht haben, kommt eine Prozession schwarz gekleideter und mit schwerem Silberschmuck behängter Mädchen auf den Dorfplatz. Sie entzünden die Kerzen und stellen sich die Flaschen mit den brennenden Kerzen auf den Kopf. Zum Rhythmus der Musik steigen die Mädchen auf die Tontöpfe und lassen die Bambustabletts auf dem Zeigefinger der rechten Hand kreisen – den ewigen landwirtschaftlichen Kreislauf in ihrem *Hozaigiri* genannten Tanz darstellend, wie uns der Dorfvorsteher bei einem Bambuskrug Reiswein erläutert. Der Tontopf steht dabei für die Erde, das Worfeltablett für die in der Erde zu reifende Frucht. Das Feuer der Kerze ist das Symbol für die Fruchtbarkeit. Man steckt sie in eine Flasche, womit Zerbrechlichkeit und Wert des kostbaren Gutes »Fruchtbarkeit« versinnbildlicht werden.

In allerlei immer komplizierter werdenden akrobatischen Bewegungen beweisen die Tänzerinnen ihre Balance, das Symbol ihrer bewahrenden Funktion und ihrer Berührung mit dem Kosmischen. Stets bleibt sowohl die Flasche auf dem Kopf als auch die Flamme am Brennen – ein gutes Omen dafür, dass das akrobatisch-tänzerische Flehen der Dorfgemeinschaft von der Gottheit erhört wird.

So begeistert wir sind, dass wir bei den Fruchtbarkeitsfeiern der Molsum und Reang zugegen sein dürfen, die bewegendsten Erlebnisse unter den Menschen Tripuras stehen uns noch bevor, und zwar im Heimatdorf Rupaichari unseres mittlerweile zum Freund gewordenen Moghli.

Die ersten Ausländer

Es ist ein sonniger Vormittag, als wir nach Rupaichari aufbrechen. Wir fahren durch eine bergige Landschaft im südlichen Tripura, wo viele Götterbildnisse aus dem 8. Jahrhundert ausgegraben worden sind. Am Straßenrand erblicken wir eine Gruppe von Männern und Frauen, die schwer beladen, große Mengen Brennholz auf den Schultern, aus dem Wald kommen. Ein Mann zieht einen Karren mit in Hälften gespaltener Korkrinde, die ineinander verschachtelt mannshoch in die Höhe ragen. Eine der hellhäutigen Frauen raucht genüsslich eine dicke burmesische Zigarre, eine *Cheerot*. Ja, wir sind eindeutig in der Region Tripuras, die von Burmesen, den buddhistischen Völkern der Mogh und Chakma, besiedelt ist.

»Über die Herkunft der Mogh«, erzählt Moghli, während wir die vielen Serpentinen am Bergrand nehmen, »gehen die Meinungen auseinander. Nach burmesischen Chroniken erstreckte sich bis ins 6. Jahrhundert ein Mogh-Königreich vom Golf von Bengalen und den Chittagong-Bergen bis nach Udaipur im Süden Tripuras. Wir bezeichnen uns als ›Marma‹, was im Arakanesischen ›Burma‹ bedeutet.« Die Art, wie er das Wort ausspricht, lässt mich einwerfen: »Daher wohl auch der heutige Name Burmas – Myanmar. Es klingt wie Marma, oder?«

»Ja«, stimmt Moghli zu, »›Burma‹ wie auch ›Myanmar‹ sind nur Verballhornungen des Wortes ›Marma‹. Die arakanesische Sprache ist eng mit dem Burmesischen verwandt, und unser Brauchtum ist stark mit burmesischen Gebräuchen verbunden. Jedes Dorf besitzt einen kleinen Bambustempel, in dem Mönche ein zölibatäres Leben im Dienste Buddhas führen. Wie in Burma ist es Sitte, dass jeder Junge einmal eine Woche lang im Tempel lebt. Hier wird er in die Lehre Buddhas und so in die Gemeinschaft der Buddhisten, den *Sangha*, aufgenommen. Bei meinen Jungs dauert das noch ein bisschen, sie sind noch zu klein. Aber auch die Mädchen verbringen eine gewisse Zeit im Tempel, bevor sie in die Pubertät kommen.«

Das bringt Aglaja unvermittelt auf die Frage, wie das Verhältnis zwischen Mann und Frau bei den Mogh aussieht.

»Sie sind gleichgestellt«, antwortet unser Führer. (Typisch für Buddhisten, denken wir.) »So bleibt zum Beispiel mütterlicher Besitz immer in weiblicher Hand. Die Hälfte dieses Besitzes geht an die älteste Tochter, der Rest wird unter den jüngeren Schwestern aufgeteilt. Bis heute erhalten hat sich auch das System der Junggesellen- und Mädchenhäuser. Zwar übernachten bei uns die Jugendlichen nicht darin, aber es ist doch der Ort, wo man erste Liebesbeziehungen knüpft, die später zur Ehe führen können. Bei mir hat das zumindest funktioniert.« Mit einem viel sagenden Lächeln, dessen Geheimnis wir wohl nie lüften werden, weist Moghli den Fahrer an, am Straßenrand zu parken. Wir sind in Rupaichari. Die Bewohner haben sich am Dorfplatz versammelt, als ob sich gleich etwas Besonderes ereignen wird. Und richtig, wir haben noch nicht alle Anwesenden begrüßt, da öffnet sich die Tür eines Hauses, und unter den Klängen einer Trommel und dem Gesang einer Frau tritt eine Gruppe festlich geschmückter Mädchen auf den Platz. Sie tragen rote Gewänder, ihr zu feinen Zöpfen geflochtenes, hochgestecktes Haar ist mit Farnblättern verziert; frisch gefertigte Kränze aus Hibiskus-, Malven- und Bougainvilleen-Blüten haben sie sich als Kronen aufgesetzt und gelbe Rosen durch die Löcher der Ohrläppchen gesteckt. Um sie herum verbreitet sich der Duft des Blütenpotpourri, in das sich die Mädchen zum Lob des Frühlings verwandelt haben.

Als sie graziös ihre Papierschirme schwingen und ihre hellen Stimmen die warme Mittagsluft erfüllen, haben wir endgültig das Gefühl, in Burma zu sein. Sie zeigen erste Tanzschritte in Reihen und Schlangenlinien und bilden dann einen Kreis. In diesem Augenblick tritt das jüngste »Ensemblemitglied« aus dem Haus. Es ist Moghlis Tochter, die, was Schönheit und stilvolles Auftreten betrifft, allen anderen die Schau stiehlt. Moghli weiß das, und stolz blickt er zu uns herüber. Über und über mit Bougainvilleen geschmückt, steht die lächelnde, in Weiß und Rosa gehüllte Sechsjährige sofort im Mittelpunkt der Aufmerksamkeit. Anmutig und würdevoll wie eine Märchenprinzessin schreitet sie auf den Kreis zu. Die übrigen Mädchen scheinen durch ihre Anwesenheit zu Hofdamen degradiert zu werden. Wir schauen gebannt zu, bis Moghli sich in einer Tanzpause mit seiner Frau zu uns gesellt und uns den Zusammenhang erklärt: »Die Mädchen tanzen *Sangrai*. Das ist das Bad Buddhas, das er stets nahm, wenn ein Jahr zu Ende gegangen war. Im Bad wurde das Wasser mit Duftstoffen angereichert – daher haben sich die Mädchen mit so vielen Blumen geschmückt –, und dieses Wasser wurde an die umliegenden Dörfer verteilt, damit sie fruchtbar würden.«

Nordostinder wollen immer nur das Eine, denke ich schmunzelnd bei mir. Doch welch wunderbar schöne Art, dies darzustellen!

Nach den Tänzen kommt die kleine Prinzessin freudestrahlend zu ihren Eltern gelaufen und setzt sich auf Aglajas Schoß. Die will sie gar nicht mehr gehen lassen, so bezaubert ist sie – sind wir alle – vom Charme von Moghlis Tochter.

Dann ruft jemand zum Essen. Wir betreten den extra hergerichteten Raum und trauen unseren Augen kaum: Die Tafel biegt sich vor Speisen, die wir so noch nie gesehen haben. Alle möglichen frischen Gemüsesorten, Hülsenfrüchte und Obst, alles stilvoll auf Bananenblättern angerichtet. Breispeisen, Süßspeisen und Suppen gibt es da, aber natürlich kein Fleisch – man merkt, wir sind bei Buddhisten. Dazwischen liegen geheimnisvolle Blätterpäckchen und dunkle, angebrannt aussehende Bambusstangen. »Das sind unsere Reisspezialitäten«, sagt Moghlis Frau. »Wir kochen den Reis in Bambusstangen im offenen Feuer. Und das ist *Padha*!«

Sie deutet auf eine Masse, die aussieht wie eine weiße Zunge: »Süßer Klebreis!«

Immer wieder werden wir aufgefordert, alles zu probieren und von den Köstlichkeiten nachzunehmen, bis es uns fast peinlich wird. Auf unsere vorsichtige Frage, was in der Region angebaut wird, antwortet Frau Chaudhuri-Mogh stolz: »Alles, was ihr auf dem Tisch seht, stammt von unseren Feldern!« Unser schlechtes Gewissen wächst, wissen wir doch um die staatlich verordnete Begrenztheit der Ackerflächen. Doch Moghli lässt uns keine Zeit zu grübeln. »Kommt!«, ruft er. »Ich habe noch eine Überraschung für euch. Ich zeige euch mein Kloster.« Langsam fühlen wir uns beschämt, was dieser Mann, den wir erst so kurze Zeit kennen, alles für uns tut, aber wir müssen unbedingt mitkommen.

»Kehren wir wieder hierher zurück?«, frage ich, was er verneint, und als wir anfangen wollen, uns zu verabschieden, sagt er nur lachend: »Nein, nicht nötig – die kommen alle mit!« Neugierig marschieren wir los, und wie schon einmal in Tripura folgt uns erneut ein Konvoi, diesmal aus Menschen! Nachdem wir das Bambustor am Dorfeingang passiert haben und uns noch einmal umsehen, sind es gut und gern 200 Leute, die hinter uns hergehen. Und es werden immer mehr.

Wir treten aus dem Wald auf ein freies Feld, als rechts von mir ein unglaubliches Getöse losgeht. Ein Trommler steht da, hat sich eine Marschtrommel umgebunden und legt in eigentümlich stolpernd-synkopierter Form los. Doch damit nicht genug: Im nächsten Augenblick lösen sich drei weitere Musikanten aus dem Dickicht des Waldrandes – ein Trompeter, ein Klarinettist und ein Saxophonist. Es ist eine Truppe bengalischer Hochzeitsmusiker, die Moghli engagiert hat und deren Mischung aus Benny Goodman und Kali-Schlachtritual uns den Weg übers Feld zum Kloster versüßen soll. Wir können es nicht fassen! Die Musik lockt noch mehr Leute an, vor allem Kinder. Ich komme mir vor wie der Rattenfänger von Hameln. Die Menschen auf den Feldern lassen ihre Arbeit ruhen und folgen ebenfalls dem Zug.

Als wir den Pfad zum Bambustempel einschlagen, trauen wir unseren Augen nicht. Links und rechts des Wegs haben sich in zwei Reihen, die bis oben zum Tempel reichen, Hunderte von Menschen aufgestellt, die Hände zum traditionellen Gruß vor die Brust gefaltet, den Kopf andächtig gesenkt. Wir grüßen und lachen und nicken und grüßen, und als wir, gut geleitet von den undurchdringlichen Menschenketten, vor dem Kloster stehen, sind wir gänzlich sprachlos: Der Platz vor dem Kloster ist wiederum mit Menschenmassen gefüllt, die uns mit gefalteten Händen willkommen heißen. Zuweilen können sie aber doch nicht umhin, uns zu berühren, und andere tun es ihnen dann gleich, sodass wir aus dem Schütteln von Händen wildfremder Menschen gar nicht mehr herauskommen! Sogar Polizisten mit Schlagstöcken sind da, die eine wichtige Miene aufgesetzt haben und von Zeit zu Zeit ein Machtwort in die Menge loslassen, was gar nicht nötig ist. Ich klopfe den Ordnungshütern freundlich auf die Schultern. Sie sind »selig«, stehen augenblicklich stramm und grüßen auf Militärart, bevor auch sie, glücklich darüber, wahrgenommen zu werden, herzlich mit beiden Händen den Handschlag erwidern. Ich schätze, dass mittlerweile an die 1000 Menschen auf dem Platz versammelt sind – Leute aus Rupaichari und Umgebung, Ordnungshüter und Mönche. Und dazwischen Aglaja und ich, die wir nur denken, wir träumen.

Unsere Besichtigung des Klosters wird zu einem öffentlichen Auftritt, vom zölibatären Leben in den einfachen Bambushütten bekommen wir nicht viel mit. Dafür zeigt uns Moghli umso stolzer die vergoldete Buddhafigur im Inneren des Hauptschreins, die seine Familie dem Kloster gestiftet hat. Davor steht ein Gerüst aus Papier, das einen buddhistischen Kultbau, einen *Stupa*, verkörpert, und in den Bäumen aufgehängte Gebetsfahnen schicken ihre Segnungen übers Land. Selbst eine Lautsprecheranlage ist aufgebaut worden. Moghli hält eine kurze Ansprache und bittet mich auch um ein paar Worte. Überrascht kann ich nur sagen, dass mir die Worte fehlen. Ich bedanke mich herzlich bei den Menschen für ihre Wärme und überschwängliche Gastfreundschaft und verspreche, in meiner Heimat von ihnen und ihrer überwältigenden Freundlichkeit zu berichten. Da leuchtet plötzlich ein Blitz auf, und ich bin für einen Moment blind. Wir sind soeben fotografiert worden. Der Fotograf stellt sich, als ich meine kleine Rede beendet habe, als Reporter der *Agartala Post* vor. Wer wir sind und was wir hier tun, möchte er von uns wissen. Im Lärm der Menschenmenge brüllen wir ihm die Antworten auf seine Fragen ins Ohr, und er macht sich eifrig Notizen. Schließlich fragen auch wir ihn, was er denn hier tut.

»Ich schreibe einen Artikel über euch«, antwortet der Journalist.

»Warum denn das?«

»Ihr seid die ersten Ausländer, die Tripura je zu Gesicht bekommen hat.«

Mizoram und Manipur

Serpentinen im Nebel

Als Moghli uns nach Silchar bringt, wissen wir nicht, was wir sagen sollen, so ergriffen sind wir von dem, was wir dank seiner erleben durften. So ist die schweigsame Fahrt zurück für uns – und wohl auch für ihn – mehr ein unabänderliches Übel als eine willkommene Ortsveränderung. Zu gerne wären wir noch bei ihm und seinem Volk geblieben, zu gerne hätte er uns mehr gezeigt. Doch das Reisen in Nordostindien ist nicht frei, sondern gebunden an Genehmigungen, in denen nicht nur Zeiten, sondern auch Orte festgelegt sind. Selbst die Ein- und Ausreisestellen werden bestimmt, und an jedem größeren Ort muss man sich registrieren lassen. Sonst klopft irgendwann einmal der Geheimdienst an und geleitet einen diskret zum nächstgelegenen Flughafen.

Endlich einmal ein Jeep, freuen wir uns, als wir das Fahrzeug, das uns die Regierung Mizorams zur Verfügung gestellt hat, beladen und gen Süden rollen. Wie nötig ein solcher Wagen in diesem Staat ist, zeigt sich bald. Vabeiha Hlychho (sprich: Vabea Litscho), einer der Direktoren des Staatlichen Tourismusbüros von Mizoram, hat in Silchar auf uns gewartet, um uns sicher in sein Land zu geleiten.

Mizoram ist, was die Grenzformalitäten betrifft, das einfachste Reiseland. Es gibt nämlich keine! Als wir vorfahren, öffnet sich der Schlagbaum. Ein Regierungswagen mit rotem Blinklicht auf dem Dach genügt, und schon funktioniert das »Sesam-öffne-dich«. Zugegeben, in diesem Moment fühlen wir uns ziemlich privilegiert.

Wie schon so oft zuvor nutzen wir die Fahrt, um von unserem Führer etwas über sein Land zu erfahren. »Wegen seiner vielen Bergketten, den Lushai Hills, wird Mizoram auch das ›Land der Bergmenschen‹ genannt«, beginnt Vabeiha. »Es hat knapp 900 000

Einwohner – ein Viertel davon wohnt in der Hauptstadt Aizawl (sprich: Aisol). Fast alle Mizo können lesen. Wir haben die höchste Alphabetisierungsrate in ganz Indien nach Kerala.«

»Warum ist das Land im Vergleich mit den anderen Staaten Nordostindiens so weit entwickelt?«, frage ich.

»Das verdanken wir dem Christentum. Es hat uns geeint. Früher gab es nur verstreute Bergvölker, die keine andere Einheit als die ihres Klans anerkannten, höchstens vielleicht noch die des Dorfes. Doch mit der neuen Religion, die Ende des 19. Jahrhunderts zu den Bewohnern der Lushai-Berge gekommen ist – es handelte sich um 15 verschiedene Völker –, änderte sich das alles.«

»Und woran haben die Mizo geglaubt, bevor sie zum Christentum bekehrt wurden?«, erkundigt sich Aglaja, die auf Informationen zu den traditionellen Praktiken der einzelnen Völker hofft.

»An die alten Fruchtbarkeitskulte, und bei manchen Völkern war auch die Kopfjagd gang und gäbe«, ist die lapidare Antwort.

In Mizoram hat das Christentum einen großen Sieg errungen; weit über 90 % der Bevölkerung sind Christen. Untergrundaktivitäten sind hier nur bis 1985 bekannt. Diese national motivierten Bewegungen hatten vor allem die Vergrößerung des bestehenden Staates auf Gebiete Tripuras, Manipurs, Bangladeshs und Burmas zum Ziel, wo den Mizo verwandte Klans leben. Die Aussichtslosigkeit solcher Bestrebungen hat ihr Ende herbeigeführt, und das Land kann sich seitdem um seine rasante Entwicklung kümmern. Ob wir daher in Mizoram überhaupt noch Spuren traditioneller Kulturen finden werden, erscheint uns zweifelhaft.

Aizawl liegt am Südhang einer Bergkette. Von Norden kommend, fahren wir durch ein Stadttor, auf dem ein gigantisches christliches Kreuz prangt. Dann schraubt sich die Straße den Bergkamm hinauf; auf der Höhe angekommen, blickt man auf den grandiosen Abbruch, der gähnend nach unten stürzt und tausenden von Häusern einen unsicheren Standort gewährt. Wie schon immer bei den Mizo üblich, sind die Häuser auf Bergspitzen oder -hängen erbaut worden, und wie schon immer stehen sie auf Stelzen. Nur das Material hat sich verändert. Gespreizter Rotang, Bambus und Palmblätter sind von Holzrahmen, Lehmplatten und Wellblech ersetzt worden. Sogar reine Wellblechhäuser sind zu sehen. Darin fühlt man sich im Sommer wie in einem Backofen, stelle ich mir vor. Ein palmblattgedecktes Haus zu bauen, ist zwar aufwändiger – das Material muss ungefähr alle fünf Jahre erneuert werden –, doch die Häuser sind bestens für das zwischen Wind, Sonne und Regen wechselnde Klima geeignet. Es hat vor allem mit Prestigedenken und Wohlstand zu tun, dass die traditionelle Architektur aufgegeben wird. In den häufig von Erdbeben heimgesuchten Gebieten stellen die Wellblechhäuser aber nur bedingt einen Fortschritt dar. Stürzt ein solches Gebäude ein, für das eine Familie mitunter Jahrzehnte gespart hat, ist es längst nicht so leicht zu ersetzen. Das Unglück trifft die Menschen dann umso härter – von den klimatischen Nachteilen und dem Verlust der vielen mit dem traditionellen Hausbau verbundenen sozialen Beziehungen ganz zu schweigen.

In einer hoch auf einer Bergspitze gelegenen *Tourist Lodge* beziehen wir Quartier. Bald stellt sich Mr. Sanghluna ein, der Direktor der staatlichen Tourismusbehörde. Auf unseren Wunsch, die traditionelle Kultur kennen zu lernen, antwortet er bezeichnenderweise: »Da müssen Sie ins Museum gehen.«

Das haben wir fast befürchtet, trösten uns aber mit dem Gedanken an unsere Erlebnisse in Meghalaya, wo Meesha zunächst ja auch gesagt hat, die Traditionen seien ausgestorben, die nächsten Tage dann aber das Gegenteil bewiesen haben.

»Sie müssen wissen, für die Mizo fängt die Geschichte erst mit der Christianisierung an«, erklärt Mr. Sanghluna. »Alles vor 1895 ist aus ihrem Bewusstsein ausradiert.«

»Warum will sich niemand daran erinnern?«

»Weil die Zeit vor 1895 mit Raubzügen und Kopfjagd zu tun hat. Das lässt sich nur schwer ins christliche Weltbild integrieren.«

»Erst langsam«, fährt er fort, »fangen die Intellektuellen an, Fragen zu stellen und sich für die Vergangenheit ihrer Völker zu interessieren. Immer mehr Forschern fällt auf, dass die einzelnen Völker eine Ethik entwickelt hatten, die ähnlich ausdifferenziert war wie die christliche. Jedoch wird die Zeit für umfassende Studien inzwischen leider knapp, denn Menschen aufzufinden, die noch in ein traditionelleres Leben eingebunden waren, wird immer schwieriger. In Kulturen, die wie unsere mündlich tradiert werden, gibt es kaum schriftliche Quellen, und wenn, dann stammen sie entweder von den Briten oder den Missionaren. Nur im Süden Mizorams, an der Grenze zu Burma, ist das Leben noch einigermaßen so, wie es einmal war – mit allen Vor-, aber auch Nachteilen.«

»Da wollen wir hin!«, rufe ich begeistert.

»Langsam, lieber Freund«, lacht Mr. Sanghluna, »das ist ganz ausgeschlossen! Niemand darf dorthin.«

»Aber wir können doch nicht nur in Aizawl hocken bleiben, wenn wir etwas über die traditionelle Kultur der Mizo schreiben sollen«, unterstützt mich Aglaja und fügt klugerweise hinzu: »Glauben Sie wirklich, dass wir einen so weiten Weg auf uns genommen haben, nur um etwas zu sehen, das wir schon von zu Hause kennen?«

»Nun, da haben Sie vielleicht Recht. Aber eine Reise in den Süden ist ganz ausgeschlossen. Mir sind die Hände gebunden. Wenn ich Ihnen eine Tour in den Süden erlaube, kann mich das meinen Kopf kosten.«

Rollende Köpfe – na, das hört sich doch nach traditioneller Kultur an! Wir lassen nicht locker und ziehen ein altes Foto von einer Ansammlung Steine aus unseren Unterlagen hervor: »Bei uns zu Hause sind die Leute an Steinen interessiert«, versucht Aglaja gewitzt, den Direktor um den Finger zu wickeln. »Kennen Sie die Stelen, die hier auf dem Foto zu sehen sind? Die Bildunterschrift heißt ›Gedenkstein des Churra-Stamms‹.«

Mr. Sanghluna ist überfragt. Aber wir haben ihn bei seiner Ehre gepackt. »Ich hole Erkundigungen darüber ein und werde sehen, was sich machen lässt.« Natürlich hoffen wir, dass die Megalithen im Süden Mizorams stehen.

»Morgen kümmert sich meine Stellvertreterin um Sie. Und für den Nachmittag habe ich ein paar Tänze für Sie organisiert«, verabschiedet sich Mr. Sanghluna schnell. Das Gespräch scheint ihm unangenehm geworden zu sein.

»Oh je, auch noch Folkore«, sage ich zu Aglaja.

»Warte ab, wir haben doch schon so viel über die Tänze der Mizo gehört. Gerade *Cheraw*, der Bambustanz, soll ja etwas ganz Besonderes sein«, entgegnet sie. Und so erwarten wir gespannt den nächsten Tag.

Schlag acht Uhr steht eine hübsche junge Dame mit dem unaussprechlichen Namen Biakthanmawia Pautu vor unserer Zimmertür. Wir wären froh gewesen, nach all den langen Fahrtagen und dem dauernden frühen Aufstehen ein wenig ausschlafen zu können, lassen uns aber überreden, mit ihr die Metropole zu erkunden. Durch das Straßengewirr steuert Ms. Pautu zielsicher zum *State Museum*. Erstaunt betrachten wir die Vielfalt an Trachten, Waffen und Schmuck, die die zahlreichen Völker Mizorams hervorgebracht haben. Und zu unserer großen Überraschung besitzt das Museum eine umfangreiche Steinsammlung mit höchst eindrucksvollen Steinmetzarbeiten. Die Steine, die megalithische Ausmaße erreichen, stehen mit dem alten Totenkult verschiedener Mizo-Völker in Verbindung. So war es zum Beispiel üblich, das Andenken an ein verstorbenes Klanoberhaupt durch die Errichtung von Holz- oder Steinstelen auf seinem Grab zu bewahren. In die Stelen sind stark stilisierte Abbilder des Verstorbenen, seiner Familie und seiner Besitztümer geschnitzt oder gehauen worden. Doch auch die Heldentaten im Krieg und bei der Jagd hat man verewigt: Feinde, die der Verstorbene getötet, und Sklaven, die er gefangen genommen hat, bei der Jagd erlegte Tiere wie Tiger, Elefanten, Doppelhornvögel. So wird ein Chief meist mit einem abgeschlagenen Kopf in der einen und einer Waffe in der anderen Hand dargestellt. Oft reicht ein Stein oder eine Holzstele nicht aus, um alle Verdienste des Toten zu würdigen, und auch auf dem Foto, das wir dem Direktor gezeigt haben, ist eine Fünfergruppe derartig bearbeiteter Megalithen abgebildet. Wo sie sich wohl befindet? Ms. Pautu weiß nichts darüber – auch nicht über den »Churra-Stamm«, den die Bildunterschrift erwähnt.

Was wir bei unserer Rückkehr an der Lodge vorfinden, übertrifft unsere Erwartungen bei weitem! Knapp 50 junge Frauen und Männer sind eingetroffen und machen sich für den Auftritt zurecht. Mr. Sanghluna hat es geschafft, trotz aller Vereinheitlichung durch das Christentum Angehörige der verschiedensten Völker zusammenzubekommen, die einst die Mizo-Kultur geprägt haben. Da sind Hualngo, Paite, Lakher, Pawi und vor allem Lusei. Letztere hatten sich gegen die Verunglimpfung ihres Namens durch die Briten zu *Lushai* – Kopfjäger – besonders empört, obwohl dieser Brauch bei den Klans durchaus gepflegt wurde.

Die Tanzenden sind prächtig gekleidet; mit dem, was wir am Morgen im Museum gesehen haben, ist allerdings nur noch eine entfernte Verwandtschaft zu erkennen. Nur die Schilde aus Büffelleder und die Speere, die die Jünglinge mitgebracht haben, entsprechen den Vorbildern und sind auch von einem gewissen Alter. Die Stoffe, die die Tänzer und Tänzerinnen tragen, beweisen zwar noch die großen handwerklichen Fähigkeiten der Mizo-Weber, mit den traditionellen Lushai-Chin-Mustern haben sie aber nicht mehr viel zu tun. Nach Kreis- und Kriegstänzen zum Klang von Trommel, Gong, Zimbeln und Büffelhörnern ist es Zeit für den Höhepunkt der Aufführung – für den *Cheraw*, den Bambustanz.

Vier junge Männer bringen lange, schwere Bambusstangen und legen sie in einem Quadrat aus. Damit wird die Tanzfläche festgelegt; früher ist sie als heilig erachtet worden. Darauf kommen zwei Stangenpaare, die von vier Männern im Zweiertakt gegeneinander geschlagen werden. Für den *Cheraw* sind die Tänzerinnen in weiße, mit grünen, roten und gelben Streifen durchsetzte Gewänder und vielgestaltig gemusterte Schürzen gekleidet. Als Liebhaber indigener Kopfbedeckungen gefallen mir besonders ihre Stirnbänder, die eigentlich aus rot gefärbtem Rotang und gelben Orchideenstängeln angefertigt, heutzutage aber leider durch Plastik ersetzt werden. An den Rückseiten der Stirnbänder sind Stangen befestigt, an denen Schnüre mit aufgefädelten Früchten des Tränengrases baumeln. Die Enden der Schnüre zieren grün irisierende Käferpanzer. Die Tänzerinnen steigen, zuerst einzeln und dann paarweise, in das Bambusquadrat und springen in den Taktpausen zwischen die von den Männern geschlagenen Stangen. Mit Bewunderung stellen wir fest, welch genaue Abstimmung zwischen den Bewegungen der Tanzenden und dem Rhythmus erforderlich ist, vor allem, als die Schritte der Tänzerinnen komplizierter werden. Von daher ist kaum verwunderlich, dass der *Cheraw* die Einheit des Volkes versinnbildlicht. Früher war der Platz auf den Stangen, den heute ein junges Paar einnimmt, dem Chief und seiner Frau vorbehalten – so wird der Tanz seit ein paar Jahren beim *Chapkar-Kut*-Frühlingsfest auch wieder aufgeführt –, und der *Cheraw* wurde getanzt, wenn der Chief von einer erfolgreichen Kopfjagd zurückgekehrt war. Kopfjagden fanden nach der Aussaat statt, wenn es nötig war, dem Reifen der Frucht ein wenig nachzuhelfen. Davon werden wir später bei den Naga mehr erfahren, und zwar auf konkretere Weise, als wir es uns je zu träumen gewagt haben.

Nach dem Tanz setzen wir uns zu Mr. Sanghluna, der inzwischen auch eingetroffen ist, und fragen ihn neugierig, ob er etwas über die Steine herausgefunden hat.

»Schlechte Nachrichten«, ist seine Antwort. »Niemand weiß etwas über die Megalithen, auch die Historiker nicht. Ich habe mir die Finger wund telefoniert. Da die meisten unserer Forscher am Schreibtisch arbeiten – keiner würde auf die Idee kommen, die weiten Wege in die Dörfer außerhalb Aizawls auf sich zu nehmen –, waren die Gespräche nicht sehr ergiebig. Nur über ›Churra‹ kann ich Sie aufklären. Churra (Tschurra) ist eigentlich Chhura (Schurra). Und das ist kein Volk, wie fälschlicherweise unter dem Bild steht, sondern unser Nationalheld, wie ich mir sagen ließ. Er stammt aus dem Osten. Möglicherweise können Sie da etwas über die Steine in Erfahrung bringen. Dort soll das Leben auch traditioneller sein als hier. Biakthanmawia (bei ihm hört sich der Name ganz einfach an!) bricht morgen mit Ihnen auf, um für ein paar Tage die Ostgrenzen unseres Landes zu erkunden. Das ist auch für uns etwas Neues.«

Wir erinnern ihn lieber nicht an den eingeschränkten Geltungsbereich unserer Genehmigungen und bedanken uns herzlich. Zwar bekommen wir den erhofften Süden nicht zu sehen, doch alles scheint uns besser, als in Aizawl herumzusitzen. Noch ahnen wir ja nicht, worauf wir uns da einlassen!

Am nächsten Tag heißt es wieder beim ersten Hahnenschrei aufstehen. Mr. Sanghluna hat uns die Reise ein wenig schmackhafter gemacht mit dem Hinweis, dass in der Region Champhai der Ridhil-See liegt, der in der Mizo-Mythologie eine bedeutende Rolle spielt. Nach dem alten Glauben würden alle Seelen in ihn eintauchen, bevor sie ins Jenseits wandern – eine letzte Reinigung auf Erden sozusagen. Außerdem reizt es uns, eine Region zu sehen, über die offensichtlich niemand etwas Genaues weiß.

Von einer Berghöhe aus genießen wir in der aufgehenden Sonne noch einmal eine grandiose Aussicht auf die wahrhaft gigantischen Ausmaße von Aizawl. Der Blick nach Osten lässt uns jedoch erschrecken. Vor uns breitet sich ein wahres Meer aus: ein Meer aus Nebel – so weit das Auge reicht. Nur zwischendurch spitzen aus dem Nebel Bergkuppen wie kleine Inseln heraus. Und es sind viele Bergkuppen. Uns scheint, als lägen hier sämtliche Bergketten, die die Topographie Mizorams ausmachen, zu unseren Füßen.

»Kommt, wir müssen weiter!«, ruft Biak (so umgetauft können wir ihren Namen aussprechen). Wie Recht sie hat! Wir stürzen uns mit unserem Jeep hinab in das Nebelmeer. Kaum sind wir von den dicken Schwaden umgeben, wird es kalt. Der Dschungel um uns herum wirkt gespenstisch, die Bananenblätter werden zu breiten Armen und die Farne zu züngelnden Schlangen. Es tropft überall, und bald sind auch die Scheiben beschlagen.

»So ist es in Mizoram acht Monate im Jahr – auch in Aizawl«, sagt sie lachend, als sie unsere Gesichter im Rückspiegel sieht.

»Fahren wir den ganzen Tag durch solch eine Suppe?«, frage ich in der geheimen Hoffnung auf ein Wunder – meinetwegen auch ein christliches.

»Ach, so schlimm wird es nicht«, sagt Biak. »Ihr habt doch die Bergspitzen gesehen, die vorhin aus dem Nebel ragten. Wir kommen immer wieder dort hinauf. Und dann können wir etwas sehen!«

»Um Himmels willen!«, rufe ich ahnungsvoll, »wie viele dieser Berge müssen wir denn überqueren?«

»Nur drei von den fünfen, die es in Mizoram gibt.«

Wir sind erleichtert, doch bald fällt uns auf, dass Biak mit Berg eine ganze Bergkette gemeint hat. Und in Mizoram bedeutet das nicht, dass man dreimal hinauf und hinunter fährt und man es dann hinter sich hat. Die Bergketten bestehen aus Vorbergen, Zwischenbergen, Hauptbergen, Haupt-Hauptbergen und schließlich vielleicht dem Gipfelgrat. Und dahinter kommen dann wieder die verschiedenen Stufen vorgelagerter Berge in umgekehrter Reihenfolge. Kaum ist man unten angekommen, geht es wieder hinauf. Und das alles auf Serpentinen im Nebel.

»Es ist noch früh am Morgen«, beruhigt uns Biak, »vielleicht löst sich der Nebel ja auf. Um zehn Uhr klärt es sich meistens etwas auf, vor allem sonntags, wenn der erste Gottesdienst beginnt.«

Gehorcht hier in Mizoram denn sogar das Wetter dem christlichen Gott, fragen wir uns.

»Seid froh, dass wir überhaupt heute fahren können. Noch vor ein paar Jahren wäre das unmöglich gewesen«, nimmt Biak unsere Unterhaltung wieder auf und erklärt auf unsere Nachfrage hin, dass am Sonntag ein strenges Fahrverbot geherrscht hat. »Es besteht eigentlich immer noch, aber die meisten halten sich nicht mehr daran. Früher wurde man rigoros bestraft, wenn man auf der Straße erwischt wurde. Es ist sogar vorgekommen, dass Leute aus ihren Autos gezerrt und verprügelt worden sind. Die Autos stieß man die Abhänge hinab.«

»Und was war die Ursache für so viel Gewalt?«

»Die Leute sollten in die Kirche gehen.«

Bis heute ist es üblich, dass man am Sonntag nicht nur einen, sondern drei Gottesdienste besucht – vormittags, nachmittags und abends. In Mizoram sind sechs verschiedene christliche Institutionen auf Seelenfang. Dabei nimmt die römisch-katholische Kirche die moderateste Haltung ein, anders als die evangelischen Sekten amerikanischer Prägung wie Presbyterianer, Baptisten, Adventisten, die Pfingstgemeinde und die Heilsarmee. Bisweilen finden sich in Mizo-Dörfern, die aus nicht mehr als zehn Häusern bestehen, zwei Kirchen – an jedem Dorfausgang eine –, und die

Anhänger der einen Kirche liegen mit denen der jeweils anderen im Dauerstreit.

Das prophezeite Wunder findet tatsächlich statt: Kurz vor zehn lichtet sich der Nebel, und es wird freundlicher und wärmer. Wir tauchen gerade aus einem »Suppenbad« auf und steigen hinan zu freundlicheren Gipfelgefilden, wo ein Dorf liegt. Überall sind Leute in ihren besten Kleidern auf dem Weg in eine der Kirchen, die auf den höchsten Punkten des Dorfes erbaut worden sind, an Plätzen, wo früher das Haus des Chiefs beziehungsweise der *Zawlbuk* (sprich: Solbak), das Junggesellenhaus des Klans, gestanden hat. Wie bei den Garo und den Naga lebten dort vormals die unverheirateten jungen Männer zusammen und lernten die für die Gemeinschaft wichtigen Arbeiten. Gleichzeitig war das Junggesellenhaus auch immer eine soziale Einrichtung, in der Alte und Kranke gepflegt wurden, was sich bis in die heutige Zeit erhalten hat. Die Mitglieder so genannter Jugendclubs wohnen zwar nicht mehr in den modernen Großraumhäusern – die an die Stelle der alten Junggesellenhäuser getreten sind –, treffen sich aber dort regelmäßig, um zu beraten und Beschlüsse zu fassen. Seit einigen Jahren entdecken sie die seit der Christianisierung vernachlässigten und fast verloren gegangenen Traditionen wieder neu und engagieren sich dafür ebenso wie für die sozialen Aktivitäten, die ihnen die christliche Nächstenliebe gebietet.

Nahezu jeden, den wir unterwegs treffen, fragen wir nach dem Stein auf unserem Foto. Dabei kommt zum Glück niemand auf die Idee, uns aus dem Auto und in die Kirche zu zerren! Wenn wir in einem Dorf halten, in dem gerade eine Messe zelebriert wird, staunen wir immer über die Klänge, die aus der Kirche dringen. Tiefe dumpfe Trommeln sind zu hören, die mehr an ein Schamanenritual als einen christlichen Gottesdienst erinnern. Anfangs erhalten wir nur unbefriedigende Auskünfte zu unseren Steinen, als wir aber weiter nach Osten kommen und einen älteren Mann fragen, der in einer Kurve auf einem frisch geschlagenen Klafter Holz sitzt und raucht, sagt er: »Ja, das kenne ich. Ihr müsst weiterfahren Richtung Khawzawl. Da stehen die Steine direkt an der Straße.« Obwohl uns das verwundert – unser Bild zeigt ein paar

Häuser im Hintergrund –, folgen wir dem Hinweis, wir haben schließlich keine andere Wahl. Und tatsächlich, nach etwas mehr als einer Stunde Fahrt stoßen wir auf eine in zwei Teile zerbrochene Stele, die in unversehrtem Zustand bestimmt einmal über sechs Meter hoch gewesen sein muss. Zwar nicht die Steine auf unserem Foto, aber doch interessant! Und da kommen Mizo-Männer und -Frauen des Wegs, wieder im besten Sonntagsanzug und gerade zurück vom zweiten Gottesdienst. Ein älterer Mann sagt, dieses Steinmonument sei die »Himmelsleiter« ihrer Vorfahren. Die hätten geglaubt, dass der Mensch über die Stele in Kontakt mit den Himmelswesen treten könne. Die Schamanen seien hier mit den Geistern zusammengetroffen und hier auch begraben worden. Da sie ihr ganzes Leben mit den Himmelswesen verbracht und keinerlei weiterer Reinigung bedurft hätten, um vor ihren Schöpfer zu treten, seien ihre Seelen auch nicht über den Ridhil-See aufgestiegen, sondern über diese Himmelsleiter.

»Wie wurde die Stele zerstört?«, erkundige ich mich.

»Oh, das ist lange her«, antwortet der Mann, »es waren die Missionare, sie wollten den alten Glauben ausrotten.«

Wir zeigen den Leuten das Foto. Der Mann kennt unsere Steine: »Die stehen in Ruantlang. Es sind Chhura-Steine.«

»Wie weit ist es noch bis dahin?«, fragt Biak.

»Ihr müsst zurück an die Abzweigung und dann noch mal zwei Stunden.«

»Also noch mal drei Stunden«, sage ich zu Aglaja, deren Forscherdrang sichtlich nachlässt. Wir sind erschöpft, schließlich sind wir schon seit sieben Stunden unterwegs, und wieder sieht es so aus, als kämen wir in die Dunkelheit. Doch es hilft nichts – wir versuchen, es uns im Wagen ein wenig bequem zu machen, und lassen uns von Biak den Entstehungsmythos der Mizo erzählen.

»Der Abstammungsmythos der Mizo besagt, dass wir durch eine Öffnung unter einem Stein aus der Erde gekommen sind – wir nennen diesen Ort Chhinglung. Ein Klanvater nach dem anderen ist erschienen, und als ein Paar des Ralte-Subklans den oberirdischen Boden betreten hat, haben sie solch einen Lärm veranstaltet, dass der Schutzgott der Höhle Angst bekommen und gedacht hat, es wären schon zu viele Menschen auf Erden. Er hat die Höhle mit dem Stein versiegelt, sodass keine weiteren Menschen mehr auf die Erde gelangen konnten.«

Wie wir aus den alten Büchern wissen, bestimmt die Reihenfolge, in der die Klans aus der Erde gekommen sind, deren gesellschaftlichen Rang – bis heute! Die Ralte sind in Mizoram nicht sehr beliebt, einen Grund dafür nennt die Mythologie.

Es ist Nacht geworden, als wir Ruantlang erreichen, ein weit auseinander gestrecktes Dorf, das einen verkommenen Eindruck macht. Den Ersten, auf den wir treffen, fragen wir nach den Steinen. Er verweist uns an den Dorflehrer, der gerade in die dritte Messe des Tages geht. Doch mit dem Lehrer zu sprechen, wäre gar nicht nötig, denn mitten auf dem Schulhof finden wir die fünf Objekte unseres Begehrens. Gleich am nächsten Morgen wollen wir sie genauer untersuchen, dafür ist es heute zu spät. Der Lehrer bietet uns an, im *Zawlbuk* Quartier zu beziehen. Gern will er uns nach der Messe dort besuchen. Ein paar junge Männer öffnen uns das geräumige Haus und weisen uns zwei Pritschen zu. Schnell ist der Koch verständigt, der uns ein bescheidenes Essen aus Reis und *Dhal* bereitet. Nach der Messe stellt sich der Lehrer ein. Er ist Anfang 30 und entpuppt sich als ein in den Traditionen seines Volkes bewanderter Mann. Zu den Steinen erzählt er uns stolz, dass die Initiative, die Grundschule um sie herum zu errichten, auf ihn zurückgehe. Er wolle Bildung mit Tradition verbinden, doch dies sei nicht immer ganz einfach bei den recht rigiden Lehrplänen der Missionsschulen. Die Steine seien sowohl Gedenksteine für den letzten Chief von Ruantlang als auch Verehrungssteine für Chhura, den Nationalhelden Mizorams. Dabei liege es nahe, dass man den Chief zumindest symbolisch mit Chhura in Verbindung gebracht habe – so groß war seine Macht.

Am nächsten, nebelfreien Morgen inspizieren wir die Steine genauer. Innerhalb einer Fünfergruppe von Felsbrocken, die allesamt verziert sind (ein Bild zeigt einen Mann mit ausgebreiteten

Armen, umgeben von einer großen Anzahl Büffelschädel), fällt ein Stein besonders auf: Seine Vorderseite zeigt vier Reihen mit insgesamt 24 menschlichen Figuren über sechs Büffelschädeln. Die Spitze des Felsens ist abgebrochen, sie wird im Museum von Champhai aufbewahrt. Dies ist *Chhura fa rep*, der »Gedenkstein zu Ehren Chhuras«. Dabei gehen die Meinungen über Chhuras mythologische Bedeutung auseinander – die einen halten ihn für einen Verrückten, die anderen sehen hinter all seinen närrischen Taten eine tiefe Weisheit und vor allem die selbstlose Liebe zu seinem Bruder Nahaia. Einige der aus seinem Leben überlieferten Geschichten zeigen Ähnlichkeiten zu Till Eulenspiegel.

Der auf dem Stein von Ruantlang abgebildeten Szene aus dem Leben Chhuras liegt folgende Geschichte zugrunde: Chhura und Nahaia besaßen jeder ein Feld. Auf Nahaias Feld stand ein hohler Baum, der von einem weiblichen Geist und dessen Kindern bevölkert war. Der feige und verschlagene Nahaia überredete Chhura, dass es besser sei, die Felder zu tauschen, ohne ihm den wahren Grund zu nennen. Später sagte er seinem Bruder, wenn er einen Stein gegen den Baum werfe, würden viele Tauben erscheinen, die Chhura töten und als Nahrung verwenden könnte. Als der den Stein warf, floh der Geist und ließ all seine Kinder zurück. Chhura tötete sie und verspeiste sie.

Die 24 Figuren auf dem Stein sind die Kinder des Baumgeistes. Auf der Spitze des Steines ist Chhura mit einem für Mizoram typischen Kopfjagdmesser dargestellt.

Unsere nächsten Ziele sind Champhai und der Ridhil-See. Biak offenbart uns, dass sie durch uns in den Genuss von etwas ganz Besonderem komme und dass sie uns dafür sehr dankbar sei. »Was ist das?«, fragt Aglaja. »Nun, ich werde den heiligen See unserer Vorfahren sehen«, antwortet Biak. »Es gibt nur eine kleine Schwierigkeit. Der See liegt in Burma. Aber wir Mizo können ihn ohne Probleme besuchen.«

»Und was ist mit uns?«, wirft Aglaja ein. Sie hofft wie ich, dass wir Myanmar auf diese Weise einen kurzen Besuch abstatten können.

»Wir werden sehen – aber es dürfte eigentlich kein Problem sein. Es kommt darauf an, welcher Grenzbeamte Dienst hat.«

»Und wenn wir es nicht schaffen?«, frage ich und sage zu Aglaja, es kann ja wohl nicht sein, dass wir den ganzen Weg unter so unsicheren Vorzeichen gemacht haben.

»Es wird sich schon eine Möglichkeit finden.«

Die Grenze zu Myanmar liegt unweit des kleinen Ortes Champhai. Nach den fast 200 Kilometern, die wir in zwölf Stunden zurückgelegt haben, eine Bergkette nach der nächsten überwindend, gönnen wir uns im *Guesthouse* der Regierung eine wohlverdiente Rast. Dort sitzt ein Inder aus Delhi. Er ist hierher versetzt worden, um den illegalen Schmuggelhandel mit Myanmar zu unterbinden. Was denn geschmuggelt wird, erkundigen wir uns. »Vor allem Drogen wie Opium und Heroin. Wir sind nicht weit vom Goldenen Dreieck«, gibt er gelangweilt zurück.

Eine geteerte Straße zur Grenze gibt es nicht, ohne den Jeep kämen wir nicht mehr weiter. Die ersten Pfützen auf dem matschigen Pfad durch den vom Nebel des letzten Tages triefenden Dschungel meistert er mit Bravour. Doch dann geraten wir in Schlaglöcher, bei denen uns schließlich nichts anderes übrig bleibt, als auszusteigen und zu schieben. Bald sind wir von oben bis unten mit Lehm bedeckt. Zum Glück fährt sich der Wagen nie richtig fest, denn weit und breit gibt es kein einziges weiteres Auto, das uns herausziehen könnte. Dafür traben oberhalb und unterhalb der Straße mehrere Pferdekarawanen durch den Dschungel. »So wird wohl der Schmuggel abgewickelt«, mutmaßt Aglaja, »das Opiumbrot wird bestimmt in den Satteltaschen versteckt, und dann versucht man, der Polizei, sofern sie hier überhaupt existiert, aus dem Weg zu gehen.« Dass die Karawanen aber auch tagsüber unterwegs sind, verwundert uns doch. Von der Polizei scheinen sie nichts zu befürchten zu haben. Wie sich bald herausstellt, dienen nicht alle Pferdetrecks dem Transport von Heroin oder Opium, sondern einem Stoff, der im »*Dry State*« Mizoram zwar auch verboten, unter den Ladentheken aber zu grandios überhöhten Preisen durchaus erhältlich ist: Alkohol!

Den schmalen Fluss, der die Grenze zu Myanmar bildet, erreichen wir, indem wir an einer Vielzahl von Hinweisschildern vorbeifahren, die auf die Gefahren von Aids hinweisen. Bilder sollen dem Betrachter klar machen, dass er zum Spritzen von Heroin keine Nadel zweimal verwenden darf und Prostitution keine Lösung ist. Oberhalb des Grenzflusses liegt ein schäbiger Ort. Biak bittet uns, im Auto zu warten, und begibt sich mit unseren Pässen und Sondergenehmigungen zu einem Bambusverschlag. Unsere Papiere verschwinden in einer kleinen Luke, nach einer Weile kommt ein Mann in grüner Uniform heraus. Er trägt einen breiten Hut mit hochgeklappter Krempe – ein burmesischer Soldat und ein äußerst unsympathischer obendrein. Die Lippen und Zähne schmutzig verfärbt von so viel Betel, dass selbst seine Augen gerötet sind, stapft er in schweren Militärstiefeln zu uns ans Auto und schaut uns eindringlich an. Wir drehen die Fenster leicht herunter und bekommen seine Alkoholfahne direkt in die Nase geblasen. Er redet auf Burmesisch auf uns ein. Wir nicken nur, Biak antwortet für uns. Doch das interessiert ihn gar nicht. Er setzt sich, unsere Pässe in den Händen und einen Vorderlader im Arm, zu uns ins Auto, und wir fahren los. Wir durchqueren das Flüsschen, wo es am anderen Ufer wieder steil nach oben geht. Auf dieser Seite der Grenze sind ebenfalls Hinweisschilder aufgestellt. Nur warnen sie nicht vor den Aids-Gefahren, sondern in der schönen burmesischen Schrift geht es, wie uns Biak später sagt, um die Gefahr, erschossen zu werden. Das nämlich droht jedem Burmesen, wenn er versucht, die Grenzen seines Landes zu überschreiten!

Als die Straße auf einen schmalen Grat führt, schreit uns der Soldat auf einmal an: »*No look left!*« Biak erklärt uns, dass dort oben eine Kaserne liegt, in deren Richtung wir auf keinen Fall sehen dürfen. Dass man keine Fotos von militärischen Anlagen machen darf, kennen wir bereits aus Indien. Doch dass jemand dir befehlen kann, wohin du sehen darfst und wohin nicht, ist uns neu.

Unter uns liegt der Ridhil-See. Es ist bewölkt und ein wenig stürmisch, und so macht der See der verstorbenen Seelen keinen einladenden Eindruck. Am Ufer lagern drei Mizo-Jugendliche, die von unserem Soldaten angeherrscht werden, ihre Sachen zu packen und zurück nach Indien zu fahren – sie seien lang genug hier gewesen. Und im gleichen Ton brüllt er uns an, als wir ein wenig entlang des Sees spazieren wollen: »*No look right!*« »Da gibt es noch eine Kaserne!«, ruft Biak und lächelt nachsichtig.

Unter diesen Voraussetzungen haben wir keine große Lust, länger als nötig hier zu verweilen, nach zehn Minuten wollen wir wieder aufbrechen. Doch Biak und der Soldat sind nirgends zu sehen. Wir rufen nach ihr und gehen zurück zum Jeep. Der Fahrer zeigt auf eine kleine Hütte am Ufer, bedeutet uns aber, am Wagen zu bleiben. Kurz darauf kommen Biak und der Soldat beladen mit zwei Kartons zum Auto und steigen ein. Die Kartons sind voll mit ein paar Dosen Coca-Cola und vielen Flaschen – Whisky! Verlegen versucht Biak, ihren Karton möglichst unauffällig zwischen ihren Füßen zu verstecken, doch der alkoholenthemmte Soldat macht keine Anstalten, es ihr gleichzutun. Den See ihrer Ahnen zu sehen, dämmert uns, ist für Biak wohl nicht der Hauptgrund für die Fahrt gewesen. Eher ist es darum gegangen, das Tourismusbüro und andere Verwandte und Bekannte mit den Dingen zu versorgen, die das Christentum in ihrem Land so streng untersagt.

Bananen am Morgen, Maschinengewehre am Abend

Nach dem Ausflug ins Whisky-Paradies fällt uns der Abschied von Mizoram nicht sonderlich schwer. Zurück in Silchar, wartet schon ein Wagen auf uns, der uns nach Manipur bringen soll, dem Staat, in dem wir eines unserer gefährlichsten Reiseabenteuer erleben werden. Dabei hat alles ganz harmlos und Herz erwärmend angefangen.

Das indische Konsulat hat uns in Bezug auf Manipur nur die Erlaubnis erteilt, Imphal, die Hauptstadt dieses Staates, zu besuchen. Aber wie sollen wir von Silchar – in Assam – nach Imphal kommen, das in der Landesmitte liegt, wenn wir nicht die Straße benutzen dürfen? Es gibt nur zwei Möglichkeiten: über Land oder per Flugzeug. Das heißt, entweder von Silchar eine über 200 Kilometer lange Straße wählen oder, was weitaus umständlicher ist, mehr als 400 Kilometer zurück nach Gauhati fahren und von dort nach Imphal fliegen. Natürlich entscheiden wir uns, Ersteres zu versuchen, und bald rollen wir über die Straße zur Grenze zwischen Assam und Manipur.

Jiribam ist ein Grenzort wie jeder andere – ein paar Häuser links und rechts der Straße und ein Schlagbaum. Die Grenzstation liegt auf der linken Seite in einem kleinen Garten. Im Büro sitzt ein junger, aus Bengalen stammender Beamter hinter einem Schreibtisch und hat die Füße hochgelegt. Offensichtlich ist hier nicht viel los, was wir aus der Reaktion des völlig verdutzten Grenzers unschwer schließen können. Fremde seien hier noch nie gewesen, sagt er, und ein Blick in das magere Registerbuch, das die letzten zehn Jahre umfasst, bestätigt seine Worte. Der junge Mann weiß nicht, was er mit uns anfangen soll. Nach Imphal fahren? Das geht nicht! Zu gefährlich! Wieso? »*Underground!*« Er spricht zögerlich, sodass wir unsere Chance wittern, hier die Grenze zu passieren. Wir zeigen ihm unsere Genehmigungen für Imphal und betonen, dass wir ja irgendwie dorthin gelangen müssen. Zum Glück scheint er von dem wöchentlichen Flug von Gauhati aus nichts zu wissen. So nimmt er schweren Herzens unsere Pässe, um uns zu registrieren. Umständlich beginnt er, die Daten einzutragen, und murmelt dabei immer wieder in schlechtem Englisch vor sich hin: »*No good ... dangerous ... Underground.*« Als er fertig ist, weist er unseren Fahrer eindringlich in Assamesisch darauf hin, dass auf der Strecke 23 Kontrollposten sind und wir uns unbedingt bei jedem registrieren lassen müssen. Er schüttelt den Kopf, sieht uns zweifelnd an, gibt uns dann aber die Pässe zurück und verschwindet, ohne noch ein Wort zu sagen, im Hinterzimmer.

Wir wollen gerade wieder ins Auto steigen, als der Grenzer unter lauten Rufen, eine riesige Staude Bananen auf dem Arm, aus dem Haus gerannt kommt. Immer noch den Kopf schüttelnd, überreicht er Aglaja die Früchte, nimmt meine Hand und sagt zu unserem Fahrer: »Mehr kann ich nicht für die Fremden tun. Ich heiße sie willkommen. Sie sind die Ersten. Doch wenn es ihr letzter Tag sein soll, dann sollen sie wenigstens gut gegessen haben.«

Dann wünscht er uns ahnungslosen, dankbaren und verblüfften Abenteurern Glück, und wir lassen ihn in einer Staubwolke zurück.

Manipur, wörtlich »juwelenbesetztes Land«, erhielt seinen Namen im 18. Jahrhundert, als Teile seiner Bevölkerung zum Hinduismus bekehrt wurden. Seit dem ersten nachchristlichen Jahrhundert bis zur Unabhängigkeit Indiens wurde Manipur, ein bewaldetes Bergland, von einer Folge von 74 Maharadschas regiert. Die zweieinhalb Millionen Einwohner stellen, ethnografisch gesehen, einen Übergang dar zwischen den Naga des Nordens und den burmesischen Volksgruppen des Südens. Am dichtesten besiedelt ist das Gebiet im Imphal-Tal, nach dem auch die Hauptstadt benannt ist. Die hier lebende Bevölkerung, die das Land kulturell prägt, bestand einst aus sieben Völkern, die über die Jahrhunderte zu einer kulturell eigenständigen Bevölkerung zusammengewachsen sind, den »Meitei«.

Manipur ist immer ein Land der Sehnsucht gewesen. Und zwar einer vierfachen Sehnsucht. Zum einen wegen seiner faszinierenden Vielfalt an Kulturen, die auch Aglaja und mich schon lange magisch anzieht. Zum anderen haben wir von Manipur meist in Büchern von Ethnologen gelesen, die eigentlich weiter nördlich in Nagaland ihren Forschungen nachgehen wollten, aber keine Sondergenehmigung bekommen hatten. So blieb für sie Manipur eine Art Ersatzlösung, wobei die Sehnsucht nach den Naga-Bergen unverkennbar ihre Werke durchzieht – so zum Beispiel das wunderbare Buch *Naga Path* von der Britin Ursula Graham Bower, die in den 1940er-Jahren in den Naga-Gebieten Manipurs gearbeitet hat, eigentlich aber viel lieber zu den wilderen und ursprünglicheren Kulturen des Nordens gereist wäre. Der dritte Grund für die Sehnsucht liegt im Charakter des Landes selbst. Manipur ist ein Grenzland, nicht mehr ganz Indien, noch nicht ganz Burma. Das tägliche Leben verläuft hier, gerade im Tal von

Imphal – so beschreiben es zumindest die alten Bücher –, gemächlich und schon ganz nach südostasiatischen Gesetzen. Menschen, die hier zu Hause waren und fortziehen mussten, litten zeit ihres Lebens an fürchterlichem Heimweh. Dazu kommt noch die Sehnsucht derjenigen, die im Zweiten Weltkrieg in Burma gegen die Japaner kämpften und geschlagen wurden. Manipur bot ihnen damals ein sicheres Refugium, wenigstens so lange, bis schließlich Imphal und auch Kohima in Nagaland Schauplatz blutiger Kämpfe zwischen Briten, Amerikanern und Japanern wurden. Kurz, Manipur ist für viele Menschen ein besonderer Fleck Erde. Seine Vielfalt und Kontraste, seine mannigfaltige Kunst und Kultur machen Manipur zu einem einzigartigen, begehrenswerten Land.

Von all dem wissen wir 1996 noch nicht viel, als wir zum ersten Mal den Fuß auf den Boden Manipurs setzen. Nur widerwillig hat uns der Grenzbeamte fahren lassen, und pflichtbewusst halten wir Ausschau nach Kontrollposten. Die Straße schraubt sich in die Höhe, das Klima wird angenehm. Herrlich! Die Sonne scheint von einem wolkenlosen Himmel herab, die Landschaft wechselt vom Regenwald zu Bergwäldern und weiten Hochebenen. Wenn da nur nicht die dauernden Checkpoints wären! In jedem Dorf, sei es auch noch so klein, sehen wir uns genötigt, auszusteigen und uns registrieren zu lassen. Dank der erzwungenen Pausen wird die Strecke zu einem gut 14-stündigen Marathon. Doch wir nutzen die lästigen Kontrollen, um uns immer auch ein wenig in den Dörfern umzusehen. Dabei wechseln Aglaja und ich uns ab. Einmal zeigt sie die Pässe vor, und ich erkunde die Gegend, das nächste Mal bin ich an der Reihe, bei den Geheimdienstlern schönes Wetter zu machen. Die Prozedur verläuft immer problemlos, sie ist nur nervtötend.

In einem Dorf dringt ein beständiges, hackendes Geräusch in meine Ohren. Ich gehe dem Geräusch nach, bis ich an ein Haus komme, auf dessen Veranda eine Frau sitzt, vor sich einen an die Hauswand gespannten Hüftwebstuhl – in ganz Nordostindien das Werkzeug zur Erstellung farbenfroher Textilien. Hier ist es eine Frau aus dem Volk der Rongmei-Naga, die einen Stoff in weißer Grundfarbe mit roten und schwarzen Streifen webt.

22 Schlagbäume haben wir hinter uns gebracht, als wir gut 50 Kilometer vor Imphal durch ein kleines Dorf kommen, welches unser Fahrer als »gefürchtetes Rebellennest« beschreibt und mit ziemlichem Tempo durchquert. Mitten im Dorf steht prompt das obligatorische Häuschen mit dem Schlagbaum davor. Doch im Gegensatz zu allen vorherigen ist der Schlagbaum hochgezogen, und am Kontrollposten lässt sich niemand blicken. Unser Fahrer besinnt sich nicht lange und fährt durch. Das Winken der Passanten, die uns erschrocken bedeuten, wir sollen anhalten, übersieht er geflissentlich. Ein fataler Fehler!

Uns ist etwas mulmig zumute, als wir weiterfahren. Je größer aber die Entfernung vom Dorf wird, desto eher sind wir geneigt, uns auf die Schulter zu klopfen. Was soll das denn, sagen wir uns, 23 Checkposten aufzustellen! Wir haben uns schon so oft registrieren lassen, das wird ja wohl genügen, reden wir uns ein.

Eine Dreiviertelstunde später biegen wir um eine Kurve, da muss der Fahrer abrupt bremsen. Eine Straßensperre blockiert uns den Weg. Zu sehen ist weit und breit niemand. »*Underground*«, ruft der Fahrer entsetzt, »sofort Fenster und Türen verriegeln!« Die Sperre durch den Straßengraben zu umfahren, gelingt ihm nicht mehr, denn schon stürmen Männer in Tarnanzügen aus dem Gebüsch. Erst sind es vier, dann scheinen sich alle Büsche in menschliche Wesen zu verwandeln. Neun schwer bewaffnete Soldaten, Äste und Zweige in den grün umspannten Stahlhelmen, braune Farbe im Gesicht, kugelsichere Westen in Grün, Ocker und Khaki und jeweils ein Maschinengewehr im Anschlag, haben in Windeseile unser Fahrzeug umstellt und richten die Gewehre auf uns!

Einer der Männer baut sich vor der Fahrertür auf und brüllt durch das verschlossene Fenster: »Sofort öffnen!« Als der Fahrer vor Angst zitternd das Fenster herunterkurbelt, dringt das Schnarren der Gewehrsicherungen in unsere Ohren. Unsere letzte Stunde scheint gekommen. Der Fahrer flüstert uns noch zu: »Indisches Militär«, dann nimmt zwischen ihm und dem brüllenden Soldaten eine ungleiche Konversation ihren Lauf. Die Lage ist mehr als heikel, zugegeben, doch ein ganz klein wenig beruhigt mich die Tatsache, dass es sich bei den Männern um indisches Militär und nicht um Untergrundkämpfer handelt. Das verringert, hoffe ich zumindest, unsere Chancen, sofort über den Haufen geschossen zu werden.

Im selben Moment bewegt sich ein hoch gewachsener Sikh, ein khakifarbenes Tuch über Stirn und Kopf gebunden, langsam auf uns zu, das Maschinengewehr im Anschlag. Er nimmt Aglaja, die links sitzt, ins Visier, lässt uns keine Sekunde aus den Augen, macht einen Schritt nach hinten und lugt durch die Rückscheibe in den Gepäckraum. Aha, darauf haben sie es also abgesehen, schießt es mir durch den Kopf. Dann taucht er auf meiner Seite auf, mein gequältes Lächeln beantwortet er mit dem Hochziehen der linken Braue.

»*Get out!*«, reißt es mich jäh aus meiner friedensstiftenden Interaktion. Der Schreihals an der Fahrertür gebietet uns auszusteigen – »aber mit erhobenen Händen und gaaanz langsam!«, fügt er hinzu. Es fällt mir schwer, die Situation ernst zu nehmen, das alles kommt mir vor wie in einem Film und kann doch nicht wahr sein! Wie auf ein stummes Kommando springen nun vier Soldaten die Straßenböschung hoch. Sie sichern die Stellung. Oder wollen sie sich etwa vergewissern, dass es bei dem bevorstehenden Blutbad keine Mitwisser gibt? Drei weitere Soldaten stellen sich im selben Augenblick, da wir aus dem Wagen kriechen und den von den Soldaten geforderten Sicherheitsabstand zwischen uns erreicht haben, hinter uns, einen Fuß zwischen unsere leicht gespreizten Beine, den Lauf der Maschinengewehre auf unsere Rücken gerichtet. Der Schreihals gibt Kommandos, Nummer neun ist allem Anschein nach ausersehen, mein Exekutor zu werden. Ich soll, herrscht er mich an, den Kofferraum öffnen. Und damit ich den Befehl ausführe, legt Nummer neun den Lauf seines MGs an meine Schläfe!

Ich kann nicht glauben, was hier geschieht. Aber die Jungs meinen es ernst. Todernst! Ich blicke Aglaja an, sie scheint gefasst zu sein. Langsam, ganz langsam nehme ich eine Hand von meinem

Kopf, führe sie an den verstaubten Kofferraumriegel. Ich bete, dass mir nicht, wie schon so oft, alle Taschen und Vorratskartons entgegenfallen, wenn ich die Klappe öffne – was aber prompt passiert. Reflexartig greife ich mit beiden Händen nach der herunterstürzenden Reisetasche. Ich spüre, wie die Soldaten zusammenzucken, und bin heilfroh, dass die Situation nicht eskaliert. Ich halte die Tasche in der Hand und lege sie behutsam in den Staub der Landstraße.

»Öffnen!«, donnert der Offizier, »aber gaaanz langsam!« Das kenne ich schon und wage einen kleinen Witz. »Da brauche ich aber beide Hände, Sir« sage ich vorsichtig. Als Antwort blicke ich in den Gewehrlauf. Ein Geruch, den ich vom kindlichen Spiel mit Zündplättchen noch kenne, steigt mir in die Nase. Ich rieche es ganz deutlich: Aus der Waffe ist kürzlich geschossen worden! Und bestimmt nicht zu Übungszwecken!

Ich öffne die Tasche – anscheinend langsam genug, denn niemand brüllt mich an. Jedes einzelne Teil muss ich herausnehmen und auf die Straße legen – ob Sweatshirt oder Unterhose. Sorgen bereitet mir mein Kamerarucksack. Hoffentlich werden sie beim Anblick der vielen schwarzen Kästen nicht denken, dass wir gefährliche Dinge transportieren ...

Und tatsächlich: Als ich den großen grünen Rucksack öffne, ruft mein Bewacher aufgeregt nach seinem Vorgesetzten. Die Aussicht, dass die teure Mittelformatkamera mit all ihren Objektiven von diesem Ignoranten in den Staub geworfen wird, regt leisen Widerstand in mir.

»Wir haben nichts getan«, getraue ich mich zu sagen, »das sind nur Kameras. Wir sind Touristen!«

Da erscheint noch ein Soldat auf der Bildfläche, ein junger, schmierig wirkender Mann, der mir in bestimmtem Ton antwortet: »Doch, mein Herr, Sie haben etwas getan! Sie sind hier! Und Sie sollten nicht hier sein!«

»Wie meinen Sie das?«, frage ich, auf den Boden gebückt, zurück.

»Bitte packen Sie weiter aus«, befiehlt er mir in höflichem, aber unmissverständlichem Ton.

Endlich kann ich es wagen, mich wieder nach Aglaja umzusehen. Mich mittels eines Worts, eines Blicks mit ihr zu verständigen, ist unmöglich. Sie steht noch immer an die Wagentür gelehnt, die Hände hinter dem Kopf verschränkt, von einer MG bedroht. Mechanisch fahre ich damit fort, den Rucksack auszupacken. Unsere Kameras reiche ich langsam dem Anführer der Truppe, der sie genauestens inspiziert. Bei den Filmdosen wird es wieder problematisch, könnte es doch sein, dass die Soldaten sie für Patronenhülsen halten. Man nötigt mich, alle 45 Dosen zu öffnen und die Filme einzeln am Straßenrand zu verteilen. Jedes einzelne unserer Gepäckstücke muss ich bis auf das letzte Stück Papier auspacken, immer in der Erwartung, dass die Soldaten sich an unseren Sachen vergreifen werden. Doch nichts dergleichen passiert. Im Gegenteil: Plötzlich ertönt ein Kommandoruf, alle lassen ihre Waffen sinken. Aglaja darf sich umdrehen, ich darf aufstehen. Der Anführer kommt auf uns zu.

»Gestatten Sie, dass ich mich vorstelle: Colonel Sharma, Kommandant der *Assam Rifles*, Division Manipur. Sie haben kein Recht, hier zu sein!«

»Oh doch! Wir sind im Besitz einer Genehmigung für Manipur«, antworte ich in meiner Anspannung ein wenig vorlaut. »Schauen Sie doch in unsere Pässe!«

»Schön und gut, Mister Peter, das wissen wir. Schon seit Jiribam.«

Entgeistert blicke ich ihn an – anscheinend sind sie heute Morgen von unserem freundlichen Grenzbeamten informiert worden. Als ich die Sprache wiederfinde, kann ich nicht umhin zu fragen: »Aber warum haben Sie uns dann umstellt und bedroht?«

»Weil Sie versäumt haben, sich registrieren zu lassen!«, entgegnet Colonel Sharma harsch.

»Doch, das haben wir!«, brause ich auf, »zweiundzwanzigmal!«

»Aber nicht am Checkposten 23!«

Ich bin fassungslos. »Und deswegen tun Sie uns das hier an?«

»Immer mit der Ruhe, Sir. Sie sind bis jetzt nicht durchsucht worden«, antwortet Sharma, »und niemand hat bislang Ihr Fahrzeug kontrolliert. Ihre Papiere und die Papiere Ihres Fahrers waren zwar in Ordnung. Als Sie jedoch an dem letzten Kontrollposten einfach vorbeigefahren sind, haben Sie sich verdächtig gemacht. Sie kehren jetzt auf der Stelle um und lassen sich an dem Checkposten registrieren!«

»Dann schaffen wir es heute aber nicht mehr bis Imphal«, wende ich ein. Die Sonne versinkt schon hinter den Bergen.

»Dann übernachten Sie eben am Checkposten. Sie lassen sich jetzt sofort registrieren.« Und mit diesem – letzten – Wort wendet sich der Colonel ab. Der Fall ist für ihn abgeschlossen.

Uns bleibt nur, unsere Klamotten einzusammeln, sie wieder im Wagen zu verstauen und zurückzufahren. Solange wir damit beschäftigt sind, bleibt die Truppe in Hab-Acht-Stellung. Erst als wir wenden, tritt Colonel Sharma nochmals an mein Fenster, ich kurbele es herunter, und er – salutiert!

»Es ist meine Pflicht, Sir«, sagt er in militärisch knappem Ton. »Vorgestern ist auf dieser Strecke der Polizeipräsident von Manipur mit seiner Familie – seiner Frau und zwei Kindern – erschossen worden!«

15 Kilometer sind es zurück bis zum Kontrollposten. Erst jetzt merke ich, dass ich am ganzen Körper zittere. Das heißt es also, mit einem Maschinengewehr bedroht zu werden. Totale Hilflosigkeit und vollkommenes Ausgeliefertsein. Aglaja steht ebenfalls der Schweiß auf der Stirn. Dieses Erlebnis stellt all die vielen schwierigen Situation, die sie bereits auf Fernreisen hatte, in den Schatten – sogar die Besichtigung des kambodschanischen Angkor Vat im entfernten Kugelhagel der Roten Khmer. »Das hätte ins Auge gehen können«, sinniert sie. »Eigentlich merkwürdig, sonst hatten wir doch noch nie Probleme mit dem indischen Militär. Jedenfalls gut, dass du die Situation so besonnen gemeistert hast.« Ja, die Sache ist gut ausgegangen, aber unsere Anspannung hält an. Was wäre passiert, wenn sich versehentlich ein Schuss aus den entsicherten MGs gelöst hätte? Und was erwartet uns nun am Checkposten?

Als wir dort ankommen, geschieht das Gleiche wie schon an allen 22 Kontrollposten vorher. Jeder in diesem vermieften Verschlag weiß, was wir durchgemacht haben – da bin ich mir sicher.

Aber keiner – auch wir nicht – erwähnt den Vorfall mit einem Sterbenswörtchen. Die Kontrollbeamten nicht, weil sie nur ihre Pflicht getan haben, und wir nicht, weil wir abhängig von ihren Entscheidungen und ihrer Willkür sind.

In dem Nest zu übernachten, das uns solches Unglück beschert hat, steht für uns außer Frage. Und so begeben wir uns – mittlerweile zum dritten Mal – auf die gleiche Strecke. Wir sehen im letzten Zwielicht des Tages die ersten Sterne aufgehen, unter denen die Berge Manipurs zu tiefblauen, bedrohlichen Schatten heranwachsen. Während die Zikaden ihr ewiges Konzert anstimmen und gegen das Motorengeräusch anzirpen, haben wir viel Zeit, über das Geschehene nachzudenken und uns auszutauschen.

Die Gewalttaten, in deren Dunstkreis auch wir gekommen sind, haben ihre Wurzeln in der nachkolonialen Epoche. Bei der Unabhängigkeit Indiens war der letzte Regent von Manipur zum Abdanken gezwungen und das Land in die Indische Union übergeführt worden, nachdem die indische Zentralregierung einen nicht unerheblichen Teil an Burma abgetreten hatte, um Aggressionen des mittlerweile kommunistisch regierten Landes vorzubeugen. Aber es dauerte ganze 23 Jahre, bis Manipur den Status eines vollwertigen Unionsstaats erhielt, Jahre der Misswirtschaft und Korruption. Da auch noch die Bergvölker gegenüber den Meitei bevorzugt wurden, bildeten sich zwangsläufig Widerstandsgruppen, die sich angesichts der, wie sie es nannten, »grandiosen Ignoranz seitens der Zentralregierung« schnell radikalisierten. Forderungen der Naga nach einem vereinigten Nagaland (Nagalim), das mit Waffengewalt erstritten werden sollte, führten zu Zusammenstößen mit den Kuki Chin und schließlich zu Auseinandersetzungen zwischen allen ethnischen Gruppen Manipurs. In den 1970er-Jahren operierten vier Untergrundbewegungen mit zahlreichen Splitterfraktionen aus den Dschungeln Burmas, Nagalands, Manipurs und sogar von Bangladesh aus. Dank eines florierenden internationalen Schmuggels mit Waffen, Drogen und Edelhölzern wurden sie immer krimineller. 1980 erklärte die Regierung das Imphal-Tal zum »Gestörten Gebiet« (*Disturbed Area*) und stellte Manipur unter Militärrecht.

Die indische Armee marschierte ein. Seitdem herrschen Zustände wie in Kaschmir.

Als wir die Stelle passieren, an der wir bedroht wurden, sind die Soldaten abgezogen. Irgendwo im Dschungel kämpfen sie ihren ewigen, aussichtslosen Krieg gegen die Guerillas weiter oder sind gerade auf Posten und beobachten uns aus irgendeinem unsichtbaren Versteck.

Tatsächlich, wir werden beobachtet: Von einem der Berge vor uns kommen Lichtzeichen! Ein kurzes Blinken, viermal, schnell hintereinander. Dann wieder tiefschwarze Nacht. Dann von einer gegenüberliegenden Bergkette das gleiche Signal! Wieder Schwarz. Der Fahrer drückt auf das Gaspedal. Mir ist übel von der mittlerweile fast achtzehnstündigen kurvenreichen Fahrt. Außerdem drückt meine Blase. Und nun rasen wir in mörderischem Tempo in die nächtlichen Serpentinen!

»Unmöglich, stehen zu bleiben, Sir!«, ruft der Fahrer in Panik. »Jetzt müssen wir bis Imphal durchhalten.«

»Warum? Wegen der Lichtzeichen? Die sind doch bestimmt vom Militär, oder?«

»Nein, das ist nun wirklich der *Underground*. Sie verständigen sich, dass ein Auto kommt. Wer weiß, was sie mit uns vorhaben.«

Meine Übelkeit nimmt zu. Ich dränge mich über die Vorderbank zu Aglaja, sodass wir nun zu dritt vorne sitzen, kurbele das Fenster herunter und halte den Kopf in die frische Luft. Der kalte Fahrtwind peitscht mir um die Stirn, Aglaja zieht sich einen dicken Schal über die Ohren. Die Scheinwerferkegel streifen Bananenblätter, Farne und Bambusgräser, ansonsten ist es tiefschwarz um uns herum. Ich schließe die Augen – keine Besserung –, ich öffne die Augen wieder. Da sehe ich, dass wir den Signalpunkten immer näher kommen. Der Fahrer fährt, als ginge es um Leben und Tod, und lässt sie schließlich hinter uns. Andere Lichter flackern auf. Doch diesmal ist es nichts Gefährliches: Vor uns weitet sich das Tal, und von unten grüßen die Lichter Imphals. Sie verheißen Ruhe und Sicherheit.

Manipur tanzt

Nach den ersten Tagen im beschaulichen Imphal verblassen die schrecklichen Erlebnisse unserer Reise allmählich. Fahrradrikschas bevölkern die Straßen, und im eigentümlich schrägen Licht der östlichen Sonne fühlen wir uns fast eher in Südostasien als in Indien. Auch die Meitei sehen mehr wie Burmesen und Thai aus, selbst wenn sie von größerer und kräftiger Statur sind.

Durch unseren Freund, den indischen Filmemacher Pan Nalin, haben wir Asha Thokchom kennen gelernt. Sie ist promovierte Soziologin und klärt uns über die Hintergründe eines der erstaunlichsten Merkmale Imphals auf – den Ima-Markt, einen Markt, auf dem nur Frauen ihre Waren anbieten.

»Wie in Meghalaya«, erzählt uns Asha, als wir das weitläufige Marktgelände erkunden, »ist auch in Imphal der Handel eine Frauendomäne. Allerdings ist das Matriarchat bei uns unbekannt; unsere Frauen mussten sich ihre Stellung hart erkämpfen: 1939 kam es zur *Nupi-Lal*-Revolution, dem ›Frauenkrieg‹, in dem die Frauen gegen die Engländer, aber auch gegen die manipurischen Männer aufbegehrten. Sie gründeten eine Frauenpartei, die *Nisha Bandh*, und den ›*Ima*-Markt‹. Der Markt, nach dem Wort *Ima* für ›Mutter‹ benannt, ist allein den manipurischen Frauen ab 45 vorbehalten. Über 3000 Frauen bieten hier stolz farbenfrohe Webereien zum Verkauf, aber auch Nahrungsmittel, Töpfereien und Werkzeuge, und nicht im Traum würde es ihnen einfallen, um Preise zu feilschen. Ein willkommener Nebeneffekt ist dabei auch, dass sich das Verhältnis zwischen Schwiegermutter und Schwiegertochter entspannt; wenn die ältere Generation den ganzen Tag auf dem Markt verbringt, kann sich die jüngere unbeobachtet um ihren Haushalt und die Kindererziehung kümmern.«

Asha stellt uns die Leiterin des *Ima*-Markts vor. »Wir *Ima* sind eine große Familie. Hier auf dem Markt sitzen wir zusammen und reden über alles. Noch bin ich gesund und kräftig – warum sollte ich zu Hause bleiben? Solange ich hier auf dem Basar sein kann, bin ich zufrieden«, so fasst sie ihr Selbstgefühl in asiatisch bescheidenen Worten zusammen.

Nach unserem Bummel über den Markt kehren wir im Hause Thokchom ein. Hier strahlt das Leben Ruhe und Gleichmut aus. Die Familie sitzt einträchtig beisammen – viele Menschen, die irgendwie miteinander verwandt sind. Kinder laufen umher und bilden den geliebten Mittelpunkt verständnisvoller Aufmerksamkeit. Aglaja liebt diese Art des Lebens in der Großfamilie ganz besonders. Immer wieder höre ich ihre leisen Seufzer: »Wie gern würde ich für immer hier bleiben.« Ich kann sie gut verstehen. Es sind dieses friedvolle Miteinander verschiedener Generationen und der idyllische Ort – wir verweilen in einem vom Duft hunderter Blumen erfüllten Innenhof und genießen die ersten wärmenden Sonnenstrahlen des Tages –, was uns ein Gefühl von Glückseligkeit gibt. Doch meine Augen haben inzwischen ein neues Objekt meines unstillbaren Forscherdrangs entdeckt: Hier steht der *Tulasi Bong*, ein kleiner Altar. Er ist dem Gott der Sonne gewidmet, Sanamahi, der den Sonnen- und Feuerkulten vorhinduistischer Zeiten entstammt. Als ich Asha auf den Altar anspreche, erklärt sie uns, dass es in Manipur Meitei-Gemeinschaften gibt, die sich streng von den sonst üblichen hinduistischen Traditionen abgrenzen und noch ganz der alten Naturreligion namens »Umang Lai« folgen. Ashas Bruder Ashu will sie uns zeigen.

Das erste Ziel, das er mit uns am nächsten Morgen ansteuert, ist der Thangjing-Tempel von Moirang. Wie alle Tempel Manipurs ist auch dieses Heiligtum im Vergleich zu den großen Tempelanlagen Indiens architektonisch nicht sonderlich eindrucksvoll, umso erstaunter sind wir deshalb von dem, was wir innerhalb des Tempels vorfinden. Im Innenhof haben die Umang-Lai-Anhänger eine große Anzahl *Shattra* errichtet: 15 Meter hohe Bambusstangen, an denen Bambusringe mit aus Papier geschnittenen Mustern befestigt sind. Sie dienen der Ehrbezeugung und Besänftigung der Götter des Waldes.

Im Tempel tut eine *Maibi* Dienst, eine Hohepriesterin des alten Glaubens. In Trance werden sie, wie auch ihre männlichen Kollegen, die *Maiba*, zu Sprachrohren einer der 364 *Lai*, alter Gottheiten, die auf die mythischen Urahnen der Meitei zurückgehen.

Die Besessenheit verleiht den Priesterinnen und Priestern Kraft zum Weissagen und Heilen. Bei den *Maibi* spielen auch sexuelle Aspekte eine Rolle. So fahren die Gottheiten, heißt es, nachts im Schlaf in die *Maibi* ein, was die Priesterin als sexuellen Akt empfindet. Dabei, so sagen die *Maibi*, ist es ihnen lieber, wenn die Gottheit menschliche Gestalt annimmt und nicht die eines Elefanten, Pferdes oder Stiers, was ebenfalls vorkommen kann!

Die weiß gekleidete *Maibi* von Thangjing entzündet Rauchwerk an einem Schrein. Ein Pilger will sich von ihr aus einem Orakel aus schwarzen und weißen Steinen die Zukunft vorhersagen lassen. Als die Zeremonie beendet ist, wendet sie sich uns zu und sagt uns, dass der Tempel einer der vier Kultstätten in Manipur ist, an denen noch die alten Gottheiten verehrt werden. Im Gang, der um das innere Heiligtum führt, ist in volkstümlichen Bildabfolgen die Geschichte der Entstehung der Welt beschrieben: Sonne und Mond sind die ersten Kinder des höchsten Gottes. Mit seinem rechten Oberschenkelknochen hat er sie, eine Frau wie auch die *Lai* geschaffen. Von den *Lai* wiederum stammen die Meitei ab. Die Erschaffung der Welt und allen Lebens auf der Erde stellen die Meitei in ihrem *Lai-Haraoba*-Tanzdrama dar.

Wir haben Glück, Asha ist mit Elam, der Leiterin einer der bekanntesten Tanzgruppen des Landes, befreundet. Von ihr hat Asha erfahren, dass das Ensemble am heutigen Abend eine Probe für den *Lai-Haraoba*-Tanz hat, zu der wir herzlich eingeladen sind. Zusammen mit Asha fahren wir zu einem kleinen Theater in der Mitte der Stadt.

Wir dürfen die Vorführungen fotografieren – sogar auf der Bühne, was eine große Ehre ist, handelt es sich doch beim *Lai-Haraoba* um eine heilige Handlung. Zunächst erscheinen zwei weiß gekleidete Frauen, wahre Schönheiten, zu den Klängen einer pathetisch anmutenden Kunstmusik, die von einer Sängerin, einem Flötisten, einem Violinisten, einem Trommler und einem Gongspieler erzeugt wird, auf der Bühne. Sie sind *Maibi*, die die Lai-Gottheiten mit graziösen Handbewegungen einladen, an ihrem getanzten Gebet teilzuhaben. Sie tanzen ein abstraktes

Muster, das am Ende Pakhangba, der ineinander verschlungenen Schlange, entspricht – dem Symbol für den Mondgott, der zweiten alten Gottheit neben Sonnengott Sanamahi. Während der Aufführung kann es vorkommen, dass die *Maibi* in Trance fällt und die Gottheit aus ihr weissagt. Die Bewegungen der *Maibi* sind äußerst fein und grazil und wirken dabei doch volkstümlich. Hier in Manipur ist selbst der zur Kunstform entwickelte Tanz noch Ausdruck für die tiefe religiöse Hingabe und Verehrung seiner Bewohner. Am *Lai Haraoba* tanzen die *Maibi* bis zu 60 Tanzrituale – morgens und abends, 30 Tage hintereinander.

Dann betreten 20 Trommler die Bühne. Im *Pung Cholom* locken sie mit kräftigen und vielfältigen Schlägen die Götter für das darauf folgende Schauspiel an. Ruhig beginnend, steigern sich Tempo und Kompliziertheit der Bewegungen merklich. Schließlich fliegen die Trommeln vom Bauch an die Seite bis über den Kopf. Der gesamte Körper der einzelnen Trommler pulsiert zu den grandios synchron verlaufenden Schlägen und Schritten. Bis zur Ekstase steigert sich ihr Auftritt – dann sind die Tänzerinnen des *Ras Lila* und auch ihre Götter bereit!

Es wird wieder merklich besinnlicher auf der Bühne, als eine junge Frau erscheint, die im blauen Kostüm zum Klang einer einsamen Flöte den Hindugott Krishna spielt. Seine Geliebte Radha erscheint zusammen mit den *Gopis*, den Hirtinnen, und Krishna beginnt, sie in sanften Bewegungen zu umwerben. Fast überirdisch wirken die Tänzerinnen schon bei der Probe – in ihren prächtigen, bis zum Boden reichenden Reifröcken, welche die Füße vollkommen verdecken und so die Illusion erzeugen, dass sie sich nicht aus eigenem Antrieb bewegen, sondern wie Marionetten von einer göttlichen Macht geführt werden. Sie sind vollendeter Ausdruck des manipurischen Begriffs für Tanz – *Jagoi* –, der »kreisen«, »drehen« bedeutet. Doch die Meitei gehen weiter in ihrer Vorstellung vom Kreis – alles, nicht nur die Kostüme und die Aufstellung der Tänzerinnen, folgt diesem Prinzip, sondern sogar die zyklische Wiederkehr der Aufführungen und die Musik, zu der diese stattfinden. An diesem Abend habe ich das Gefühl, dass diese perfekte Harmonie in Bewegung auch auf uns übergeht und uns in einen tiefen Zustand von Frieden und Ruhe entführt – wenigstens für kurze Zeit.

Die Straße nach Mao

Die Meitei-Kultur ist nur ein Teil Manipurs. Doch hier leben noch 13 weitere Volksgruppen! Von ihnen allen haben, als wir uns auf unsere Reisen vorbereiteten, die Naga bei uns den tiefsten Eindruck hinterlassen. Sie scheinen anders, wilder, ursprünglicher zu sein als die übrigen Völker in der Gegend. So ist bei unseren Reisen nach Nordostindien der Wunsch, die verschiedenen Naga-Völker kennen zu lernen, stets die größte Motivation gewesen. Doch in unserer Sehnsucht schwingt neben der großen Faszination auch Furcht mit. Denn die Naga sind am längsten ihren kriegerischen Traditionen und Sitten treu geblieben. Die Briten haben sie nie unterjochen können, und in entlegenen Regionen soll, so haben wir gehört, sogar noch die Kopfjagd üblich sein. Um welche Gegenden es sich genau handelt, haben wir allerdings nicht in Erfahrung bringen können, und so sehen wir jedem Vorstoß in die Naga-Gebiete mit großer Spannung, aber auch mit einer gewissen Angst entgegen.

Aber nun sind wir schon mal in Manipur, der Heimat vier verschiedener Naga-Gruppen, und so setzen wir alles daran, diese auch zu besuchen. Das scheint aufgrund der angespannten politischen Lage jedoch ein schier unmögliches Unterfangen. Gerade zur Zeit unserer ersten Reise nach Manipur, 1996, haben die Konflikte zwischen dem indischen Militär und der Bevölkerung sowie zwischen Kuki und Naga ihren Höhepunkt erreicht. Alles Schöne, das wir deshalb in Imphal und Umgebung in den letzten Tagen erlebt haben, kann nicht darüber hinwegtäuschen, dass wir uns in einem Land befinden, in dem Bürgerkrieg herrscht. Dies macht uns auch Yambem Laba klar, ein Freund der Familie Thokchom, seines Zeichens Journalist und Mitglied der manipurischen Kommission für Menschenrechte. Ihm gefällt unsere Idee, die Naga zu besuchen, und so begleitet er uns bereitwillig zum Büro von Mr. Shyam, dem *Chief Secretary* der Regierung von

Manipur. Der ist von unserem Vorhaben nicht gerade begeistert. Die Naga seien aufständisch und sorgten für viel Ärger. Es sei gefährlich, dorthin zu gehen. Für Ausländer erst recht.

Ich beschwichtige ihn: »Wir wollen doch nur nach Ukhrul, Maram und Mao.« Da schlägt er die Hände über dem Kopf zusammen und ruft: »Ukhrul?! Um Gottes willen! Auf gar keinen Fall können Sie zu den Tangkhul nach Ukhrul reisen. Das Gebiet ist von Untergrundgruppen regelrecht verseucht! Außerdem steht der Monsun bevor, und Ukhrul ist dann von der Außenwelt abgeschnitten.«

»Aber wir haben Genehmigungen für Kohima in Nagaland«, erwidere ich.

»Das ist Nagaland. Wir sind hier in Manipur«, lautet die Antwort.

»Wie sollen wir aber nach Kohima kommen, wenn nicht über die Naga-Gebiete?«, werfe ich in die Diskussion, innerlich hoffend, dass er mit der geografischen Lage von Ukhrul, das in Wirklichkeit weit abseits der Route nach Kohima liegt, nicht vertraut ist. Fehlanzeige!

»Von Ukhrul kommen Sie höchstens nach Burma, aber nicht nach Kohima!«, lacht er.

»Und was ist mit Maram?« Ich lasse nicht locker, obwohl ich weiß, dass das Projekt Ukhrul gestorben ist.

»Das ist auch Sperrgebiet. Eigentlich müssen Sie von Imphal zurück nach Gauhati, von dort nach Dimapur fliegen und mit dem Auto nach Kohima fahren.«

Er lächelt bei diesen Worten, denn ihm ist klar, dass er uns einen solchen Umweg in Anwesenheit von Yambem Laba nicht ernsthaft vorschlagen kann. Und richtig, nach dem obligatorischen Milchtee marschieren wir mit einem Teilerfolg in Form einer Sondergenehmigung für Maram und Mao in den Händen aus seinem Büro.

Von Mutua Bahadur und Hadbam Sukumar, die beide unserem Freund Pan Nalin bei seinem Film über die Naga assistiert haben, holen wir noch ein paar Tipps ein, welche Dörfer wir am besten ansteuern sollten, dann steigen wir in Ashu Thokchoms Jeep und fahren in seiner Begleitung die knapp 100 Kilometer bis in den Senapati-Distrikt im Norden Manipurs. Häufige Kontrollen, streng und genau, sowie ein ausgerechnet an diesem Tag angesetzter Streik mit zahlreichen Demonstrationszügen machen das Fortkommen nicht gerade leicht, doch schließlich haben wir das lang gestreckte Imphal-Tal mit seinen Flüssen und landwirtschaftlich genutzten Ebenen hinter uns gebracht, und das Reich der Naga beginnt! Steil ragen Felsen links und rechts der Straße empor, die Berge sind von dunklen Wäldern bedeckt. Bäche, die im Monsun wohl zu reißenden Flüssen werden, rauschen zu Tal. Wir malen uns aus, mit welchen Gefühlen die Briten zum ersten Mal in diese Bergwelt vorgestoßen sein mögen: Hinter jeder Kurve, hinter jedem Felsvorsprung konnte sich ein »Wilder« verbergen, der sich vielleicht auf sie stürzen und ihnen den Kopf abhacken würde ... Doch war dies damals eher unwahrscheinlich. Denn zur damaligen Zeit wagten sich die Naga nur selten in die Ebene vor. Sie hatten viel zu viel Angst, selbst ihren Kopf zu verlieren.

Hier in den Bergen leben die Maram und Mao. Sie zählen zu den südlichen Naga und sind mit den jenseits der Grenze nach Nagaland lebenden Angami und Chakhesang brüderlich verbunden. Die vier Gruppen führen ihre mythologische Abstammung auf zwei Steine zurück, den von Makhel in Manipur und den von Khezakenoma, einem kleinen Ort an der Grenze. Wie die Mizo glauben auch die südlichen Naga, unter bestimmten Steinen aus dem »Darm der Erde« gekommen zu sein.

Vom *Township* Maram, einer neu gegründeten Siedlung in Straßennähe, holpern wir über einen Dschungelpfad, der weiter hinauf in die Berge führt. Dichter, dunkelgrüner Dschungel umgibt uns, und unwillkürlich denken wir daran, wie die Naga sich ihrer Feinde erwehrt haben. Wir sind uns unsicher, ob nicht irgendwo im Boden *Panjies*, angespitzte, im Feuer gehärtete und mitunter mit Gift versehene Bambuspfähle, stecken oder wir nicht in eine ausgehobene, von Blattwerk verdeckte Grube fallen werden. Bald ist der Pfad nur noch ein Fußweg, und wir lassen den Jeep zurück. Mit unserer Ausrüstung bepackt, steigen wir mit Ashu den aufgeweichten Weg bergan. Huscht da nicht jemand zwischen den Bäumen her? Ich meine, ein weißes Tuch gesehen zu haben, und erzähle Aglaja und Ashu von den alten Berichten, die den Naga die Fähigkeit bescheinigen, wie aus dem Nichts aufzutauchen und genauso leise und unmerklich wieder zu verschwinden. Sie sind Meister der Dschungeltaktik – etwas, was ihnen bis heute einen entscheidenden Vorteil gegenüber ihren Widersachern eingebracht hat.

Der Pfad weitet sich zu einer Lichtung. Drei geduckte Häuser blicken in unsere Richtung, halbrund, die Dachfronten mit schwarzweißen Dreiecken bemalt. Sofort fällt uns das außergewöhnlich reiche Schnitzwerk ins Auge, das die Hausfronten ziert. Niemand ist zu sehen, und so wagen wir uns näher. Die Häuser überbieten sich förmlich in ihrer Kunst. Auf Paneelen sind stilisierte menschliche Figuren mit langen Nasen dargestellt, mit Augen aus grünen und blauen Glasperlen und stark hervorgehobenen Geschlechtsteilen. Hier und da sind noch Reste weißer und roter Farbe zu sehen. Doch nicht nur menschliche Figuren gibt es zu bewundern, auch Menschenköpfe, Büffelköpfe, Vogelschnäbel, Hörner, würfelförmige und fontänengleiche Formen schmücken die Gebäude.

Da öffnet sich knarrend die Tür des am reichsten verzierten Hauses, und eine alte Frau tritt in gebückter Haltung heraus. Sie stützt sich auf einen breiten Stab, in der anderen Hand trägt sie einen kleinen Bambuskorb mit Reis. Die Frau wirkt ärmlich und ein wenig verwahrlost. Sie blickt uns erstaunt an, sagt etwas in ihrer Sprache, das wir als Gruß interpretieren und mit einem freundlichen »*Hello*!« erwidern. Dann macht sich die Alte, während sie sich mit Ashu auf Manipuri unterhält, daran, den Reis in die Löcher des großen, tischförmigen Mörsers zu füllen. Mit 87 Jahren sei sie die älteste Frau von Maram, erzählt sie. Ihr Mann, der ehemalige Chief, arbeite noch auf den Feldern. Wie alt der denn sei, erkundigt sich Aglaja. »Zweiundneunzig«, antwortet die Alte.

Was nun geschieht, versetzt uns noch mehr in Erstaunen als die Altersangaben. Bevor sie den Reis stampft, um ihn aus seinen

Hülsen zu lösen, legt sie einen hölzernen Kopf an den Rand des Stampfgefäßes. Als sie mit ihrer Arbeit fertig ist, fragen wir sie, was es damit für eine Bewandtnis hat. Ashu übersetzt.

»Das ist ein alter Brauch«, sagt sie, »eine Art Gebet. Wir beten, dass die Fruchtbarkeit, die sich in dem Kopf befindet, auf den Reis übergeht. Wir essen den Reis, und damit werden auch wir fruchtbar.«

»Aber der Kopf ist aus Holz«, sagen Aglaja und ich einstimmig.

»Er ist schon ziemlich alt«, lächelt die Alte. »Er ist hier geschnitzt worden, als die Krieger unseres Klans von einer erfolgreichen Kopfjagd heimgekehrt sind. Jetzt dürfen wir keine Köpfe mehr nehmen. Da muss man sich zu helfen wissen.«

Wir sind verblüfft. Sollte schon bei der ersten Begegnung mit den Naga ein Kernstück ihrer Kultur offen vor uns liegen? Wie selbstverständlich die alte Frau über den Zusammenhang von Kopfjagd und Fruchtbarkeit spricht, wie gegenwärtig ihr dies ist! Von unseren bisherigen Erfahrungen in Nordostindien geprägt, frage ich: »Sind Sie Christin?«

»Nein«, antwortet die Frau, und ihr Gesichtsausdruck, eine Mischung aus Stolz und Wehmut, verrät, welch große Schwierigkeiten die Entscheidung, ihrem alten Glauben treu zu bleiben, wohl mit sich gebracht hat.

»Wie viele Menschen in Maram glauben noch an die alten Götter?«, fragt Aglaja. Nur schwer kann sie ihren Blick vom Holzkopf lösen.

»Nicht mehr viele, vielleicht noch drei, vier Familien.«

»Leben die alle in so wunderschönen Häusern wie dem Ihren?«, frage ich. Alle drei bestaunen wir die überquellende Pracht der Fassade.

»Ja, eigentlich schon«, antwortet sie und kann den Anflug eines gewissen, ihr merklich wohltuenden Stolzes nicht verbergen. »Die eine oder andere Familie hat aber Metalldächer. Es ist niemand mehr da, der beim Dachdecken helfen könnte.«

Überall in Maram stehen und liegen schwere Steinblöcke. Sie künden von Bräuchen, welche die alte Frau gerade beschrieben hat und die während ihrer Jugendjahre noch überall gepflegt wurden. Die Maram – und auch andere Naga-Gruppen – haben Megalithen errichtet, um der Ahnen und der Verdienste ihrer Krieger zu gedenken. Letztere wurden aber nicht, wie man vielleicht meinen könnte, aufgestellt, wenn die Krieger von einem erfolgreichen Raubzug zurückkehrten, sondern erst dann, wenn das, was mit dem Raubzug erwirkt werden sollte, nämlich reiche Ernten, in Erfüllung ging. Dann veranstalteten die Anführer große »Verdienstfeste«, bei denen riesige Mengen Nahrung an alle Klanmitglieder und ihre Verbündeten ausgeteilt wurden. Der Geber des Festes hatte das Recht, sich als Andenken an diesen Tag einen Stein errichten zu lassen. Anscheinend war Maram sehr fruchtbar gewesen, denn es ist mit derartigen Steinen nur so gespickt.

Ähnlich reich verzierte Häuser wie am Ortseingang von Maram finden wir im gesamten Dorf nicht mehr. Als wir von unserem Rundgang zurückkehren, fragen wir die alte Frau, warum das so ist.

»Ja, wir sind die letzten nicht christlichen Familien, und wir leben hier am Ortsrand – ein bisschen wie Ausgestoßene«, sagt sie, Wehmut in der Stimme. »Mein Mann war der Chief unseres Dorfes. Unser Sohn hat sich von uns abgewandt, nachdem mein Mann ihm das Amt des Chiefs übertragen hat. Die Leute behandeln uns mit Respekt, aber unsere Zeit ist vorbei.«

»Warum sind Sie nicht wie die anderen zum Christentum übergetreten?«, möchte Aglaja wissen. Die alte Frau antwortet nicht. Sie zeigt auf eine Schnitzerei an ihrem Haus, unter der ein roter Aufkleber prangt. Darauf steht geschrieben:

Verlust von Religion ist Verlust von Kultur,
Verlust von Kultur ist Verlust von Identität.

Nagaland

Kohima im Krieg

Von Maram ist es nicht weit zur Ortschaft Mao, die die manipurische Grenze nach Nagaland markiert. Aglaja und ich können es kaum erwarten: Endlich ist es so weit! In Kürze werden wir das Kernland der Kopfjäger betreten. Aufgeregt, aber auch mit ein wenig Angst im Bauch nähern wir uns dem Grenzposten. Der Verschlag ist notdürftig aus Holzbrettern zusammengezimmert. Routiniert greift Aglaja zu unseren Pässen und geht mit Ashu hinein. Der Naga-Grenzbeamte fährt erschrocken hoch, als er die Fremden gewahrt. Mit weit aufgerissenen Augen nimmt er die weinroten Dokumente entgegen, wobei er verunsichert den Kopf schüttelt. Vorsichtig betrachtet er sie von vorne und hinten und streicht sanft mit dem Zeigefinger über ihre abgeschabten Kanten, gerade so, als habe man ihm etwas sehr Wertvolles anvertraut. Da er überhaupt nicht zu wissen scheint, was er mit den Pässen anfangen soll, macht Aglaja ihm in Zeichensprache verständlich, sie doch aufzuschlagen, und zeigt dann auf das Registerbuch, das am Ende des Tresens liegt. Lächelnd nimmt der Grenzbeamte einen Kugelschreiber und beginnt zögerlich, einige Daten in das dicke Amtsbuch zu übertragen. Nach einer Weile tippt er Aglaja, die sich unterdessen mit Ashu unterhält, hilfesuchend an. Ein Blick auf die Seite des Registers verrät, womit der Beamte die letzten fünf Minuten zugebracht hat. Gewissenhaft hat er Folgendes notiert:

»Name: *Europäische Gemeinschaft*; Vorname: *Det Europæiske Fælleskab*; geboren am: *Comunidad Europea*; In: *Commnaute Europeenne*; Datum der Einreise: ...«

Hier hat er abgesetzt, denn nun wäre an dieser Stelle der ersten Seite des Passes »Europäische Gemeinschaft« in griechischer Schrift gekommen! Aber die kyrillischen Schriftzeichen abzuzeichnen, ist dem armen Mann dann doch suspekt. Nur mit Mühe kann sich Aglaja das Lachen verkneifen, setzt stattdessen ein ernstes Gesicht auf und schlägt die richtige Seite im Pass auf. Der Grenzer lächelt peinlich berührt, sagt nur: »O.k., o.k.!« und bittet sie, das Register selbst auszufüllen. Als Aglaja jedoch seine Eintragungen durchstreichen will, gibt er ihr entsetzt zu verstehen, dass diese unbedingt stehen bleiben müssen. Aglaja fügt sich und trägt ihre Daten in die darunter liegende Zeile ein. In dem Moment, in dem sie beginnen will, auch mich ordnungsgemäß behördlich zu erfassen, winkt der Beamte kurzerhand ab. »O.k., o.k.!« nickt er und schließt das Buch, schließlich bin ich ja bereits registriert. Und so betreten die »Europäische Gemeinschaft« und Frau Dr. Aglaja Stirn das Land der Kopfjäger.

Mao liegt auf einem kalten, windumtosten Pass. Strategisch gesehen, ist die Lage des Grenzortes gut gewählt, denn von hier aus eröffnet sich ein grandioser Blick auf die Ebene von Kohima, der Hauptstadt von Nagaland. Links der Strecke erhebt sich das prächtige Massiv des Japfu, der mit 3048 Meter Höhe als der höchste Berg der Region und zweithöchste von ganz Nagaland gilt. Zusammen mit seinem vorgelagterten Tal, dem Dzouku-Tal, hat man den Japfu zum Naturschutzgebiet erklärt, das von den Angami, der Hauptbevölkerungsgruppe des südlichen Nagalandes, selbst verwaltet wird. Hier herrscht striktes Jagdverbot, um ein Aussterben der Nashornvögel, Mithun-Rinder und Großkatzen zu verhindern.

Der Anblick dieser reizvollen Landschaft weckt eine tiefe Sehnsucht in mir. Am liebsten würde ich aussteigen und dieses Tal durchwandern, um zu den geheimnisvollen, entlegeneren Dörfern weiter im Norden zu gelangen. Doch daran ist nicht zu denken, zumindest nicht im Jahre 1996. Unsere Genehmigung gilt nur für Kohima und Dimapur, den nördlichen Grenzort in der Ebene. So halten wir uns – die Erinnerungen an die Straßenkontrolle in Manipur sind noch zu frisch – vorschriftsmäßig auf der Hauptstraße. In der Ferne zeichnen sich auf sanften Bergrücken die Dörfer der Angami ab, und ich glaube, zwischen wellblechgedeckten Häusern einige Dächer auszumachen, die noch die traditionellen Haushörner zieren. Unerreichbar weit weg erscheinen sie mir.

Bald kündigt ein Lastwagenstau an, dass wir uns der Hauptstadt nähern. Jedes einzelne Fahrzeug, das die Stadtgrenze von Kohima passiert, wird hier vom indischen Militär und danach noch einmal von der Landespolizei kontrolliert. Landesregierung und indische Vertretungen versuchen offensichtlich, so gut es geht, zusammenzuarbeiten, um den gewalttätigen Ausschreitungen im Lande ein Ende zu bereiten. Mit den Kontrollen des indischen Militärs haben wir bereits unsere Erfahrungen gemacht, die sind wir mittlerweile gewöhnt. Aber was die Naga aus ihrer Aufgabe der Grenzsicherung machen, überrascht auch uns. Der Polizist, der die Kontrollen durchführt, ist betrunken. Er schreit und gestikuliert mit seinem Schlagstock wild umher, womit er den Fahrzeugen bedeutet weiterzufahren. Jedes passierende Auto bekommt mit seinem Stock einen kräftigen Hieb verpasst, der sich als Beule im Blech verewigt. »Wahrscheinlich eine Naga-Art von Einreisestempel«, kommentiere ich den Schlag, den auch Ashus Jeep einstecken muss.

Doch leider ist dies nur ein Vorgeschmack auf die aggressive Stimmung von Hass und Ohnmacht, die über Kohima liegt. Unzählige betrunkene Männer poltern durch das elende Stadtbild mit seinen unfertigen Betonruinen, seinen verdreckten Ladenzeilen und seinen im Matsch aufgeweichten Straßen. Zu allem Unglück fängt es auch noch an zu regnen, sodass wir unseren Jeep ohne Umwege zum *Japfu Ashok*, dem einzigen Hotel vor Ort, steuern. Von Ruhe und Entspannung kann auch hier keine Rede sein. Ein halbes Dutzend Männer aus den paramilitärischen Naga-Korps bewacht die Zufahrt mit schweren Waffen. Sandsäcke sind zu einem Wall gestapelt worden, und ein Schlagbaum versperrt den Weg. Erst nach einigem Zögern lässt man uns passieren, wir stellen den Wagen vor dem Hotel ab und laden unser Gepäck in die Eingangshalle aus. Ein Blick auf die abbröckelnden Säulen offenbart eine grausige Tatsache: Sie sind zerschossen! Anscheinend ist dieser Ort vor nicht allzu langer Zeit Schauplatz einer blutigen Auseinandersetzung gewesen. Misstrauisch beginnen Aglaja, Ashu und ich uns genauer umzusehen. Als wir im Speisesaal Platz nehmen, entdecken wir sie auch hier: Die Wände, die vom Eingangsbereich einsehbar sind, sie sind ebenfalls alle voller Einschusslöcher!

»*A little unrest*«, versucht der Kellner zu beschwichtigen und verzieht sich schnell wieder in die Küche, nachdem er uns eine Spargelcremesuppe aus der Tüte serviert hat. Unbehagen macht sich unter uns breit. Wenn sich bei den Naga »kleine Aufregungen« so darstellen, was bedeuten dann erst ernsthafte Auseinandersetzungen? Wir bitten Ashu, sich unter dem Hotelpersonal ein wenig umzuhören, aber er kann nichts in Erfahrung bringen, keiner gibt ihm Auskunft. Erst Monate später sollten wir erfahren, was hier nur eine Woche vor unserer Ankunft vorgefallen war: Es hatte landesweite Aufstände gegen korrupte Anführer gewisser Untergrundgruppen gegeben, die von der Bevölkerung mehr finanzielle Unterstützung für ihren bewaffneten Widerstand verlangt hatten, als diese geben konnte oder wollte. Die Spannungen eskalierten, Autos und Häuser waren in Brand gesetzt und einige der Untergrundleute öffentlich aufgehängt worden. Gleichzeitig entzündeten sich uralte ethnische Konflikte zwischen einzelnen Naga-Gruppen und auch gegenüber anderen Bevölkerungsteilen. Im Nu war ganz Nagaland ein einziger brodelnder Aufstand, der sich natürlich auch gegen das als Besatzer empfundene indische Militär richtete.

Trotz der Verschwiegenheit der Einheimischen wird uns schnell klar, dass wir mitten in einem Bürgerkriegsszenario gelandet sind. Diese vage Vermutung wird noch am selben Abend zur Gewissheit. Gegen 21 Uhr klopft es an unsere Zimmertür. Im Rahmen steht ein gedrungener Geheimdienstbeamter, der uns unmissverständlich klar macht, dass wir höchst unwillkommene Gäste sind: »Sie müssen das Land morgen sofort verlassen. Hier herrscht überall Ausgangssperre, und alle Ausfallstraßen sind strengstens bewacht. Sie haben keine Chance, sich frei zu bewegen.«

Dieses Mal kämpfen wir nicht. Die Lage ist zu gefährlich, die Aggression überall spürbar. Gleich am nächsten Morgen beschlie-

Weitflächige Reisfelder in den Ebenen Tripuras

Meesha Myrtong und die Kinder auf dem Fest für die jüngste Tochter

Die Vorsitzenden der männlichen Emanzipationsbewegung in Shillong (2.v.re.: Pilgrim Lakiang)

Felsbildnis von Unakoti

Eine Garo-Ahnenfigur (*Kima*)

Khasi-Megalithengräber bei Nartiang (Foto: G. Gessinger)

Molsum-Mädchen mit dem Abbild der Waldgöttin Sengra

Die Mogh-Tänzer von Rupaichari, im Vordergrund Moghlis bezaubernde Tochter

Das Initiationsritual der Garo von Chidaogre

Der *Cheraw*-Bambustanz

Dichter Nebel auf dem morgendlichen Weg nach Ostmizoram

»On the (bad) road to Mandalay« – Abenteuerliche Pisten im Osten Mizorams

Die Kabui-Berge in Manipur

Am Grenzfluss nach Myanmar

Eine stolze Meitei-*Ima* in Imphal

Tanzrituale der Meitei von Manipur: (1) Eine *Maibi*-Priesterin tritt auf

(2) Kinder spielen die Geschichte des kleinen Krishna (Foto: P. Shah)

(3) Der *Lai Haroba*-Tanz

Chang-Männer beim Kriegstanz in Tuensang

Chakhesang-Männer am *Morung* von Cheteba

Verdienstfestveranstalter der Chakhesang in ihren »Schmetterlingstüchern«, Pfutsero

Festlich gekleideter Ao in Ungma

Das Initiationsritual von Khonoma

Jugendliche Angami in Festtracht

Der *Ang* von Mon in seiner Residenz mit zwei seiner Frauen

Die erste Konyak-Begegnung
in Mon

Das Kopfjagdritual der Phom von Yongnyah: (1) Die menschliche Figur aus Bast zeigt an, dass die »Kopfjagdsaison« begonnen hat

(2) Krieger des Phamjong-Klans verteidigen sich

(3) Die Chingong-Männer greifen an

(4) Die Sieger aus dem Chingong-Klan spielen den Siegesrhythmus auf der Baumstammtrommel

(5) Chingong-Krieger auf ihrem Rückweg zum eigenen *Morung*

(6) Chingong-Krieger vor den Trophäen vergangener Tage

(7) Schamane und Klanälteste beschwören die Fruchtbarkeitskraft der Schädel, um sie auf die umliegenden Felder zu dirigieren

Das Kopfjagdritual der Yimchunger-Ältesten von Sangpurre

Die Krieger von Salumi vor dem für Sophus Hochzeit erbeuteten »Kopf«

Das riesenhafte Häuptlingshaus von Nginu

Figur für eine Verstorbene in Pongchau

Panwang Raja (re.) und der Dorfschamane vor den Schädeltrophäen am Häuptlingshaus von Kheti

Abenteuerliche Brückenkonstruktion der Tagin über den Subansiri bei Sippi (Foto: C. Neuenhofer)

Unberührter Regenwald am Dihang-Dibang-Biosphärenreservat

Ein Idu-Mishmi-Schamane mit seinen Gehilfen beim Tanzritual in Roing

Adi Minyong von Yeksi beim *Taapu*-Kriegstanz

Eine Apa-Tani-Frau mit großen Nasenscheiben und Gesichtstattoos

Ein stolzer Nyishi mit dem charakteristischen *Podum*-Kopfputz (Foto: C. Neuenhofer)

Lohang Hoto, der »halb nackte« Kopfjäger von Kheti im Teddy-T-Shirt

Ein Mönpa-Mann mit Kappe aus Yakfilz

Mönpa-Masken in Tawang

Die Klosterstadt von Tawang

ßen wir, das Land via Dimapur zu verlassen. Schließlich sind wir nicht hierher gekommen, um einem Krieg beizuwohnen. Das Land hat offensichtlich mit ganz anderen Dingen zu kämpfen, als dass es sich mit Fragen zu seiner Kultur und Tradition beschäftigen könnte.

Damit ist das Kapitel Nagaland für uns abgeschlossen. Bis ...

Staatsgäste einmal anders

»Nagaland bittet um Rückruf.« Das ist die Nachricht, die wir, Jahre nach unserem ersten Besuch von Kohima, im Herbst 2001 von unserem Verlag, bei dem unser erstes Buch über die Staaten von Nordostindien erschien, erhalten haben. Ich bin wie elektrisiert. Was ist passiert? Eine Dame von der Regierung von Nagaland hat sich im Verlag gemeldet, dass sie nach der Lektüre unseres Buches mit uns sprechen wolle. Mir schwant nichts Gutes, denn kürzlich hat sich ein Mann aus dem Volk der Angami per E-Mail bei uns beschwert, dass wir seinen Vater auf einem Foto in unserem Buch gezeigt und ihn fälschlicherweise als Sema-Naga bezeichnet hätten. Dieser »unglaubliche Fehler«, so empörte sich der erboste Schreiber, dürfe nicht stehen bleiben, das Buch müsse sofort eingestampft werden – vorher könne es keinen Frieden geben! Auch wenn die Drohungen Tausende von Kilometer entfernt ausgesprochen wurden, haben sie doch Eindruck auf mich gemacht.

Mit ungutem Gefühl greife ich daher zum Hörer und rufe die ominöse Dame in ihrem Büro in Kohima zurück. Was ich zu hören bekomme, eröffnet eine völlig neue Welt. Die Dame am anderen Ende der Leitung heißt Thangi Mannen, eine Frau aus Mizoram, die einen Ao-Naga geheiratet hat und nun das Amt der *Secretary Tourism* in der Regierung bekleidet. Auch sie beschwert sich über unser Buch – aber nicht über den Inhalt, sondern darüber, dass wir den Menschen Nagalands mit all ihren vielfältigen Traditionen nur so wenig Platz darin eingeräumt hätten. Ich berichte ihr von unserer gescheiterten Forschungsreise und dem bedrückenden Aufenthalt in Kohima 1996, worauf sie lachend entgegnet: »Kohima ist nicht Nagaland!« Dann beginnt sie anzupreisen, wo überall in den Bergen die Naga ein Leben wie vor Jahrhunderten führen und wie fantastisch ihr Kulturerbe doch sei. Ihre verheißungsvollen Worte lassen vor meinem inneren Auge die Welt wieder auferstehen, die ich in den alten Büchern so lieben gelernt habe und die ich 1996 fast schon begraben hatte. Das ist mein Nagaland! Doch ich halte meine Begeisterung zurück und meine nur ein wenig lakonisch: »Tja, dann müssen Sie eben eine Möglichkeit schaffen, dass man all dies auch erleben kann ...«

»Deswegen habe ich mich gemeldet«, antwortet Thangi. »Möchten Sie zu uns kommen und uns helfen, diese Traditionen zu dokumentieren? Wir glauben, dass es an der Zeit ist, eine derartige Arbeit zu leisten. Wir müssen einen Weg finden, unser reiches Kulturerbe für die Nachwelt zu erhalten – auch für die kommenden Generationen der Naga selbst.«

Ich traue meinen Ohren nicht. Da spricht jemand in 8000 Kilometer Entfernung aus meinem Traumland zu mir, der Aglaja und mich – auf Staatskosten! – zu dem einlädt, was wir seit gut zehn Jahren mehr oder weniger erfolgreich zu tun versuchen.

»Was schlagen Sie vor?«, frage ich.

»Bereisen Sie unser Land, wenn der Frühling kommt«, antwortet Thangi. »Dann feiern die Menschen ihre uralten Frühlingsfeste, um die Erde fruchtbar zu machen. Sie müssen wissen, in Nagaland findet derzeit eine kulturelle Revitalisierung statt, wie wir sie seit den 1960er-Jahren nicht erlebt haben. Es ist eine Art Emanzipation gegenüber all dem, dessen sich die Naga seit der indischen Unabhängigkeit ausgesetzt fühlen und das nicht Teil ihrer Kultur ist.«

Was soll ich dazu sagen. Natürlich sind wir bereit, das zu dokumentieren, wovon Thangi spricht – nur allzu gerne! Und schnell sind wir uns über die Konditionen einig.

Am 28. März 2002 landen wir nach 22-stündiger Flugreise über Delhi und Kalkutta auf dem kleinen Flughafen von Dibrugarh im nördlichen Assam. In Händen halten wir glücklich eine Genehmigung für das gesamte Nagaland. Alle 14 Naga-Gruppen des

Staates dürfen wir anlässlich ihrer Frühlingsfeste besuchen. Und dies in Orten, von denen ich bis dahin kaum etwas gehört habe. Schon der Gedanke daran lässt mich jedes Mal neu in Verzückung geraten.

Am Flughafen stehen für uns drei Jeeps bereit. Einen stellt Ashish Phookan, der Inhaber des Reiseunternehmens »Jungle Travels India«, zur Verfügung. Er ist der Sohn eines ehemaligen Tourismusministers von Assam und ein guter Freund von Thangi Mannen. Ashish kümmert sich um unseren Transport und lässt es sich nicht nehmen, neben dem Fahrer noch zwei seiner Angestellten, Sanjay und Bona, abzustellen, die uns bei der Arbeit helfen sollen. Die zwei anderen Fahrzeuge kommen von der Regierung Nagalands und sind als Begleiteskorte zu unserem Schutz gedacht.

Nach einer kurzen, aber herzlichen Begrüßung beladen wir die Autos und starten in ein lang ersehntes Abenteuer. Schnell haben wir bei Amguri die Grenze nach Nagaland erreicht, und bald beginnen, wie immer hinter den Staatsgrenzen Assams, die Berge in die Höhe zu wachsen. Unser erstes Ziel soll Mopungchukit sein, ein, wie Thangi meinte, traditionsreicher Ort der Ao-Naga. Die Ao bilden zusammen mit den Angami die fortschrittlichste Bevölkerungsgruppe von Nagaland und sind in den Regierungskreisen bestens vertreten. Auch Thangis Mann, T.N. Mannen, hat hier einen sehr hohen Posten inne. Er ist *Commissioner*, d.h., ihm ist die gesamte Regionalverwaltung des Landes wie auch die Polizei unterstellt – eine Position, von der auch wir profitieren. Dank der Sondergenehmigungen, die Mannen ohne größere Umstände bekommen kann, haben wir kaum Probleme bei den behördlichen Kontrollen. Selbst die entlegensten Winkel Nagalands stehen nun für uns offen.

Als wir Mopungchukit erreichen, ist das Dorf bereits in tiefem Schlaf versunken. Dichter Nebel ist inzwischen aufgezogen, sodass man kaum die Hand vor Augen erkennen kann. Dennoch spüren wir diese ganz besondere Atmosphäre, die die Bergdörfer der Naga in der Dunkelheit umgibt – die Ruhe, die nur von wenigen Geräuschen unterbrochen wird, wie dem Gackern eines Huhnes, dem Bellen eines Hundes oder dem gedämpften Gemurmel, das aus einem mit Holzplanken verkleideten Schlafzimmer tönt. Sanfte Duftschwaden von offenen Holzfeuern ziehen durch die Nacht, und die letzten einsamen Gestalten hasten, tief in Decken gehüllt, über den Dorfplatz zu ihren Häusern. Wir sind im Haus des Pastors untergebracht. Zufrieden strecken wir uns auf unseren Feldbetten aus, ziehen die Reißverschlüsse unserer Schlafsäcke hoch und fallen nach 28 Stunden in der Luft, in feucht-heißen Wartehallen und auf staubigen Pisten bald in einen erschöpften, traumlosen Schlaf.

Trommeln von jenseits der Berge

Am nächsten Morgen werde ich von einem markerschütternden Schrei aus dem Schlaf gerissen – »*Aaaaaaaauuuiiiiiihhh – Hui*!« Ihm folgt ein tiefes, durch und durch gehendes Donnergrollen. Es dauert eine Weile, bis mir klar wird, wo ich mich befinde. Schlaftrunken springe ich aus dem Schlafsack, als die Schreie wieder einsetzen und der Donner einen Rhythmus annimmt. Sind dies etwa *Logdrums*? Die riesigen Baumstammtrommeln, von denen ich schon so viel gelesen habe? Ich schnappe mir eine Kamera und will gerade in Unterhosen und T-Shirt auf die Straße rennen, als mich der Pastor lachend zurückhält. »*Don't worry, Sir!*«, ruft er, »das werden Sie heute noch den ganzen Tag erleben. Bitte nehmen Sie erst einmal Ihren Tee.« Nur widerwillig lasse ich mich aufhalten, doch als ich merke, dass mein Gastgeber Recht hat – der Donner ist mittlerweile zur fortlaufenden Geräuschkulisse geworden –, kümmere ich mich erst einmal um meine Morgentoilette und genieße ein paar Schlucke heißen Milchtee. Während Aglaja frühstückt, bereite ich unser Equipment vor: sechs verschiedene Kameras, Stative, Tonaufnahmegeräte mit Mikrofonen, etc. Ich kann es kaum erwarten, bis wir losziehen, die Straße hinab in Richtung Dorfplatz, begleitet von Sanjay und Bona, die uns helfen, die ganze Ausrüstung zu tragen.

Hier bietet sich uns ein Anblick, die ich nicht erwartet hätte. Vor uns steht ein gedrungenes, aber dennoch stattliches Rundhaus, das mich unvermittelt an ein Indianertipi aus Stroh erinnert. Ein langer Pfeiler ragt weit über das Dach hinaus, und zahlreiche, nacheinander an Schnüren aufgefädelte Bälle aus Rotang baumeln von ihm herab. Links von dem Haus befindet sich ein Verschlag, in dem etwas aufbewahrt wird, was sich auf den ersten Blick wie ein riesiges, braunes Krokodil oder eine Schlange ausnimmt. Um dieses eigenartige Objekt herum drängen sich ungefähr 30 ältere Männer in rot-schwarz gestreiften Tüchern und schlagen mit dicken Holzschlegeln wie von Sinnen darauf ein. Zwischenzeitlich setzen sie ab, um mit tiefen, sonoren Stimmen so lange mehrstimmige, eigentümlich offene Harmonien zu singen, bis jemand einen Schrei loslässt, wie er mich heute morgen bereits in die Höhe hat fahren lassen, gefolgt von einem energischen »*Hui!*« aus dem Munde der Versammelten. Dann beginnt das gnadenlose Getrommel von vorne! Ja, dies ist tatsächlich eine der vielgerühmten Ao-Baumstammtrommeln, die für die Naga lebendige Wesen darstellen und alle einen Namen tragen. Unsere ist zehn Meter lang und in drei Teile gegliedert. Das Kopfteil gleicht einem stilisierten Büffelschädel mit halbrunden, in das Rumpfteil geschnitzten Hörnern. Aus dem Maul des Tieres ist ein menschliches Gesicht herausgearbeitet. Der Rumpf selbst ist glatt und ausgehöhlt. In diesem Bereich hängen neben der Trommel vier große Balken von der Decke des Verschlages, die zwei Männern dazu dienen, mit enormer Wucht gegen den Resonanzkörper zu schlagen und so den Grundrhythmus festzusetzen – eine augenscheinlich anstrengende Tätigkeit, denn die beiden sind bereits schweißgebadet. Je zwölf Männer gruppieren sich auf jeder Seite des Instruments und ergänzen mit unterschiedlich dicken Knüppeln den beschwörenden Grundschlag im Rumpfteil. Schließlich gibt es noch ein abgeteiltes Schwanzteil, auf dem vier Trommler mit Stöcken oder Steinen tiefe Resonanzen erzeugen. Gemeinsam bilden die 30 Männer ein grandioses Trommelorchester, deren Klänge man bestimmt kilometerweit hört. Da jeder Klan und jedes Ritual seine eigenen Rhythmen hat, können Angehörige und Freunde des Dorfes die Botschaften, die mit den Rhythmen transportiert werden, auch in der Ferne entschlüsseln. Ich blicke mich um und nehme erstmals die Architektur und die Lage Mopungchukits wahr. Die langgestreckten Häuser des Dorfes sind mehr oder weniger alle nach dem Sonnenaufgang ausgerichtet. Einige zeigen noch die alte Bauart der Ao, nach welcher der Eingangsbereich ebenerdig gebaut ist, während der hintere Teil auf bis zu zehn Meter hohen Stelzen über dem Abgrund schwebt. Mopungchukit selbst erhebt sich über einem weiten Tal und ist links und rechts von dichtem Wald umgeben.

Als die Baumstammtrommler enden, erscheint aus dem Haupthaus eine Prozession von jungen, mit Speeren bewaffneten Männern. Sie sind halbnackt und überbieten sich gegenseitig in der Schönheit ihrer traditionellen Trachten. Bei jedem Schritt wiegen auf ihren Köpfen weiße Nashornvogelfedern mit dem charakteristischen schwarzen Streifen am oberen Ende hin und her, festgesteckt ist der Federschmuck in Reifen aus Bärenfell. Blau-rote Schärpen, an denen Fransen aus rot gefärbtem Ziegenhaar hängen, verdecken ihre Oberkörper, und um ihre Hüften haben die Krieger zu Schürzen erweiterte Lendentücher gebunden, die mit angefeilten Kaurischnecken besetzt sind. Die Rückseite ihrer Körper ziert lediglich eine hölzerne Scheide, in der ein langes Haumesser, der typische *Dao,* steckt. Die Männer tanzen zum langsamen Schlag einer großen Felltrommel, die ein Junge etwas abseits des restlichen Geschehens bearbeitet.

Als der Tanz zu Ende ist, versammeln sich die Männer von der Baumstammtrommel auf dem Platz. An ihren Gewändern sticht vor allem ein weißer Streifen ins Auge, auf dem Tierdarstellungen, Köpfe, Gestirne und anderes gemalt oder gestickt sind. Nur wer bereits mindestens ein Verdienstfest abgehalten, also seinen Klan ein- oder mehrmals ausgiebig bewirtet hat, darf seine Kleidung mit solchen Bildern schmücken. Diese gelten als Zeichen dafür, dass er von seinem Klan als »Träger großer Fruchtbarkeit« angesehen wird. Die 30 Trommler bilden den Ältestenrat von Mopungchukit. Sie begrüßen uns alle herzlich und führen uns in den *Morung*, das Strohtipi am Ende des Platzes.

Neugierig folgen Aglaja und ich der ehrwürdigen Prozession. Durch die niedrige Türöffnung gelangen wir ins Innere ihres Heiligtums, das wesentlich geräumiger ist, als es von außen zunächst den Anschein hatte. Der zentrale Pfosten in der Mitte des Raums ist mit kunstvollen Schnitzereien verziert. Sie zeigen eine Schlange, den Kopf eines Menschen sowie den eines Büffels. Bedächtig umringen die Männer den Pfeiler, und einer von ihnen macht sich daran, ein Feuer zu entzünden. Dafür benutzt er eine seltsame Vorrichtung, die ein junger Mann neben mir als »Feuerstock« bezeichnet. Dieser Stock ist ein Stück weiches Lindenholz, das an seinem vorderen Ende gespalten ist und dessen Öffnung durch einen kleinen Stein auseinander gespreizt wird. Der Mann legt den Stock auf ein wenig Zunder aus Bambusspäne und beginnt, mit einem kleinen Rotangseil daran zu reiben. Es dauert nicht lange und ein Funke springt auf die Späne über. Schnell legt ein Zweiter zunächst kleine, dann größere Holzstücke nach, und im Nu brennt ein kleines Feuer, welches die Umstehenden in ein eindrucksvolles Licht taucht. Diese stimmen einen tiefen, heldenhaften Gesang an, der mich unwillkürlich an die Chöre in Wagner-Opern erinnert.

»Ich bin Temjen«, sagt der junge Mann, der uns den Feuerstock erklart hatte, nach dem Lied zu mir. »Temjen Longkumer aus Changtongnya. Es ist mir eine Ehre, euch durch die Ao-Berge zu begleiten!«

»Wir freuen uns sehr, Temjen!«, antworte ich. »Sag uns bitte, was passiert hier gerade?«

»Ihr seid rechtzeitig zu den Vorbereitungen für *Moatsü Mong*, das Frühlingsfest der Ao, gekommen. Die Aussaat ist getätigt, und nun ist es an der Zeit, die Götter der Fruchtbarkeit um ihren Segen zu bitten. Dieser Segen für die Ernte ist gleichzeitig ein Segen für unsere eigene Fruchtbarkeit – viele Kinder werden den Ao noch geschenkt werden, wenn wir die Rituale auf die richtige Weise durchführen.«

»Was sind das für Rituale?«, möchte Aglaja wissen.

»Nun, wie die Götter der Fruchtbarkeit seid ihr heute von den Gebeten der Männer an der Baumstammtrommel, dem stärksten Symbol der Einheit unseres Klans, geweckt worden. Um sicherzugehen, dass die Götter uns auch hören, haben die Männer ihre

Einladung mit Trommeln unterstützt. Die tanzenden jungen Männer haben dann den Göttern unsere Stärke demonstriert, und nun sind wir im *Arichu*. So heißt bei uns Ao der *Morung*.«

»Was hat es mit dem *Morung* auf sich?«, bitte ich Temjen zu erklären.

»Der *Morung* ist das Zentrum unserer Kultur. Hier werden alle jungen Männer des Klans initiiert. Sie sind dann – mit durchschnittlich zehn Jahren – keine Kinder mehr, sondern werden zu den Erwachsenen gezählt. Bis sie heiraten, schlafen sie in diesem Junggesellenhaus. Sie gehören nicht mehr direkt ihrer Familie, sondern vielmehr ihrem Klan an.«

»Und warum schlafen die Junggesellen im *Morung*? Das muss doch einen tieferen Sinn haben?« Aglaja will den Dingen auf den Grund gehen.

»Der *Morung* hat viele Funktionen. Er ist Wachposten und Waffenkammer. Hier sind alle Männer des Klans beisammen und im Notfall für alles bereit. Ihr habt bestimmt schon einiges zu unserer kriegerischen Vergangenheit gehört – es war notwendig, sich schnell verteidigen zu können.«

»Außerdem diente der *Morung*«, fährt Temjen bereitwillig fort, »als Schule. Hier lernten die Jungen von den älteren Mitbewohnern alles, was sie für das ihr eigenes und das Leben in der Gemeinschaft wissen mussten.«

»Gibt es auch einen *Morung* für Mädchen?«, fragt Aglaja.

»Ja, aber das waren eher geheime, versteckte Orte, die dazu dienten, dass sich die jungen Leute näher kamen. In den Mädchen-*Morung* verbrachten die Liebespaare ihre Nächte zusammen, und es war üblich, dass aus diesen Beziehungen später Ehen hervorgingen. Vor allem, natürlich, wenn das Mädchen schwanger wurde.«

Temjens Offenheit erstaunt mich. »War vorehelicher Sex bei den Naga etwa nicht verboten?«, wundere ich mich.

»Aber nein, im Gegenteil!«, lacht Temjen. »Es war nur so, dass die Ältesten darauf achteten, dass die Gefühle in die ›richtige‹ Richtung gingen.«

»Was ist die richtige Richtung beim Sex?«, frage ich mit leicht doppeldeutigem Unterton in der Stimme und lächle.

Temjen lacht erfrischend auf: »Du bist gut, Peter! Damit meine ich, dass die Ältesten schauten, dass die Paare nicht in irgendeiner Weise miteinander verwandt waren. Ansonsten förderten sie jegliche Art der Liebesbeziehung zwischen den jungen Menschen.«

»Gibt es denn das *Morung*-System heute noch?« Damit stellt Aglaja die entscheidende Frage für den Erhalt der Kulturen. Temjens Züge verfinstern sich sofort: »Die Ao waren die ersten Naga, die mit den Missionaren in Berührung kamen. Von unserer Gesellschaft aus wurde ganz Nagaland missioniert. Was ihr hier seht, ist ein bescheidener Versuch, die Kultur nicht ganz aussterben zu lassen. Nicht mehr. Aber es gibt Naga-Gruppen, in denen funktionieren die *Morung* noch. Ihr werdet sie weiter im Norden kennen lernen.«

Als wir aus dem Haus ins warme Licht des sonnigen Vormittags treten, sehen wir auf dem Dorfplatz eine Gruppe von singenden Frauen, die gemeinsam an der Herstellung von traditionellen Stoffen arbeiten. Da wird Baumwolle gereinigt und entkernt, mit Spindeln Fäden gesponnen, Naturfarbe angerührt, der Webstuhl gespannt und Stoff gewoben. Einige Frauen tragen den typischen Ao-Schmuck, rechteckige Bergkristall-Ohrringe, die durch die stark geweiteten Ohrläppchen geführt werden. Ihre Unterschenkel weisen breite tätowierte Striche auf.

»Führen uns hier die Frauen etwas vor?«, frage ich Temjen.

»Nein, nein«, beeilt er sich, meinen Verdacht zu zerstreuen. »*Moatsü Mong* ist das Fest des Neubeginns. So wie das erste neue Feuer im *Morung* von Hand entzündet werden muss, so muss auch mindestens ein Stoff auf traditionelle Weise hergestellt werden.«

Unter der Führung der Ältesten erkunden wir das Dorf. Naga-Dörfer, erklären sie uns, sind stets eingeteilt in *Khel*, in Klanviertel. Eine Dorfgemeinschaft sei nicht immer eine tatsächliche Gemeinschaft, sondern eher eine Art Interessenverband verschiedener Gruppen des gleichen Stammes gewesen, erklärt man uns. Ein Klan konnte nämlich festere Beziehungen zu einem weit entfernten Dorf unterhalten als zu seinem unmittelbaren Nachbarn.

So gibt es Berichte über verfeindete Nachbarklans aus dem gleichen Dorf, die zwar nicht selbst übereinander herfielen, aber Klanmitgliedern aus einem anderen Dorf Überfälle auf ihre verhassten Nachbarschaft ermöglichten und tatenlos dabei zusahen, wie diese niedergemetzelt wurde.

Auf dem Rundgang machen wir einen Abstecher durch die Wälder von Mopungchukit zu einem kleinen See. Hier im Sungkotenem Park hat der Wunsch der Ao, ihre Kultur wiederzubeleben, Gestalt angenommen. Mehrere *Morung*, die – wie die Feuerstellen verraten – auch tatsächlich benutzt werden, hat man neben einem Halbkreis aus sechs Monolithen errichtet. Diese als männlich und weiblich erachteten Felsen sollen an die *Lung-trek*, die Ursteine von Chungliyimti, erinnern, aus denen die drei Klans der Ao hervorgegangen sind.

»Die Zahl drei hat eine hohe Bedeutung bei den Ao«, erklärt einer der Dorfältesten. »In Chungliyimti lebten drei Generationen lang drei Männer und drei Frauen. Von ihnen stammen die drei großen Klans, die es bei uns Ao gibt, ab. Sie haben uns alles gelehrt, was wir wissen müssen. Und dies hier in der Mitte ist *Mapang Tongshi*, der Zeitpfeiler.« Er deutet auf einen ungefähr 15 Meter hohen »Totempol« in der Mitte des Platzes, der über und über mit Schnitzereien verziert ist. »An ihm lässt sich die gesamte Geschichte der Ao ablesen, ihre Wanderung und kulturelle Entwicklung.« Dies erscheint mir erstaunlich, zumal mein uneingeweihtes Auge nichts anderes als eine unübersehbare Vielzahl an geschnitzten Gesichtern, Figuren, Rädern und Wellen erkennen kann.

Noch wenige Schritte, und wir gelangen an den See. »Vor langer Zeit«, berichtet uns ein anderer Dorfältester, »lebte in diesem See ein Geist namens Sungkotenem. Er war böse und gefährlich und brachte den Menschen Unglück, vor allem schwangeren Frauen.« Aglaja lässt sich auf die Geschichte ein und fragt: »Lebt denn der Geist noch heute in dem See?«

»Oh ja natürlich!«, antwortet unser Führer. »Aber er macht nichts mehr, Jesus hält ihn in Schach!«

Noch am selben Abend machen wir uns auf den Weg nach Ungma. Temjen hat uns einen Empfang von überschwänglicher Herzlichkeit vorhergesagt und dabei nicht übertrieben. Kaum steigen wir aus unserem Auto, stehen die Ältesten des Dorfes schon Spalier. Zwar zähle ich nur sechs Personen, aber ihre geringe Anzahl machen sie unbestritten mit ihrem imposanten Auftritt wett. Eigens für uns haben sie ihre schönsten Gewänder und all ihren alten Schmuck angelegt! Besonders prächtig hat sich der Älteste der Gruppe – ein herzlicher Mann von ungefähr 80 Jahren mit einem verschmitzten, wettergegerbten Gesicht – zurechtgemacht. Abgesehen davon, dass er fast in seiner Tracht zu versinken scheint, ziert seine Kehrseite ein eigentümliches Schmuckstück, das dem Schwanz eines Tieres ähnelt. Von einem etwa 40 Zentimeter langen, feinst geflochtenen Stab aus rot gefärbtem Rotang und gelben Orchideestängeln hängen lange Strähnen roter und schwarzer Haare herab.

»Ziegenhaar?«, frage ich ihn fachkundig interessiert mit Temjens Hilfe.

»Das rote schon«, gibt der Alte zurück.

»Und das schwarze?«

»Menschenhaar«, antwortet er zunächst ein wenig verlegen, dann aber mit vor Stolz geweiteter Brust.

Die Dorfältesten begleiten uns zum Haus von Bendangkokba und Arenla Jamir, der Familie eines Bruders des Ministerpräsidenten von Nagaland. Unsere Gastgeber heißen uns wärmstens willkommen und laden uns zu einem unvergesslichen Abend ein. Auf der Terrasse des modernen Hauses haben die Ältesten inzwischen bei ihren Frauen, die ebenfalls in traditionellen Trachten gekleidet sind, Platz genommen. Einer aus der Gruppe erhebt sich und stellt sich als Pastor von Ungma vor. Er ist äußerst bewandert in den Traditionen der Ao und bietet sich an, die Lieder, die sie uns vortragen wollen, zu übersetzen: »Die meisten der Ao-Geschichten«, erläutert er einführend, »werden gesungen. Die Inhalte werden direkt in traditionelle Liedstrukturen übersetzt, und wer immer etwas zur gesungenen Geschichte beizusteuern hat, kann dies spontan tun. So entstehen oft Improvisationen, die mehrere Stunden dauern und erst enden, wenn jeder der Anwesenden das Gefühl hat, dass alles gesagt worden ist. Alle drei Jahre treffen sich die sechs ältesten Männer und Frauen von Ungma – stellvertretend für die sechs *Lung-trek*-Steine, aus denen wir hervorgegangen sind – und lassen diese alte Liedtradition wieder aufleben.«

Die Lieder der Männer und Frauen sind tief bewegend. Mir läuft es heiß und kalt den Rücken hinunter, und zwischenzeitlich stehen mir sogar die Tränen in den Augen. Diese Gesänge scheinen das Innerste der menschlichen Seele zu berühren, so ergreifend sind sie. Hat ein Vortragender geendet, stimmt der Nächste den Ton an und führt die Geschichte fort. Oft können die anderen ihre Anteilnahme nicht unterdrücken, durch Ausrufe und Schreie pflichten sie dem Sänger lautstark bei. Natürlich bleibt Aglaja und mir der Inhalt des Gesungenen verborgen, doch es müssen sich Dramen in den Geschichten abspielen – so viel lässt sich allein schon aus dem mitreißenden Vortrag erahnen.

Es geht noch lange an diesem Abend. Das süffige Reisbier fließt reichlich, und noch manche berührende Weise wird zu Gehör gebracht. Ich lehne mich zurück, lege meinen Arm um meine Frau und genieße die unbeschreibliche Wärme und Gastfreundschaft, die uns diese Menschen entgegenbringen. Wie würdevoll, stolz und herzlich sie doch sind! Und trotzdem werde ich einen Gedanken nicht los: Wie passt das alles, all die hehren Eigenschaften, mit der mir so barbarisch anmutenden Tradition der Kopfjagd zusammen?

Der Abschied von der Familie Jamir am nächsten Morgen ist herzlich. Bendangkokba, unser Gastgeber, nimmt mich zur Seite und flüstert: »Ich habe gehört, ihr macht euch nun in wildere Gegenden auf – zu den Phom, den Yimchunger, den Khiamniungan und Konyak. Stimmt das?« Als ich ihm beipflichte, fährt er fort: »Seid vorsichtig. Diese Naga sind unberechenbar. Man sagt, dass bei ihnen noch viele der alten Bräuche praktiziert werden, die wir Ao schon längst abgelegt haben. Habt ihr Waffen?«

Erschreckt blicke ich ihn an: »Wieso, brauchen wir welche?«

»Man kann nie wissen, was einen in den Nebelbergen erwartet«, raunt Bendangkokba. »Aber wenn ihr keine Waffen habt, dann nimm wenigstens einen meiner Speere mit.« Er holt einen langen Ao-Speer, dessen Schaft mit kurz geschnittenem roten und schwarzen Ziegenhaar umwickelt ist. »Dieser ist aus härtestem Palmholz geschnitzt und liegt ausgewogen in der Hand und in der Luft. Denk daran, du bist für dein Leben und das deiner Frau verantwortlich.«

Ich traue meinen Ohren nicht und kann nicht glauben, was mir dieser gebildete Mann, der Bruder des Ministerpräsidenten, eben zugeflüstert hat. Was für uralte Ängste und Vorurteile müssen hier noch lebendig sein? Aber vor allem: Was ist, wenn er Recht hat? Ich bin sprachlos, nicht zuletzt wegen dieses fürstlichen Geschenks. So bringe ich nur ein knappes, lächerliches »Dankeschön« hervor.

65 Schädel und ein ritueller Tod

Die Fahrt durch die Ausläufer der Ao-Berge bis zum Dikhu-Fluss ist bei diesem strahlenden Wetter geradezu idyllisch. Nachdem wir den Dikhu überquert haben, ändert sich das Landschaftsbild. Die Gegend wird zerklüfteter, die Berge steiler und abweisender. Die Straße führt abwechselnd durch dunkle Dschungelabschnitte und über weite, schräg abfallende Hochebenen, deren Felder durch Brandrodung bebaut werden. Die Sonne taucht die Szenerie in goldenes Licht.

Plötzlich stoßen wir an einer Abzweigung auf einen Jeep. Ein großer, schwerfällig wirkender Mann mit eng geschlitzten Augen winkt uns heran, springt aber, ohne ein Wort mit Temjen zu wechseln, sofort zu seinen zwei Begleitern ins Auto und braust eine *Cacha Road* voraus, die steil in den Dschungel hinaufführt. Das muss der Zufahrtsweg nach Yongnyah sein. Durch unzählige Schlaglöcher, die entlang des matschigen Waldrandes mit Wasser gefüllt sind, schaukelt uns der Jeep immer weiter bergan.

Von dem Ort Yongnyah, zu dem wir gerade unterwegs sind, habe ich noch nie etwas gehört. Die Phom, die dort leben, sind eine Naga-Gruppe, die mit den Briten damals kaum in Berührung kam. Da sie ihren kopfjägerischen Aktivitäten angeblich schnell abgeschworen hatten, waren sie von den Kolonialherren nicht weiter beachtet worden. Folglich gibt es kaum Literatur über sie. J.H. Hutton erwähnt sie und ihr Gebiet 1923 in seinem Bericht über »Zwei Reisen in unverwaltetes Gebiet«, als hier noch mörderische Zustände herrschten. Die Dörfer, so schreibt er, seien voll von Schädeltrophäen, weil jedes einzelne mit seinen Nachbarn im Krieg liege, und die Menschen außerdem »durchsetzt von Konyak-Blut«. Damit liegt Hutton nachweislich falsch. Auch wenn sie den Konyak, einer großen Naga-Gruppe, deren Gebiet sich nordwärts an das Phom-Territorium anschließt, sehr ähnlich sehen, bilden die heute insgesamt 15000 Phom in Wahrheit eine eigenständige Naga-Gruppe mit eigener Sprache und Kultur. Die schönsten und besten Schnitzereien, die Verrier Elwin in seinem Buch zur Kunst Nordostindiens zeigt, stammen von den Phom. Nicht zuletzt deshalb brenne ich darauf, mehr über das geheimnisvolle Volk zu erfahren.

Wir erreichen ein grasbewachsenes Hochplateau, und da sehen wir es liegen – Yongnyah, auf einem Bergkamm, hinter dem das Land wieder steil abbricht. Majestätisch thront es im Abendlicht über der Hochebene, und aus der Ferne kann ich bereits mehrere große *Morung* ausmachen! Hängt da nicht eine menschliche Figur am Dach eines *Morung*?

»Was haben die Trommelschläge zu bedeuten? Meint ihr, die freuen sich auf unseren Besuch?« Aglaja kurbelt skeptisch das Fenster herunter, um die dumpfen Schläge, die der Wind von Yongnyah zu uns herüberweht, besser zu hören.

Ich blicke mich um, ob der Speer noch auf dem Dachträger ist, und bleibe eine Antwort schuldig. Schweigend fahren wir weiter. Wir wagen den Vorstoß hinauf zum Dorf und wollen uns der Übermacht von 2000 Menschen, die hier leben sollen, stellen.

Was sich uns bei unserer Ankunft in Yongnyah bietet, ist ein unbeschreibliches Chaos. Eine unüberschaubar große Menschenmenge tummelt sich vor den hunderten palmblattgedeckten

Häusern, die sich weitläufig über die vielen Hügel des Dorfes erstrecken. Der Lärm der *Logdrums* ist ohrenbetäubend. Rot, alles, was ich sehe, ist rot! Die vielen barfüßigen Mädchen tragen kurze rote Tücher. Rote Helme mit hohen Büscheln aus rot gefärbtem Ziegenhaar sitzen auf den Köpfen der etwa 50 jungen, fast nackten Männer, die zu unserem Empfang bereitstehen. Martialische Schreie dringen aus ihren Kehlen. Das Meer ihrer am Helm getragenen Nashornvogelfedern glänzt golden im Abendlicht. Während sie mit einem Arm wild mit langen Haumessern in der Luft herumfuchteln, schwingen sie mit dem anderen anmutig einen schwarzen, mit kalkweißen Mustern verzierten Schild aus Mithunbüffelhaut auf und ab. Ihre Körper sind über und über mit Schmuck behängt – Ohrringe aus flachen Seeschneckenstücken, an denen rote Wollpompoms baumeln, Ketten aus Glasperlen, Muscheln und Eberzähne, auch Tigerzähne und geschnitzte menschliche Köpfe meine ich zu sehen. Armreifen aus Elefantenstoßzähnen lassen ihre Schultern noch muskulöser erscheinen, und schwere Kauri-Armbänder schützen die Handgelenke. Die Lendenschurze, die sie an Rotangreifen um die Hüften tragen, sind schwarz und mit Kauris und Knöpfen bestickt. Als sich die Männer plötzlich umdrehen, um einen Hügel hinaufzuziehen, strahlen uns 50 nahezu nackte Gesäße an. Nur ein Streifen schwarz gemusterter, hellbrauner Birkenrinde umspielt ihre Pobacken. »*A-haa-haa-haa, Woooooooooohhhhh, Yongnyah, Yongnyah! Woooooooooohhhhh, Monyü, Monyü!*«, schreien sie wie aus einem Munde und drohen dabei beängstigend mit *Dao* und Schild!

Da tritt ein würdevoller Herr aus der Menge. Sein kahl geschorenes Haupt ist mit einem Helm aus rot gefärbtem Rotang, an dem zwei riesige Eberhauer befestigt sind, gekrönt, vor der Brust hängt eine schwere Eisenkette mit zwei langen Tigerreißzähnen. In der Hand trägt er einen langen Speer. Wir sollen ihm folgen, gibt uns sein finsterer Blick zu verstehen.

Wir stapfen einen steilen Fußpfad den Berg hinan. Oben angekommen, gehen mir die Augen über: Hunderte Krieger scharen sich vor und in einem riesenhaften, prächtig mit Schnitzereien verzierten *Morung*. Wunderbare stilisierte Darstellungen von Elefanten, Tigern, Mithun- und Menschenköpfen prangen von den Frontpaneelen, alle in schwarzen, weißen und braunen Naturtönen bemalt. Steil wie der Bug eines Schiffes ragt das palmblattgedeckte Dach in die Höhe, von dem ein Gebilde aus Bambusringen und Rotangbällen, welche die Köpfe erschlagener Feinde symbolisieren, herabhängt. Aus dem Innenraum dröhnen die Baumstammtrommeln und Schreie der Krieger. Sie prügeln mit schweren Klöppeln, die sich an ihren oberen Enden zu Schnäbeln von Nashornvögeln verjüngen, auf die lange *Logdrum* ein. Mit offenem Mund staune ich über das Kunsthandwerk der Phom, da bleibt mein Blick an zwei riesigen Mithunbullen hängen. Sie sind an den Seiten des *Morungs* angebunden und lecken zwei Männern schleimiges Salz aus den Handflächen. Noch wissen sie nicht, dass heute ihr letzter Tag sein wird und sie für die Götter der Fruchtbarkeit ihr Leben lassen werden ...

Zwei Krieger lösen sich aus der Menge und bedeuten uns mit schrillen Schreien, ihnen zu folgen. Mühsam bahnen wir uns einen Weg durch den Volksauflauf. Der Pfad führt wieder bergab, und unten auf dem Dorfplatz sehen wir zwei weitere kampfbereite, brüllende Krieger. Kurz bevor wir den Platz erreichen, bleiben unsere Anführer unvermittelt stehen. Wir müssen alleine weitergehen. Es scheint, dass hier der Machtbereich ihres Klans endet und sie uns nun ihren Nachbarn übergeben. Mit gemischten Gefühlen gehen wir unseren neuen Führern hinterher. Erneut steigt der Pfad an, und es scheint, dass wir uns einem zweiten *Morung* nähern. Da zerreißt eine Salve Gewehrschüsse die staubige Luft. Rauch steigt auf und vermischt sich mit dem ohrenbetäubenden Lärm der Schreie und Trommelschläge. Instinktiv möchte ich Aglaja und mich zu Boden werfen und in Deckung bringen, doch da dies niemand sonst in unserer Umgebung macht, lasse ich von meinem Vorhaben ab.

Stattdessen blicken wir uns um und sehen eine Gruppe von Phom-Jünglingen, die in geduckten Bewegungen langsam, aber unaufhaltsam zu uns aufrückt. Der Schritt unserer Anführer beschleunigt sich, und ihre Schreie werden noch gereizter und bedrohlicher. Gewehrsalven knallen aus uralten Vorderladern, gefolgt von Johlen und tierähnlichen Aufschreien. Unsere Verfolger springen in die Luft, ducken sich wieder, jauchzen, feuern aus ihren Büchsen und kommen näher. Endlich haben wir den *Morung* erreicht, der wie ein Wachtturm auf die Ebene hinausblickt, in der die Hitze dampft.

Dann passiert etwas, was ich bis heute nicht wirklich glauben kann. Der Zug der Verfolger rast plötzlich los und stürmt über unsere Verteidiger hinweg. Einer der beiden wird dabei förmlich überrannt, er geht zu Boden, und zwei der Angreifer machen sich an ihm zu schaffen. Ich kann in all dem Durcheinander aus Staub, Qualm und Lärm nicht genau erkennen, was da vor sich geht. Ich sehe nur, dass der Mann liegen bleibt, als der Ansturm vorüber ist. Die Gruppe der Angreifer verschwindet im Inneren des *Morung*, und kurz darauf vernehmen wir das Dröhnen der Baumstammtrommel. Aglaja ergreift mich am Arm und zieht mich durch die Menge bis zur ovalen Eingangstür. Wir treten in den dunklen Raum und sehen, wie unsere Verfolger auf die Trommel einschlagen und triumphierend dazu singen. Immer schneller wird ihr Rhythmus, gepaart mit dem bedrohlichen »*He-ho, he-ho, he-ho ...!*«. Sie haben den *Morung* dieses Klans eingenommen – sie haben über ihre Nachbarn gesiegt!

Doch das Spektakel ist noch nicht zu Ende. Nach einem orgiastischen Trommelwirbel schnappen sich die Sieger ihre Schilde, zücken die *Daos* und steigen im goldenen Abendlicht der untergehenden Sonne, Schilde und Haumesser wie Adlerflügel schwingend, zurück zu ihrem eigenen Dorfviertel hinab. Wir stolpern im Laufschritt hinterdrein und erreichen das dritte *Morung* Yongnyahs. Dort haben sich auf der Terrasse die Klanältesten um einen großen irdenen Topf versammelt, aus dem sie mit einem langen Bambusstrohhalm abwechselnd Reisbier saugen. Tierfelle von Mardern und Wieseln baumeln in der Luft, und als ich zurückverfolge, woran sie befestigt sind, glaube ich meinen Augen nicht zu trauen: Da steht ein vierstöckiges Bambusregal, aus dem uns eine schier unüberschaubare Anzahl – ich zähle 65 – menschlicher Schädel aus leeren Augenhöhlen anstarrt! Der Schamane der

Gruppe lädt uns ein, Platz zu nehmen, und stimmt einen sonoren Singsang an, in den alle Umstehenden einfallen. In der Hand hält er einen kleinen Zweig, den er in das Reisbier taucht und mit dem er unter Beschwörungen mehrmals die Schädel bespritzt. Schließlich erhebt er sich und blickt in die Ebene hinaus. Er reißt die Arme in die Luft, und alle schließen das Gebet mit einem durchdringenden »*Hui!*«. Aus der Ebene unter uns ertönt die tausendkehlige Antwort »*Huuuuuuuuiiiiiii!*«.

Die Anspannung unter allen Beteiligten lässt sichtlich nach. Dennoch wird immer noch wild durcheinander gerufen, und man drängt uns, zum zentralen Dorfplatz, wo der vierte *Morung* steht, hinabzugehen. Seine Terrasse ist aus Anlass des Festes mit Dutzenden Gongs behängt – Zeichen des herrschaftlichen Status von Yongnyah, denn diese Gongs sind die traditionellen Tributzahlungen anderer Dörfer. Und nun sehe ich auch das, was mir bei unserer Anfahrt von weitem wie ein am Haus hängender Mensch vorkam. Auf einem langen Bambusstangengerüst ist eine aus Rotangstreifen geflochtene Figur errichtet worden, die einen Lendenschurz aus Birkenrinde um die Hüfte trägt. Seitlich von ihr hängen vier Ketten aus geflochtenen Bambusbällen. »Damit die Kopfjagd erfolgreich wird!«, ruft mir einer unserer Begleiter zu und grinst mich dabei mit seinen betelverschmierten, roten Zähnen an. Wir nehmen vor dem *Morung* Platz, und erst jetzt, im kühlen Abendwind, merke ich, dass ich schweißgebadet bin. Man reicht uns Bambusgefäße mit Reisbier, das wir durstig trinken, und der gekrönte Phom mit der Eisenkette, umgeben von einer Gruppe rot gewandeter Ältester, erhebt würdevoll die raue Stimme: »Wir freuen uns, dass heute zwei Fremde die Macht Yongnyahs kennen gelernt haben. Denn wir sind die Mächtigsten!« Die jubelnde Menge, die sich auf die umliegenden Hügel verteilt hat, pflichtet ihm lautstark bei, und die Krieger schlagen mit ihren *Daos* auf die Schilde. Dann tritt der junge Mann, der vorhin am »besiegten« *Morung* überrannt wurde, vor die Menge. Sein Körper ist mit einer Schicht aus Schweiß und Staub bedeckt. Einer der Ältesten kommt ihm entgegen und legt ihm feierlich ein Halsband aus vier großen Eberhauern an. »*A-haa-haa-haa Yongnyah,*

Yongnyah, Wooooooooaaaahhhhh Phamjong Phamjong!«, ruft der Jüngling und reißt die Arme hoch. Wie auf Kommando springen fünf weitere junge Männer auf den Platz und tanzen mit ihm zusammen einen Kriegstanz.

Wieder ergreift der gekrönte Phom, den Temjen mir mittlerweile als Chief des Chingong-Klans vorgestellt hat, das Wort und spricht zu den Anwesenden: »Wir, der Chingong-Klan, sind die Stärksten, denn wir haben die Phamjong-Männer besiegt. Und ihr Phamjong-Männer habt gesehen, dass es für euch das Beste ist, wenn ihr euch auf uns verlasst. Gemeinsam mit uns seid ihr stark. Und gemeinsam mit den anderen beiden Klans sind wir Yongnyah, stärkstes aller Phom-Dörfer!« Wieder brüllende Zustimmung unter dem Volk.

Ganz offensichtlich sind wir Zeugen eines uralten Rituals geworden, das der Regelung und Wiederherstellung der Machtverhältnisse zwischen zwei Klans dient. Man erklärt uns, dass das Dorf Yongnyah eine Gemeinschaft von vier Klans ist. Der stärkste ist der Chingong-Klan, der von den Männern des Phamjong-Klans heute rituell herausgefordert worden ist: Mit ihren Rufen haben die Phamjong-Männer die Chingong-Männer provoziert, welche mit Gewehren den Phamjong-*Morung* eingenommen haben. Zeichen des Sieges war das Trommeln auf der *Logdrum* im *Morung*. Der niedergerannte Phamjong-Jüngling symbolisierte freiwillig die Niederlage seines gesamten Klans. Als Entschädigung für seine undankbare, traditionell mit Schande besetzte Rolle hat er die gleiche Auszeichnung erhalten, die eigentlich dem Sieger gebührt – das Eberhauer-Halsband, das traditionelle Abzeichen des Phom-Kopfjägers. So weit das Ritual, wie es dem Abbau von Aggressionen zwischen zwei Klans dient. Die wahre, spirituelle Bedeutung erschließt sich aber erst aus dem, was der Schamane des triumphierenden Chingong-Klans tat: Durch sein Gebet konnte die Fruchtbarkeit, die in den aufgebahrten Schädeln erschlagener Feinde steckt, auf die Felder übergehen. Hiermit wurde dem Sinn des *Monyü*-Frühlingsfestes, anlässlich dessen die Menschen von Yongnyah dieses Ritual heute aufgeführt haben, Ausdruck gegeben.

Als Aglaja und ich mit Hilfe von Temjens Übersetzungskünsten den Sinngehalt des Rituals näher zu ergründen suchen, macht einer der Phom eine interessante und zugleich beruhigende Bemerkung: »Wir Chingong-Männer waren in früheren Zeiten sehr erfolgreiche Kopfjäger. Es ist noch so viel Fruchtbarkeit in den alten Schädeln, dass es gar nicht nötig ist, einen neuen Kopf zu erbeuten. Allein der Sieg genügt, damit die Fruchtbarkeit, die von den Schädeln ausgeht, wirksam wird!« Zur Feier des Tages machen unzählige Reisbierkrüge die Runde, Unmengen an Bananenblättern mit grobem roten Reis, Linsenpüree und Fleischstücken in der Mitte werden gereicht.

»Was ist das für Fleisch?«, frage ich in die Runde.

»Mithun, Mithun!«, ruft man geschlossen zurück, »kannst du dich erinnern? Vorhin am *Morung*?«

Ich nicke und suche nach Wegen, mich des Fleisches zu entledigen – ich kann kein Tier essen, das ich vor einer halben Stunde noch gestreichelt habe, lieber halte ich mich an das köstliche Reisbier. Ein fataler Fehler ...

Helden der Kopfjagd und faule Eier

Es ist schon spät in der Nacht, als wir von unseren neuen Freunden in Yongnyah aufbrechen. Zum Abschied sage ich dem Chief des Chingong-Klans, der auf seinen Speer gestützt vor uns herläuft, wie sehr ich die Zeichnungen auf seinem Lendenschurz aus Birkenrinde bewundere. Er nimmt ihn kurzerhand ab und erklärt mir das Bild, das wie ein Oktopus anmutet.

»Der große Kreis in der Mitte bin ich«, sagt er stolz, »die Linien, die von dem Kreis abgehen und unten kleinere Kreise bilden, sind meine Kinder.« Ich beglückwünsche ihn, zeigt doch die Rinde acht solche kleinen Kreise. Da schaut er mich an und fügt hinzu: »Ich habe diesen Schurz jetzt 40 Jahre lang getragen und keinen Tag ausgezogen. Ich denke, das ist genug. Nimm ihn und erzähle deinen Leuten von uns.« Überwältigt von diesem persönlichen Geschenk, schüttle ich seine ledrige Hand und lege den Arm auf seine raue Schulter, woraufhin der stolze Häuptling mich herzlich drückt. Ich erinnere mich daran, über die Naga gelesen zu haben, dass niemand ein Dorf mit leeren Händen verlässt – und wenn es nur ein Ei ist, das dem Fremden mitgegeben wird.

Müde, aber glücklich schaukeln wir die holprige Piste hinunter Richtung Longleng, dem Verwaltungsort des gleichnamigen Distriktes. Jeder von uns, außer der Fahrer, hält einen randvoll gefüllten Bambuskrug mit Reisbier in den Händen und saugt durch einen Strohhalm das herbe Getränk. Aus den Lautsprechern des Autos krächzt eine Kassette von Elton John, der passend zur Situation irgendetwas von »Fleisch und Blut« und »der großen unbekannten Weite« singt, die Lichtanzeigen des Radiorecorders funkeln wie ein Christbaum, und in einem Anflug von Wehmut verstehe ich wieder einmal die Welt nicht mehr. Hätten wir für heute Abend nicht noch eine Verabredung mit Thangi Mannen, unserer Gönnerin von der Regierung, wären wir sicherlich bei den Phom geblieben, um mit ihnen zu feiern.

Als wir auf den Hof des kleinen Gasthauses einfahren, sehe ich im Schein der Straßenlaterne eine kleine, etwas korpulente Dame hin- und herlaufen, die sich über irgendetwas aufzuregen scheint. Das muss Thangi sein. Sie ist außer sich, versucht sich aber zu beherrschen: »Da seid ihr ja!«, ruft sie. »Ihr glaubt gar nicht, welche Sorgen ich mir gemacht habe! Wo wart ihr denn? Was ist passiert?« Selig lächelnd schließe ich sie in die Arme und stammle schwerzüngig: »Danke! Danke, Thangi, dass du uns den erstaunlichsten Tag unseres Lebens ermöglicht hast!« Verdutzt über so viel Körpernähe – es ist in Indien zwischen Mann und Frau nicht üblich, sich zu berühren –, sagt sie nur: »Nun, es scheint ja alles in Ordnung zu sein.« Und schmunzelnd fügt sie nach einer kleinen Pause hinzu: »Ihr habt wohl die Naga-Art zu feiern kennen gelernt. Und wie ich sehe, scheint sie euch zu gefallen. Da kann ich von meiner Seite auch nur sagen: ›*Welcome to Nagaland!*‹ Jetzt solltet ihr aber ins Bett, morgen liegt ein harter Tag vor euch.«

Der nächste Morgen ist grauenhaft. Ich fühle mich hundeelend. Tausend Presslufthammer arbeiten in meinem Kopf. Thangi steht in der Tür und kräht sarkastisch: »Guten Morgen, meine deutschen Liebhaber guten Naga-Biers!« Ihrer Ansicht nach ist das die Quittung für unser unentschuldbares Verhalten, sie warten zu lassen. Da heute die *Monyü*-Frühlingsfestivitäten in Pongu, einem kleinen Dorf Richtung Osten, weitergehen, hat Thangi kein Nachsehen mit uns. Frühlingsfeste kenn ich schon, denke ich bei mir und sehe keine Möglichkeit, mich aus dem Schlafsack zu quälen. Da stellt ein Hausangestellter Bananenblätter mit Reis und Fleisch auf den Tisch. »Bitte wieder mitnehmen!«, keuche ich angewidert und wende mich ab. Was bin ich froh, dass ich mir für Momente wie diesen mein eigenes Frühstück mitgebracht habe, und krame zwei Tüten Studentenfutter und Gummibärchen aus meiner Tasche. Appetitlos kaue ich darauf herum und spüle ein Glas gefiltertes Wasser hinterher – Thangis leicht verächtlichen Blick im Rücken.

Gegen acht, spät für Naga-Verhältnisse, kommen wir los. Nach Pongu ist es ein gutes Stück Weg. Bei unserer Ankunft sind die Vorbereitungen für das *Monyü* in vollem Gange. Aus allen *Morung* tönen die Baumstammtrommeln, die Reisspeicher nahe dem Dorfplatz sind mit Palmwedeln festlich geschmückt. Pongu ist dieses Jahr von der Tourismusbehörde, der Thangi vorsteht, mit einem beachtlichen Betrag für seine Bemühungen, die Kultur zu erhalten, bedacht worden. Von dem Geld haben die Bewohner des Ortes auf dem Dorfplatz einen riesigen *Morung* in traditionellem Baustil errichtet, unter dessen ausladendem Dach die Honoratioren Platz nehmen. Thangi hat in den drei Jahren ihrer bisherigen Amtszeit bereits viel für den Kulturerhalt der Naga getan. Zwar ist sie eine Mizo, doch an ihrer feurigen Rede merkt man sofort, wie sehr ihr diese Menschen und ihre faszinierende Kultur ans Herz gewachsen sind.

Während Thangi öffentlich die Schönheit Nagalands preist, schweift mein Blick umher und bleibt an einem kleineren Pavillon, in dem fünf Plastikstühle stehen, hängen.

»Für wen sind die?«, frage ich einen Vorbeilaufenden, den brummenden Schädel auf meine Hand gestützt.

»Für unsere Helden«, sagt dieser beiläufig und geht weiter.

Wer diese Helden sind, erfahre ich wenig später, als eine Gruppe alter, auf Speeren gestützte Männer würdevoll auf den Pavillon zustrebt. Bis auf einen Lendenschurz und den Schmuck, den sie angelegt haben, sind sie splitternackt, für ihre Begriffe jedoch bestens gekleidet: Ihre Körper sind mit großen Tätowierungen bedeckt. Zwei schwarze Streifen entspringen ihrer Lendengegend, verbreitern sich zu einer Fontäne und umrahmen Herz und Lunge. Sie tragen die »Fontäne der Fruchtbarkeit« als Zeichen dafür, dass sie Träger dieser Kraft sind. An ihren Perlenketten baumeln große Messinganhänger, die menschliche Köpfe darstellen. Zwei, drei, vier und fünf zähle ich. In diesem Festakt werden also Männer geehrt, die anderen den Kopf abgetrennt haben! Ich brauche eine Weile, bis ich das in meinem katergeplagten Kopf realisiert habe – nach gestern kann ich es ein wenig besser verstehen. Der Anblick dieser Männer fasziniert mich. Wie fest ihre durchtrainierten Körper noch sind und wie stark dies doch im Gegensatz zu ihrer durchfurchten, trockenen Haut steht!

Die Festivitäten beginnen. Verschiedene Tänze werden dargeboten, darunter auch Frauentänze mit eigenartig anmutenden, gesungenen Harmonien und Kriegstänze. Letztere haben eine besonders interessante Wirkung auf das Publikum: Vor allem die älteren Frauen, von denen die meisten im Gesicht und an den Beinen kunstvoll tätowiert sind, beobachten die Tänzer mit reger Anteilnahme und tuscheln miteinander. Es hat den Anschein, dass sie sich darüber austauschen, welcher junge Mann das Kriegshandwerk wohl am besten zu beherrschen scheint. Ich erinnere mich an die alten Bücher, die beschreiben, dass traditionell der größte Krieger die besten Chancen auf dem Heiratsmarkt hatte. Wer ohne Kopf nach Hause zurückkehrte, wurde ausgelacht und hatte keine Aussichten, eine Frau zu finden. Offensichtlich ist den alten Damen diese Tradition noch sehr gut vertraut.

Zwar verblassen die Vorführungen vor dem Hintergrund unseres gestrigen Erlebnisses ein wenig, dennoch sauge ich jedes Detail dieser einzigartigen Menschen und ihres Brauchtums auf. Ich dränge Aglaja, sich mit mir ein wenig die Füße zu vertreten, und gemeinsam bummeln wir durch die Stände, an denen die

Bewohner Pongus ihre traditionellen, geradezu urtümlichen Handwerkstechniken präsentieren: Getöpfert wird ohne Drehscheibe, wobei der Ton um einen Stein herum geformt und anschließend mit einem Hammer zurechtgeschlagen wird. Gewoben wird am Hüftwebstuhl – vorwiegend rote Stoffe natürlich. Sogar eine Waffenschmiede ist aufgebaut. Neben *Dao*-Klingen werden auch doppelläufige Vorderlader und Musketen hergestellt, für die einige Männer gerade Schießpulver zusammenbrauen. Dazu wird Erde zu gewissen Anteilen gemischt und gebrannt, die Asche gesiebt, und dann bedarf es nur noch eines Anheizers: menschliches Urin! In kristalliner Form mengen die Männer es dem Gemisch bei, damit der Ammoniak bei der Zündung für ein kräftiges Feuerwerk sorgt.

»Was machen Sie mit denen?« Aglaja deutet ratlos mit dem Finger auf ein paar Eier, die auf Bambusstäben stecken und von denen Chilischoten herabhängen.

»Die lassen wir faulen«, antwortet einer der Handwerker. »Dann schleichen wir uns entweder nachts in das Dorf unserer Feinde und verstecken sie in ihren Häusern, oder wir bewerfen damit unsere Gegner, sollte es zum offenen Kampf kommen.«

»Und die Chilis, für was braucht man die?« Aglaja kommt aus ihrer Verwunderung über das Waffenarsenal der Naga kaum noch heraus.

»Die essen wir selbst, um uns kampfbereit zu machen. In Nagaland wachsen die schärfsten Chilis der Welt!«

Ich bin mir nicht sicher, ob ich die Antworten ernst nehmen soll, doch bevor ich nachhaken kann, ertönt ein schwerer Gong. »Mr. Peter, bitte zur Bühne, Mr. Peter, *please*!«, tönt es aus den Lautsprechern. Thangi, die unter all den Ministern und *Deputy Commissioners* Platz genommen hat, deutet auf das Mikrofon und ruft: »Sag was! Die Leute wollen wissen, was ihr hier macht.«

Etwas verunsichert richte ich ein paar Worte an die Menge und verleihe der Ehre, mit Aglaja hier sein zu dürfen, gebührenden Ausdruck. Mit einfachen Worten versuche ich den Menschen zu vermitteln, wie sehr uns ihre Traditionen beeindrucken und dass wir glücklich sind, diese hautnah erleben zu dürfen. Die Leute klatschen, doch Zustimmung aus dem Kreis der Honoratioren erhalte ich erst, als ich durch das krächzende Mikrofon sage, dass hoffentlich bald auch andere Ausländer hierher kommen werden. »Viele!«, ruft da einer der hohen Herren, und ich gehe zurück ans Mikrofon und sage: »Die Richtigen!« Thangi nickt.

Die letzten Herrscher der Konyak

Unsere Reise mit Thangi durch Nagaland ist ein Mammutunternehmen. Sie sagt uns, dass es nicht möglich sei, auch nur eine Bevölkerungsgruppe auszulassen. Dies würde zu großen Problemen führen – ja, es könnten sogar Kämpfe ausbrechen, wenn sich eine Gruppe benachteiligt fühlt.

Die Strecke von Longleng hinauf nach Mon im Gebiet der Konyak ist landschaftlich traumhaft schön. Wir fahren durch einen dichten, nebelverschleierten Urwald, der sich in einem weiten Flusstal ausgebreitet hat. Die notdürftig instandgehaltene, einspurige Fahrbahn schlängelt sich durch duftendes, sattes Grün einer üppig blühenden Natur. Ich möchte aussteigen und den Wald mit all meinen Sinnen riechen, hören, spüren ... Als wir eine kleine Pause einlegen, nutze ich die Gelegenheit und gehe zu Fuß alleine weiter. Ich liebe diese seltenen Momente – wenn ich alleine oder mit Aglaja durch unberührte Natur laufen kann, wenn all die technischen Geräusche und Gerüche wie Automotoren und Abgase verfliegen. Dann habe ich das Gefühl, für einen kurzen Moment Teil des Ganzen zu sein. Ein kleines Streifenhörnchen springt auf einen Felsblock am Straßenrand. Ich bleibe stehen und sehe ihm eine Weile zu, wie es eine Samenkapsel mit seinen Zähnen aufbricht. Ich lausche dem Singen der Vögel und dem sanften Glucksen eines Bachlaufes, der durch das morsche Unterholz fließt. Doch da ist es auch schon mit der Idylle vorbei. Denn aus der Ferne durchbricht das Knattern dreier Dieseljeeps die Stille dieses magischen Augenblicks. Ich steige zu, die Zeit drängt – mal wieder.

Hinter dem Wald beginnt es nun – das Reich der Konyak! Mit 90000 gehören die zwei Konyakgruppen zu den stärksten Volksgruppen Nagalands. Ihr Name bedeutet »die mit den schwarzen Zähnen« und deutet auf die weitverbreitete Praxis der Menschen hin, sich die Zähne als Schutz gegen Krankheiten mit einer Mixtur aus Ruß und Betelsaft schwarz zu färben. Das Schwarze ihres äußeren Erscheinungsbildes wird durch die maskenhaften, zum Teil furchterregenden Gesichtstätowierungen noch verstärkt.

In dieser Region hatte zwischen 1936 und 1937 Christoph von Fürer-Haimendorf 13 Monate verbracht und in seinem berühmten Buch »Die Nackten Nagas« von den mächtigen *Ang* der Konyak berichtet, ihren königsähnlichen Herrschern, deren Macht sich über dutzende Dörfer erstreckte. Als die ersten Westler seit Fürer-Haimendorf, wie uns Thangi sagt, fahren wir zunächst einmal direkt nach Mon, dem mächtigsten dieser Königreiche. Heute ist hier ein Verwaltungssitz des gleichnamigen Distrikts entstanden – der einzige Ort, wo es neben weiteren Annehmlichkeiten ein staatliches *Guesthouse* gibt.

Feucht und kalt ist es in Mon-*Town*, einem im Grunde hässlichen Ort, dem lediglich zugute zu halten ist, dass zwischen seinen Straßen immer wieder der Dschungel durchbricht. Aglaja hat sich erkältet, die letzten Tage haben doch sehr an den Kräften gezehrt. Deshalb beschließen wir, nicht mit Thangi zum *Aoling*-Frühlingsfest nach Longwa zu fahren und die zwei Tage, die Thangi fort sein wird, für ein wenig Erholung zu nutzen.

Am nächsten Morgen schlafen wir lange aus. Es tut gut, auch wenn die Betten feucht und muffig sind. Gemütlich stärken wir uns bei einem ausgiebigen Frühstück und entschließen uns, da sich Aglaja bei Kräften fühlt, zu einem Kurzausflug nach Mon-Village. Thangi hat dem lokalen Regierungsbeamten Shingwang Konyak gebeten, sich um uns zu kümmern, und so holen wir ihn an seinem Haus ab, damit er uns begleitet.

Mon-Village liegt nur ein paar Kilometer vom Township entfernt, aber es zu betreten, ist fast, als reise man zurück in der Zeit. Hinter einem Bambustor steigt die ungeteerte Straße steil an. Zunächst erreicht sie eine offene Kurve, an der man auf die wellenförmig sich bis nach Arunachal Pradesh und Myanmar fortsetzenden Bergketten blicken kann. Dann wird der Jeep wieder vom Dschungel verschluckt. Langsam reihen sich die ersten Reisspeicher entlang der Straße, und die Wohnhäuser folgen ein paar Serpentinen höher. Schließlich müssen wir das Auto stehen lassen und zu Fuß weitergehen. Arme Aglaja, plagt mich das Gewissen. Ihr läuft permanent die Nase, und heftige Kopfschmerzen martern sie. Doch, das weiß ich, auch bei ihr überwiegen Neugier und Erwartung.

Da vernehme ich Schritte von jenseits des Abhangs. Als ich über die Kuppe blicke, sehe ich einen alten Mann auf einen Regenschirm gestützt das steile Feld hinaufstapfen. Er ist in eine schwere, knallrote Decke gehüllt. Auf dem weißen, im Kontrast zu seiner dunklen Haut fast strahlenden Haar sitzt eine Mütze aus Bärenfell. Über die Schulter trägt er einen schweren *Dao*. Als uns die Gestalt erreicht, hebt sie den Kopf – und ich fahre zusammen. Da starrt mir doch tatsächlich ein über und über tätowiertes Gesicht entgegen, das genauso aussieht, als sei es Fürer-Haimendorfs »Nackten Nagas« entsprungen! Lange, schwarze Bergziegenhörner durchstoßen seine Ohrläppchen, und ein schwerer Messinganhänger, der fünf Köpfe zeigt, baumelt an einer massiven orangefarbenen Glasperlenkette. Als ich meine Fassung wiederfinde, biete ich dem Alten eine Zigarette an – eine gute Entscheidung: Wie eine Friedenspfeife bricht sie das Eis des gegenseitigen Erstaunens. Mit vor Erde strotzenden schwarzen Fingernägeln bricht er den Filter ab und nimmt einen tiefen Zug, was ihn husten und ausspucken lässt. Dank Shingwangs Übersetzungen kommen wir ins Gespräch. Ich zeige ihm Fotos, die uns unser Freund Pan Nalin, der hier seinen Film über die Naga gedreht hat, mitgegeben hat. »Der lebt noch ... der auch ... der nicht mehr ... der hat geheiratet ...« – zu jeder Person kann der Alte etwas sagen. Mit versteinerter Miene bietet er uns an, uns zum *Ang* zu bringen, und so folgen wir dem alten Kopfjäger bergauf.

Das riesige Haus des *Ang* sieht aus wie ein Pilz. Fünf lange Pfeiler stützen das palmblattgedeckte, bis zum Boden hinabreichende Dach. Als wir uns nach unserem urigen Begleiter umdrehen, ist der wie vom Erdboden verschwunden. »Er ist da lang«, erklärt

Shingwang ruhig und deutet mit seinem Zeigefinger hinter sich, »hatte wohl etwas zu tun.« Shingwang schlägt vor, erst einmal beim *Ang* um Audienz für uns zu bitten, und verschwindet im Schwarz des Innenraums. Aglaja und ich warten draußen. Auf dem Hügel vor dem »Palast« steht ein regelrechter Wald aus Monolithen. Hunderte von schweren, länglichen Felsbrocken sind hier errichtet worden. Ich will sie mir gerade näher betrachten, als er ans Licht tritt: der *Ang* von Mon!

Trotz seines leicht tänzelnden Gangs umgibt den etwa 45 Jahre alten Mann eine würdevolle Aura. Sein Gesicht trägt die tiefen punktförmigen Narben des Brillentattoos, in seinen geweiteten Ohrläppchen stecken Patronenhülsen, und seine Brust wird von einer Kette mit zehn großen Tigerzähnen geziert. Über dem Lendenschurz trägt er die rote *Gaonbura*-Weste, ein Relikt aus der Zeit der Briten. Als der *Ang* den Mund zu einem rauen Lachen öffnet, sehen wir seine vor Betel rot strotzenden Zähne. »Wie ein Raubtier«, flüstert mir Aglaja ins Ohr. Höflich bittet er uns in seinen riesigen »Palast«. Der Raum ist lehmgepflastert, und in der Mitte steht sein Thron – eine breite, bettähnliche Sitzgelegenheit, die an beiden Enden mit stilisierten Nashornvogelschnäbeln verziert ist. Dahinter hängt ein Regal an der Wand mit einer großen Ansammlung verschiedenster *Daos*. Wir zeigen dem *Ang* Nalins Fotos, und auch er beginnt abzuzählen, wer von den Abgebildeten noch am Leben ist und wer nicht. Dank Shingwangs Hilfe kommen wir ins Gespräch.

»Ich bin der derzeitige *Ang* von Mon«, dolmetscht Shingwang. »24 Dörfer sind mir zu Tribut verpflichtet, und ich führe eine uralte Tradition fort, denn seit Jahrhunderten ist das Königsgeschlecht in unserer Familie geblieben. Damit das *Ang*-Blut stets rein bleibt, stammen auch meine Frauen aus meinem eigenen Klan.«

»Wie viele Frauen haben Sie denn?«, fragt Aglaja unerschrocken.

»Sieben habe ich geheiratet.«

»Gibt es noch andere?«

Der *Ang* lacht herzhaft: »Wir *Ang* dürfen zur Frau nehmen, wen immer wir wollen. Das ist bei uns so Sitte. Bei den Mädchen besitzen wir sogar den ›Anteil des *Ang*‹.«

»Was bedeutet dieser ›Anteil des *Ang*‹?«, frage ich, unsicher, ob ich damit nicht zu weit gehe.

»Nun, unsere Mädchen tragen nur knappe Tücher. An den Seiten der Tücher gibt es stets einen Spalt. Diesen nennen wir den ›Anteil des *Ang*‹. Und wenn ein Mädchen an meinem Haus vorbeikommt«, nun beginnt der *Ang* zu lachen, »und mir das gefällt, was ich durch den ›Anteil des *Ang*‹ sehen kann, habe ich ein Recht auf den Rest.«

»Können wir Ihre Frauen kennen lernen?«, setzt Aglaja nach, »wir würden Sie gerne mit ihnen fotografieren.«

Da umspielt ein nervöses Zucken die Mundwinkel des *Ang*. Er wird unsicher. »Ich weiß nicht recht«, sagt er. Erst nachdem ihn Shingwang beschwichtigt hat, lenkt er ein. »Wenn, dann nur in unseren Festgewändern!« Dieses Angebot nehmen wir natürlich gerne an, die Aussicht auf ein Bild des ehrenwerten *Ang* im Kreise seiner sieben Haremsdamen ist mehr als verlockend. »Besucht einstweilen Longsha. Er ist zwar schon alt und hört schlecht, aber wenigstens lebt er noch«, schlägt der *Ang* uns vor.

Longsha wohnt auf der anderen Seite des Hügels, auf dem das Königshaus steht. Er ist der Hauptdarsteller in Nalins Film gewesen – ein grandioser Charakter, urig und spitzbübisch. Sein Haus ragt auf langen Stelzen über den tiefen Abhang hinaus. Shingwang ruft etwas zur Tür hinein, und sofort kommt Longshas Frau heraus. Ihr stecken rot gefärbte Stachelschweinborsten im oberen Teil der Ohren. Es ist nicht schwer zu erkennen, sie freut sich über den seltenen Besuch. »Kommt herein, kommt herein!«, ruft sie, und als sie die Fotos sieht, fügt sie lachend hinzu: »Ja, Longsha ist hinten.« Wir durchschreiten das lange Haus auf schwankendem Boden und sehen den alten Mann auf der Terrasse sitzen. Na, das passt ja, denke ich, denn er poliert gerade einen alten Vorderlader. Longsha bemerkt uns erst, als er die Vibrationen des Bodens spürt. Ohne große Worte – er ist mittlerweile fast taub – überreichen wir ihm die Abzüge. Einer zeigt ihn, wie er sich zum ersten Mal selbst auf einem Polaroidfoto betrachtet. Longsha bricht in schallendes Gelächter aus. Als er sich auf dem nächsten Foto tanzen sieht, versucht er sofort, aufzustehen und den Tanz zu wiederholen. Doch die fünf Jahre, seitdem Nalin seinen Film mit ihm gedreht hat, sind nicht spurlos an ihm vorübergegangen: Er ist alt geworden, hält sich nicht gut auf den Beinen und muss sich gleich wieder setzen. »Ich tanze gleich!«, schreit er, sein Stolz spornt ihn an. Er öffnet eine Kiste hinter sich, in der all seine Kostbarkeiten versteckt sind: sein Hut mit dem Affenschädel, seine Armreifen aus Elfenbein, seine schwere Glasperlenkette mit dem Messinganhänger, der vier Köpfe zeigt (erbeutet bis 1948, wie er uns sagt), und seine Bergziegenhörner. Diese will er sich durch die Ohrläppchen führen, doch seine zittrige Hand verfehlt die Löcher. Erst als er ein Horn nach dem anderen mit der Zunge abgeleckt hat, gelingt es ihm, sie durch die Ohrlöcher zu führen. So geschmückt, fehlt ihm nur noch eines für den Auftritt: die Ration *Paan*, Betelnuss mit Blatt und Kalk. Als diese auch noch in seinem Mund verstaut ist und der von ihr erzeugte Speichelfluss auf die Erde tropft, fühlt er sich kräftig genug. Wie um zehn Jahre verjüngt springt er auf und tanzt, wie sollte es anders sein, einen Kriegstanz, denselben, den er damals für Nalin getanzt hatte.

Bald verabschieden wir uns von Longsha und seiner Frau, denn wir müssen zurück zum *Ang*. Und einen *Ang*, das wissen wir, lässt man nicht warten. Als wir durch die Tür seines mächtigen Hauses treten, verschlägt es uns die Sprache. Da sitzt der große König, Ehrfurcht gebietend, hinter dem Feuer. Er hat sich extra ein Paar Kniestrümpfe unter die Schenkelringe gezogen. Neben ihm sitzen zwei Frauen, die über und über mit Glasperlenschmuck behangen sind – breite Halsketten, an deren unzähligen Strängen Tausende von Samenperlen aufgefädelt sind, ausladende Colliers mit Knochenstangen, orangefarbenen Perlen und Messingglöckchen und sogar Stirnbänder aus Glasperlen. Mit einer huldvollen Geste erlaubt uns der *Ang*, unsere Aufnahmen zu machen, bis sich schließlich Aglaja doch traut, die Frage zu stellen, die auch mich bewegt: »Wo sind denn Ihre anderen fünf Frauen?«

»Die dürfen nicht mit auf das Bild«, antwortet der *Ang* kurz.

»Warum denn nicht?«

»Sie sind zu hässlich.«

Die Bekanntschaft mit dem *Ang* von Mon hat uns dermaßen unterhalten, dass wir in den nächsten Tagen beschließen, einen anderen machtvollen Konyak-Herrscher zu besuchen – den *Ang* von Chui. Sein Dorf liegt etwas südlich von Mon. Während unser Fahrer kunstvoll den größten Schlaglöchern auf der Piste ausweicht und finsterer Wald an uns vorbeizieht, fallen mir, gedankenverloren aus dem Fenster starrend, wieder die Briten ein. Wie viel Überwindung muss es sie damals gekostet haben, sich diesen versteckten Dörfern zu nähern. Sie bezeichneten die Hinterhaltstaktik der Naga als »feige«, doch bei der Kopfjagd ging es auch nur bedingt um einen heldenhaften Kampf in unserem Sinne. Die Naga wollten fruchtbarkeitsspendende Schädel erbeuten, denn damit, so glaubten sie, sicherten sie das Überleben ihrer Angehörigen. Derjenige, der diese Schädel heimbrachte, wurde als Held verehrt, da er dieses Überleben ermöglichte. Somit lag nahe, dass es egal war, *wie* die Kopfjäger in den Besitz des Kopfes gelangten, solange sie darauf achteten, dass der Feind tot war, bevor sie ihm den Kopf abschnitten. Was die »Qualität« der Köpfe betraf, war es verboten, Alte und Wehrlose zu töten. Hingegen bevorzugte man Frauenschädel, weil man davon überzeugt war, dass diese unmittelbar mit den Gesetzen der Fruchtbarkeit in Verbindung stünden! Auch Kinderköpfe lagen bei gewissen Naga-Gruppen hoch im Kurs. Kinder blieben stets innerhalb der schützenden Wälle des Dorfes. Und wenn ein Kopfjäger einen Kinderschädel mit nach Hause brachte, hieß das, dass er ins feindliche Dorf hinein- und wieder herausgekommen war und auf seinem Weg alle Hindernisse – vor allem seine Feinde – beseitigt hatte. Doch vielleicht so eine Art »Heldentum«, frage ich mich und versuche, mich in das Denkgebäude der Naga einzufinden, als wir die Außenbezirke von Chui erreichen.

Die Häuser in Chui sind kleiner als die in Mon – kompakter und runder in ihrer Architektur. Der *Ang* von Chui scheint insgesamt reicher zu sein als sein Kollege in Mon, denn der *Morung* des Dorfes wurde vor kurzem im Stil eines Bungalows auf einem Betonfundament neu errichtet. Auch die viel gerühmte Schädelsammlung, die einst die gesamte Außenwand seines Palastes einnahm, ist nicht mehr da. Ich bin enttäuscht. »Die Kirche ...«, meint Shingwang trocken und deutet mit einem Kopfnicken auf das Gotteshaus, das auf dem höchsten Platz des Dorfes thront.

Wir fragen nach dem *Ang*, doch bekommen nur zur Antwort, dass dieser keine Lust habe, uns zu sehen. »Der *Ang* von Chui ist launisch«, bemerkt Shingwang und lässt den Gesandten, dem er ein altes Foto mitgibt, nochmals nachfragen. Offensichtlich bewirkt dies Wunder. Seine Eminenz kann sich dazu bequemen, sich doch noch zu zeigen. »Für Geschenke ist er immer offen. Und Geschenke mitzubringen, gebührt auch seinem Stand«, erklärt uns unser Führer. Dies belegen sowohl Dutzende von Gongs, die zwischen Elefantenstoßzähnen hinter seinem Thron aufgehängt sind, wie auch Hunderte von Nashornvogelschnäbeln, die in Reihen von der Decke ragen, und unzählige Mithun- und Büffelschädel, die an der Außenwand des Hauses befestigt sind.

Großspurig gibt uns der *Ang* zu verstehen, mächtiger zu sein als der in Mon, aber, so sagt er, es gebe keine Feindschaft mehr zwischen ihnen. »Diese Zeiten sind vorbei.« Fast sehnsüchtig blickt er hinaus auf den Vorplatz seines Hauses, der ebenfalls mit Hunderten von senkrecht aufragenden Felsblöcken geschmückt ist. Doch er fängt sich schnell wieder und widmet seine Aufmerksamkeit vor allem Aglaja. Er scheint Gefallen an ihr gefunden zu haben, denn er spricht überwiegend mit ihr und beginnt, ihr schöne Augen zu machen. Zum Glück trägt sie kein Röckchen, das den ›Anteil des *Ang*‹ offenbart, denke ich ... Doch allein dem weiblichen Charme Aglajas gelingt es – nachdem wir eine Stunde ums Feuer gesessen und immer wieder zum mottenzerfressenen Bärenfell über uns gestarrt haben –, den *Ang* schließlich für ein Foto im Freien zu gewinnen.

»Wie viele Frauen haben Sie?«, fragt Aglaja, während sie die Aufnahmen macht.

»Zehn«, antwortet der *Ang*.

»Oh, können wir die nicht mit aufs Bild nehmen?«

»Auf keinen Fall!«

»Warum denn nicht?«

»Die sind alle zu hässlich«, erwidert auch der *Ang* von Chui.

Mir kommen langsam Zweifel, ob sich die *Ang*, bei all den Privilegien, die ihnen zustehen, tatsächlich nur hässliche Frauen aussuchen. Ob da nicht eher die Kirche, der Polygamie natürlich ein Dorn im Auge sein muss, dahintersteckt?

Das Geheimnis der gehörnten Pickelhaube

Nach 16 Stunden Fahrt auf der schlechtesten Straße, die ich je in meinem ganzen Leben gefahren bin, erreichen wir spät in der Nacht Tuensang. Ich wecke Aglaja, die an meiner Schulter eingeschlafen ist, und kümmere mich mit Thangi um unsere Unterkunft. Kaum haben wir das Zimmer bezogen, fallen wir todmüde auf unsere Betten. Jede Stunde Schlaf ist kostbar, denn morgen früh wartet bereits Toshi Wungtung auf uns – Sohn eines ehemaligen Ministers der Regierung, von Beruf Ökologe und Soziologe. Er ist nicht nur ein exzellenter Reiseführer, sondern auch ein stolzer Naga aus dem Volk der Yimchunger. Sein Stolz geht sogar so weit, dass er behauptet, die Kulturen aller verschiedenen Naga-Gruppen gingen auf sein Volk zurück.

Zunächst besuchen wir Tuensang Village – die Königsstadt der Chang. Sie besteht aus vier Klanvierteln. Die Häuser der Chang sind anders als die, die wir bisher gesehen haben. Wie lang gestreckte Schiffe stehen sie dicht beieinander und blicken sich über eine schmale Straße hinweg an. Dabei berühren sie sich fast gegenseitig an ihren weit vorstehenden Dachfirsten, von denen viele noch strohgedeckt sind. Vielerorts hängen von den Hauptpfeilern noch Ritualgerüste aus Rotang und Bambus, die an menschliche Figuren erinnern. Die Chang haben eine Sitte, die dem Kulturerhalt, zumindest was Architektur betrifft, durchaus zuträglich ist. Jedes Haus, dessen letzter Bewohner gestorben ist, ist tabu. Es darf nicht mehr berührt werden. So bleibt es stehen, bis es in sich selbst zusammenfällt, was mitunter Jahrzehnte dauern kann. »Ein praktischer Brauch«, folgert Aglaja. »Da haben nicht nur die Chang etwas davon, sondern auch Besucher wie wir!«

Am zentralen Platz des größten Klanviertels von Tuensang erwarten uns die Krieger des Dorfes. Ihre roten Helme ziert ein

Kranz aus Bärenfell, das auch um die Fesseln gebunden wird und dem Läufer Schnelligkeit verleihen soll. Ihre Tücher sind wie die Lendenschurze schwarz und mit Kauris besetzt, an denen Messingzimbeln baumeln, die bei jedem Schritt hell erklingen. Vor der Brust der Männer kreuzen sich zwei Schärpen – je nach Klan entweder kauriverziert oder in einem zickzackförmigen, schwarzroten Muster gewebt, das den gefahrvollen Weg durch den Dschungel während eines Raubzuges darstellt. Die Krieger haken sich gegenseitig unter und beginnen einen Reihentanz, der sich zunehmend im Tempo steigert. Dabei wird ihr tiefer Gesang immer wieder von schrillen, markerschütternden Schreien übertönt, die die Wildheit der Krieger ausdrücken.

Die 20 000 Chang bilden zusammen mit den Khiamniungan und Yimchunger den Kern der zentralen Naga. Ihr ganzer Stolz ist ihre traditionelle Rechtsprechung, die ihnen bis heute verfassungsmäßig zugesichert wird. In ihr spiegeln sich die demokratischen Strukturen ihres Volkes wider: Jeder, der zu einem Rechtsfall etwas beitragen will, kann dies tun – ungeachtet dessen, dass sich die Urteilsfindung mitunter sehr in die Länge ziehen kann. Als beispielsweise 1991 die Konyak mit den Chang im Grenzort Tobu in blutige Kämpfe verwickelt waren, haben die Chang unter Vermittlung der benachbarten Naga-Gruppen über Jahre getagt. Am Ende kam es zu einer friedlichen Einigung, was bei Völkern, deren Nationalstolz und Klan-Identität die Gefühle schnell hochkochen lassen, mehr als erstaunlich ist. Diese Integrität der Chang machten sich Anfang des 19. Jahrhunderts die Briten zunutze, und hier beginnt eine der erstaunlichsten Geschichten Nagalands, in die auch wir 2002 noch hineinverwoben werden!

Als 1914 der Erste Weltkrieg ausbrach, rekrutierte die britische Krone aus all ihren Kolonien Soldaten, um gegen die Deutschen zu kämpfen: Sikhs aus Indien, Gurkhas aus Nepal und Angehörige anderer Volksstämme, die für ihren Mut und ihre kriegerischen Fähigkeiten bekannt waren. Ihnen versprachen die Kolonialherren Geld und die Chance auf Anerkennung und sozialen Aufstieg. Auch die Naga, die sich hatten »kolonialisieren« lassen, waren von den Briten geschätzt. Doch mit Geld konnte man die stolzen Krieger nicht dazu bewegen, ihre Berge zu verlassen. Da versprachen ihnen die Briten, dass sie auf den Schlachtfeldern Europas viele Köpfe erbeuten könnten! Welch größeren Anreiz hätte es für die Naga geben können? So ließen sich vor allem von den Chang viele Krieger anwerben, die nicht ahnen konnten, auf welch mörderische Angelegenheit sie sich da eingelassen hatten.

Die Naga, die nichts weiter kannten als die sie umgebenden Berge, hatten eine Odyssee vor sich, bis sie schließlich England erreichten. Hier erhielten die Rekruten – die Naga waren meist in den Arbeitskorps eingesetzt – eine nur notdürftige Ausbildung, und man teilte ihnen mit, dass sie unter keinen Umständen auch nur einen Kopf jagen dürften, sondern lediglich zum Ausheben von Schützengräben, Errichten von Camps etc. eingesetzt werden würden. Mit dieser Anweisung schickte man sie ein Vierteljahr nach ihrer Ankunft an die Front nach Frankreich!

Vielleicht haben die Naga das Verbot der Kopfjagd auf den französischen Schlachtfeldern an der Somme beherzigt, vielleicht nicht. Zumindest aber hatten sie ihre Rückkehr in die Naga-Berge geschickt vorbereitet und Mittel und Wege gefunden, sich dennoch von ihren Leuten als Helden feiern lassen zu können. So entdeckte der britische Kolonialbeamte und Anthropologe J. P. Mills, der für die Rekrutierung der Naga verantwortlich gewesen war, in den 1920er Jahren in einem *Morung* von Tuensang ein äußerst kurioses Objekt: Am Hauptpfosten, an dem die Chang normalerweise die erbeuteten Schädel ihrer Feinde aufhängten, hing ein deutscher Kriegshelm – eine typisch preußische Pickelhaube. An diese hatte ihr Besitzer das Symbol der Fruchtbarkeit, zwei Mithunbüffelhörner, befestigt, von denen lange Büschel menschlichen Haares herabhingen. Mills erwarb das außergewöhnliche Fundstück und übergab es 1928 an das Pitt Rivers Museum in Oxford, wo man es heute besichtigen kann.

Aglaja und ich werden nun in diese Geschichte hineingezogen, als die Krieger mit ihrem Tanz fertig sind und uns die 50 Chang-Ältesten der verschiedenen Klans von Tuensang begrüßen. Als

Geschenk überreichen sie uns Schriften über ihre Kultur, ihre Geschichte, ihre Tänze und Rituale – Abhandlungen, die sie eigens für uns in eine geliehene Schreibmaschine gehackt haben. Eines dieser Dokumente bewegt mich besonders, denn an ihm ist ein Zettel befestigt, auf dem Folgendes steht:

Wir waren tief beeindruckt, als wir hörten, dass Ihr zu uns kommen würdet – von jenseits all der Berge und Meere.
Und nun seid Ihr da. Wir heißen Euch von ganzem Herzen willkommen!
Wir hoffen sehr, dass Ihr uns helfen werdet bei unseren Bemühungen, unsere Kultur und Traditionen zu erhalten.

Büro der Gaonbura-Hauptversammlung,
Distrikt Tuensang, Nagaland, 5.4.2002

Aglaja zieht ein anderes Stück Papier aus der Mappe. Es berichtet über die Teilnahme der Chang am Ersten Weltkrieg und, was noch viel erstaunlicher ist, auch darüber, dass drei der Chang-Krieger nicht aus dem Krieg zurückgekehrt sind – Chongshen Thanti aus Tuensang, Kelep aus Yali und Tanup aus Litem. Sie seien von deutschen Frauen versteckt worden, und niemand habe je wieder etwas von ihnen gehört!

»Dies ist etwas Schreckliches für uns Chang«, klagt mir der Anführer des Chongpho-Klans sein Leid. »Drei große Krieger sind aus unserer Mitte herausgerissen worden, und weder sind sie zurückgekehrt, noch wissen wir, was mit ihnen geschehen ist. Das hat unsere Einheit sehr geschwächt – es ist wie ein Loch in unseren Reihentänzen, das nicht gefüllt werden kann. Die Chang sind durch diese Ungewissheit nicht mehr so stark wie vorher. Das Einzige, was wir wissen, ist, dass sie nach Deutschland gekommen sind und wohl mit deutschen Frauen Familien gegründet haben. Weißt du nichts über sie? Kannst du nichts über sie herausbekommen?«

Natürlich, ja sogar liebend gerne nehme ich mich der Sache an! Gerade ist mir etwas angetragen worden, was den Chang offensichtlich sehr wichtig ist. Sie leiden an dem Verlust ihrer Krieger und der Ungewissheit ihres Schicksals. Und das Verblüffende daran ist, sie tun das auch noch nach 95 Jahren! Ich bin fest entschlossen, dem Geheimnis der drei Naga-Deserteure auf den Grund zu gehen, wenn ich wieder in Deutschland bin. So biete ich dem Ältestenrat an, für ihn zu recherchieren und ihm meine Ergebnisse mitzuteilen, was dieser begeistert und dankbar annimmt.

* * *

Da ich davon ausgehe, dass den Leser die weitere Geschichte interessiert, erlaube ich mir, an dieser Stelle den Bericht über unseren weiteren Reiseverlauf zu unterbrechen, und schildere im Folgenden meine Nachforschungen zum Verbleib der drei Chang in Deutschland.

Zurück in Deutschland, beginne ich meine Recherchen, indem ich mir Informationen über das Indiz, die Pickelhaube, besorge. Über das Internet komme ich mit einem Sammler von Pickelhauben in Kontakt, von dem ich erfahre, dass es sich bei der gehörnten Pickelhaube aus Tuensang um einen Helm aus dem Königreich Württemberg handelt. Es ist ein Mannschaftshelm, der von einfachen Soldaten oder Unteroffizieren der Infanterie bis etwa 1916 getragen wurde. Daraus lassen sich zwei Schlüsse ziehen: Erstens, einer der Naga, die nach Tuensang heimgekehrt sind, hat diesen Helm auf einem der Schlachtfelder gefunden und mitgenommen. Zweitens und abenteuerlicher, einer der Naga hat diesen Helm stellvertretend für den Kopf selbst erbeutet. Dafür spricht, dass der Helm in Tuensang mit Mithunhörnern geschmückt worden ist, ein Attribut, was eigentlich nur Schädeln zustand. Außerdem, das kommt erhärtend hinzu, durften damals nur erfolgreiche Kopfjäger Mithunhörner am Helm tragen.

Die Spur wird heißer, als ich im Mai 2004 in einem Vortrag anlässlich unserer Ausstellung in Frankfurt über diese Geschichte berichte. Dort sitzt Frau Spies im Publikum, die von der ganzen Sache derart fasziniert ist, dass sie Nachforschungen auf eigene Faust anstellt. Sie wendet sich unter anderem an das Krankenbuchlager in Berlin, dessen Sachbearbeiter ihr wenig Hoffnung macht angesichts der wenigen Informationen, die wir haben. Er will nicht glauben, dass es den Naga tatsächlich gelungen sein sollte, sich hinter die deutschen Linien jenseits des Rheins durchzuschlagen. Wenn doch, dann wären die Deserteure mit Sicherheit interniert worden. Mit ihrem andersartigen Aussehen und ihren fehlenden Sprachkenntnissen wären sie todsicher aufgefallen, selbst wenn man sie versteckt hätte. Kurz, er vermutet, dass die drei Naga von den Briten erschossen wurden, da es im Ersten Weltkrieg Usus gewesen sei, Gefangene auszutauschen.

Im Herbst 2004, also zweieinhalb Jahre nach dem ehrenwerten Bittgesuch, kehre ich mit diesen Nachrichten zu den Chang von Tuensang zurück. Es herrscht ein noch größeres Aufgebot an Ältesten, die begierig auf meinen Bericht warten, und so verkünde ich einer Runde von rund 70 rot gewandeten Würdenträgern meine Ergebnisse. Als ich ende und die missmutigen Gesichter der Männer sehe, räume ich ein, dass noch bei geeigneten Stellen in England weitergeforscht werden könnte.

Da erhebt sich der Älteste des Chongpho-Klans und spricht zu mir und der Versammlung: »Wir danken dir für deine viele Mühe und wertvolle Arbeit. Wir wissen sie zu schätzen, aber ich glaube, du hast uns nicht richtig verstanden. Es ging uns nicht darum zu erfahren, was mit unseren Leuten passiert ist. Es ging uns darum zu erfahren, dass sie noch leben!« Ich schaue ihn verwundert an, doch er fährt ungerührt fort: »Wir wissen, dass Chongshen, Kelep und Tanup von deutschen Frauen versteckt worden sind. Sie haben sie in die Stadt der Frauen gebracht, die es bei euch in Deutschland gibt! Und wir wissen auch, dass sie niemand aus dieser Stadt herausholen konnte, denn die Frauen dieser Stadt wissen sich hervorragend zu verteidigen. Sie lassen auf jeden Angreifer Bienenschwärme los, womit jeder Eindringling in die Flucht geschlagen wird!«

Ich kann nicht glauben, was ich da höre. Ist dieser Mann verrückt? Das kann er doch nicht im Ernst meinen! Doch das allgemeine Kopfnicken der Versammlung macht mir unmissverständlich deutlich, dass diese mythisch-märchenhafte Vorstellung, die jeglicher rationalen Grundlage entbehrt, in den Köpfen aller hier Anwesenden Wahrheit ist. Jetzt erinnere ich mich auch daran, dass vor den Hauseingängen der Chang unzählige Bienenwaben hängen und dass der Glaube besteht, die Geister der Bienen stächen jeden eindringenden bösen Geist in die Flucht. Und auch der Mythos von der Stadt der Frauen, der bei den Naga besteht, fällt mir wieder ein. Doch all das habe ich dem Reich der Fantasie zugeordnet. Nie im Traum habe ich daran gedacht, dass die Naga das für bare Münze nehmen.

Verlegen biete ich den Männern an, mir bis zum Morgen noch mehr Informationen für meine Recherche zukommen zu lassen, aber insgeheim weiß ich, dass niemand kommen wird. Still packe ich meine Unterlagen wieder ein und denke: Vielleicht hatte Rudolf Steiner ja doch Recht, als er sagte: »Ost und West können nicht zusammenkommen ...«

»Sag mir deinen Namen!«

Bei Sonnenaufgang steuern wir unseren nächsten Zielen entgegen. Es geht Richtung Osten, Toshi möchte uns das Gebiet der Khiamniungan zeigen. Ich genieße die Fahrt über den Chingtang-Sattel, der in ein diesiges Morgenlicht getaucht ist. Wir lassen alle Dörfer weit unter uns, als wir den Höhenzug erreichen, und vor uns breitet sich ein riesenhaftes Gebiet unberührten Regenwaldes aus. Wir sind nur noch wenige Kilometer von der burmesischen Grenze entfernt, und die Dichte des Waldes, der sich bis zum Flusstal des Chindwin in Myanmar ausdehnt, lässt uns staunen.

Die 25000 Khiamniungan, deren Lebensraum sich über sechs hohe Bergzüge bis hinab nach Burma erstreckt, sind in ganz Nagaland berüchtigt. Ihnen eilt der Ruf voraus, unerschrockene Krieger zu sein, und sie sollen auch die Letzten gewesen sein, die der Kopfjagd abgeschworen haben. Doch das weiß niemand so ganz genau, denn ihr Gebiet kam nie unter britische Verwaltung. Selbst die Inder hatten es bis in die späten 1970er-Jahre nicht betreten.

Deshalb bin ich mehr als sonst gespannt, als wir nach Noklak, dem Hauptort der Khiamniungan, kommen. Dort erwartet uns eine Gruppe älterer Männer, die sich um eine relativ kleine und unbearbeitete *Logdrum* formiert haben und, als sie unseren Jeep sehen, anfangen, darauf zu trommeln. Ihr Anblick hat etwas Erhabenes. Sie sind viel größer als alle anderen Naga, die wir bis dahin besucht haben, und aus ihren fein geschnittenen Gesichtszügen lässt sich vor allem eines ablesen: Stolz. Ihre spärliche Bekleidung – einer der Männer an der *Logdrum* trägt nichts als einen Lendenschurz und die Schwertscheide, in der ein *Dao* mit schier unglaublich langer Klinge steckt – offenbart, was sie von den Chang unterscheidet: Sie sind über und über tätowiert! Nur das Gesicht ist frei, der Rest des Körpers trägt vom Hals bis zu den Unterschenkeln die Zeichen erfolgreicher Kopfjagd. Neben den »Fruchtbarkeitsfontänen«, die sich von der Lendengegend über den gesamten Brustraum ziehen, finden sich eckig-ornamentale Strukturen rund um den Hals. Dreiecke und Rauten bedecken die Arme. Doch das Eindrucksvollste sind die stilisierten menschlichen Figuren, die überall auf den Körpern der Männer prangen. Diese Strichmännchen haben keinen Schmuckcharakter – bei den Khiamniungan steht jede Figur für einen erschlagenen Feind! »Dreizehn, vierzehn. Der eine hat vierzehn Tattoos, selbst auf dem Po trägt er sie!« Aglaja kann ihr Staunen nicht verbergen. »Schau, sogar die Frauen sind tätowiert!« Netzähnliche Linien zieren ihre Beine bis zu den Kniekehlen und Streifen ihren Kinnbereich. Ihre Tracht ist in schlichtem Schwarz gehalten, auf dem die vielen gelben und orangefarbenen Glasperlenketten grandios zur Geltung kommen. Ihre ekstatischen Tänze und Gesänge erhärten den Eindruck, den sie ohnehin auf uns machen: Das ist ein wildes, ungebändigtes Volk.

Das Dorf Noklak selbst ist allerdings enttäuschend. Der Gang durch den Ort zeigt, dass nur noch wenige traditionelle, mit Schieferschindeln gedeckte Häuser stehen, aus denen sich einst ihre alte Volksbezeichnung herleitete. Auch die *Morung* mit ihren einfachen *Logdrums* sind schlicht und wenig verziert. Toshi erklärt uns, dass die Khiamniungan zwei Arten von *Morung* haben – die

Junggesellenhäuser, in denen die unverheirateten Männer schlafen (*Poh*), und die Männerhäuser (*Kamnoi*), in denen der Ältestenrat tagt. Kurioserweise, ergänzt Toshi, werden hier Streitfälle immer noch unter Befragung der Orakel gelöst.

Nach einem Abstecher ins Dorf Nokyan fahren wir weiter Richtung Süden. Wir verlassen das Territorium der Khiamniungan, um endlich Toshis Volk kennen zu lernen, die Yimchunger. Je näher wir seinem Dorf Sangpurre kommen, desto nervöser wird er. Unruhig rutscht er auf der Rückbank hin und her, sein Redefluss ist kaum zu bremsen: »Im Kiphire-Distrikt (sprich: Kiffri) leben ungefähr 86 000 Yimchunger in 76 Dörfern. Die Yimchunger nennen sich selbst Yimchung-rü, was so viel bedeutet wie ›Die, die den Ort ihrer Wahl erreicht haben‹. Damit wird ihre langjährige Migration angesprochen, die wahrscheinlich vom Südosten aus über die Flusstäler des heutigen Nagalands erfolgte. Diese Naga sind eine der am meisten aufgespaltenen Bevölkerungsgruppen des Landes überhaupt – sechs Subgruppen, die alle über eine eigene Kultur und Sprache verfügen, gibt es hier. Der Distrikt selbst ist neu gegründet worden und umfasst ein raues, ebenfalls nach Burma hineinragendes Berggebiet. Hier liegt auch der Saramati, der mit 3840 Metern der höchste und heiligste Berg Nagalands ist. Überall um ihn herum steht noch ein großartiger, riesenhafter Primärwald.«

Als wir die Straße nach Sangpurre hinauffahren, vernehmen wir bereits von weitem die durchdringenden Schreie und markanten Gesänge der zentralen Naga, wie wir sie schon bei den Chang und Khiamniungan gehört haben. Wir denken, dass es sich um einen Willkommenschor für uns handelt, doch weit gefehlt! Nachdem wir einen sanften Hügelwall, hinter dem das Dorf liegt, überwunden haben, bietet sich uns eine archaisch anmutende Szenerie: 50 rot und schwarz gekleidete Männer mit langen konischen Helmen, die mit Bärenfell, Eberhauern, Nashornvogelfedern und Mithunhornscheiben geschmückt sind, kommen uns in breiter Formation entgegen. Zusammen bilden sie einen Wall, der sich eindeutig gegen uns richtet! Ihre schwarzen Schilde aus

Mithunhaut halten sie tief vors Gesicht und fuchteln drohend mit den *Daos*. Nach einigen abwehrenden Gesten der Männer und lautstarkem Zureden durch Toshi öffnet sich endlich eine Lücke im Schilderwall, und wir dürfen eintreten. Auf dem Dorfplatz findet gerade ein eigentümliches Schauspiel statt. Zwei ältere Männer spielen etwas, was wie eine nachgestellte Jagd im Wald aussieht. Der eine trägt einen Hut aus Bärenfell, der andere einen mit knopfartigen Gebilden besetzten Messingreif um den Hals. Als wir näher herantreten, kann ich das Schmuckstück besser sehen. Zwei dieser Knäufe haben offensichtlich die Form menschlicher Köpfe! Beide Männer kriechen auf der Erde herum, jeder mit einer großen Armbrust bewaffnet. In theatralischen Gesten, begleitet vom Chor der heldenhaften Krieger, die mittlerweile ihre Schilde beiseite gelegt und um uns herum einen Ring gebildet haben, schleichen sie umher, legen die Armbrust an und mimen Schüsse. Doch dann ändert sich plötzlich der Spielverlauf. Die beiden scheinen sich nun erst gegenseitig bemerkt zu haben und versuchen sofort, einander auszuweichen. Als sie jedoch einsehen, dass eine Konfrontation zwischen ihnen unvermeidbar ist, zücken sie die Armbrüste und zielen aufeinander. Der Alte mit der Bärenfellmütze sinkt getroffen zu Boden! Der andere stürzt zu ihm, reißt ihm die Kappe herunter und brüllt seinen sich vor Schmerzen krümmenden Feind an. Trotz der dramatischen Steigerung des Chors höre ich das leise Röcheln des Sterbenden. Ich will mich gerade wegdrehen, als ich bemerke, dass das Schauspiel noch nicht vorbei ist. Aus dem Augenwinkel sehe ich den Sieger nach hinten auf seinen Rücken langen. Ja, tatsächlich, er zückt seinen *Dao* und macht sich am Hals seines Opfers zu schaffen! Ich traue meinen Augen nicht – will er ihn etwa enthaupten? Da lässt er ab von seinem Tun, richtet sich auf, reißt die Arme in die Luft. Mit der rechten Hand reckt er den langen *Dao,* und in der linken mimt er, den Kopf seines Feindes am Haupthaar zu halten! Seiner Kehle entfährt ein markerschütternder Siegesschrei, der von den Umstehenden ekstatisch fünfzigfach erwidert wird! Dann tanzt er in bedächtig wiegendem Schritt einmal um den Toten herum und rennt schließlich vom Platz.

»Schnell, folgt mir!«, ruft uns Toshi zu, und Aglaja und ich, beladen mit Kameras und Tongeräten, tun unser Bestes, dem wie ein Wahnsinniger durch die Dorfstraßen rasenden Mann zu folgen. Seine Hatz endet an einem *Morung*, besser gesagt, an einem Trommelhaus. Denn die *Logdrum*, die hier steht, ist so riesig, dass sie den gesamten Raum ausfüllt. Sie hat die typische Yimchunger-Form – nicht schlitzförmig ausgehöhlt, sondern eine Röhre mit nach außen hin überstehender Schlagfläche. Unser siegreicher Held klettert auf das Ungetüm und macht sich an einem Bündel zu schaffen, dass ich in dem dunklen Raum erst nicht richtig erkennen kann. Sind das etwa menschliche Köpfe? Bona, unser Helfer, leuchtet mit seiner Taschenlampe dort hinauf, und ich sehe, wie der schweißüberströmte Alte so tut, als würde er den Kopf, den er seinem Feind gerade abgetrennt hat, den anderen hier bereits hängenden Köpfen hinzufügen. Erst auf den zweiten Blick bemerke ich, dass es drei Zuckerrüben sind, aus denen die Formen menschlicher Köpfe herausgeschnitzt wurden. Sie sind dunkel eingefärbt, Glasperlen dienen als Augen und Samen des Tränengrases als Zähne. Dann stimmt der erfolgreiche Kopfjäger mit den vom Dachfirst herabhängenden großen Balken ein eindrucksvolles Trommelsolo an, das allen im Dorf seinen Sieg kundtut. Da tritt auf einmal sein Widersacher, der »enthauptete« Besiegte, in das Trommelhaus. Mit einer ehrerbietigen Geste überlässt der Sieger dem Besiegten die Trommel, der nun seinerseits einen voluminösen Rhythmus anschlägt.

Toshi gibt uns ein Zeichen, zum Dorfplatz zurückzukehren, wo die Männer immer noch tanzen und singen. Doch nun haben sie einen Ring um ihre ebenfalls tanzenden Frauen gebildet, aus deren Kehlen ganz andere Lieder aus hellen, markigen Stimmen ertönen. Uns bietet sich ein eigenartiges Klangerlebnis, was zunächst nur chaotisch anmutet, nach einer Weile jedoch das erkennen lässt, was es bedeuten soll: Sowohl durch das Einkreisen der Frauen als auch durch ihren tiefen Gesang, der den hellen Frauenstimmen das nötige Fundament gibt, bilden die Männer einen undurchdringlichen Schutzwall um den größten Schatz ihrer Existenz: die Frauen. Damit wird die Rollenverteilung in der Yimchunger-Gesellschaft klar: Die Männer schützen das Leben, das die Frauen schenken können. Gemeinsam sorgen sie dafür, dass ihr Klan weiter existieren kann. Das schließt aber nicht aus, dass Männer bei den Frauen in Ungnade fallen können. Denn diejenigen, die keine Köpfe erbeuten, werden lautstark mit Spottliedern verhöhnt. Sie haben traditionell auf dem Heiratsmarkt keine Chance, da ihre Fruchtbarkeit – wie bei jedem Menschen – nur für sie alleine reicht.

»Ja«, sagt eine korpulente Ältere mit schlechten Zähnen, »und weil das so ist, muss jeder Mann, bevor er ein Kind zeugen kann, sich ein Mehr an Fruchtbarkeit von woanders holen. Eben durch die Kopfjagd!«

»Und dann? Was passiert dann, wenn er einen Kopf mit nach Hause bringt?«, will Aglaja wissen. Verschämtes Lachen unter den Frauen, die sie umringen.

»Dieses Mehr an Fruchtbarkeit, das er vom Kopf bekommen hat, gibt er dann an uns weiter, und wir können davon ein Kind bekommen«, erklärt die ältere Frau. Daraufhin wendet sie sich zwei ihrer Freundinnen zu, und zusammen nehmen sie eine eigentümliche Formation ein: Die Frauen verhaken sich gegenseitig an den Knien und hüpfen als Dreiergruppe nun auf drei statt sechs Beinen im Kreis. Dazu stimmen sie einen Gesang an, bei dem jede der Frauen in die Pause der anderen hineinsingt. Eine Vierte steht außerhalb ihrer Gruppe und feuert sie klatschend an. Ihr Lied wie auch ihr Tanz symbolisieren die Einheit der Frauen, die auf dem Fundament des männlichen Schutzes entstehen und Blüte treiben kann. Ich finde sie ganz wunderbar mit ihren blutroten Tüchern und ihren langen, offenen Haaren – glückliche, sich sicher fühlende Frauen, die die würdevolle Erscheinung von Indianern besitzen ...

Bevor Aglaja tiefer mit den Frauen ins Gespräch kommen kann, sagt uns Toshi, dass Lotan, der »geköpfte« Verlierer von vorhin, uns zu sich bittet. Als wir sein Haus betreten, ist die Familie gerade dabei, die 110-jährige Mutter an der offenen Feuerstelle zu füttern. Liebevoll wechselt man sich ab, der halbblinden, weißhaarigen und mit zahlreichen Tätowierungen geschmückten

Frau Reis und Linsen in den Mund zu schieben. Schon jetzt lässt sich der tiefe Schmerz erahnen, der die Familie treffen wird, wenn die Mutter einmal stirbt.

Als Lotan mit dem Füttern fertig ist, reicht er uns beiden je ein riesiges Mithunhorn mit Reisbier. Es ist so frisch, dass es sogar noch schäumt. Dazu bekommen wir Bananenblätter mit Reis, Linsen, Fleisch und *Jungle leaves* – herb-bittere spinatähnliche Blätter, die die Naga auf ihren Jhum-Feldern ernten. Nach dem Essen machen wir es uns in Lotans Hütte ums Feuer herum ein wenig gemütlich. Toshi übersetzt unsere Fragen.

»Lotan, was war das da vorhin? Was habt ihr gemacht?«, eröffne ich das Gespräch. »Heute haben wir das uralte Machtverhältnis in unserem Dorf bestätigt«, antwortet Lotan besinnlich. »Wir haben die Ordnung erneuert, die uns schon seit Urzeiten Glück gebracht hat. Als Ältester meines Klans bin ich gegen den Ältesten des anführenden Klans von Sangpurre angetreten. Ich musste den Schaukampf natürlich verlieren, damit die alte Rangfolge innerhalb der Klans von Sangpurre bestehen bleibt.«

»Was würde passieren, wenn du dem nicht zustimmen würdest?«, fragt Aglaja.

»Unmöglich!«, lacht Lotan. »Das würde Krieg bedeuten! Den wollen wir nicht. Wir verstehen uns gut mit dem Herrscherklan. Wir fühlen uns nicht unterdrückt, sondern wir bilden zusammen eine Gemeinschaft. Und diese Gemeinschaft macht uns stark.«

»Dann ist es wohl falsch, das Ganze vorhin nur als Theater zu bezeichnen?«, folgert Aglaja.

»Absolut!«, schaltet sich da Toshi vehement ein. »Das Antreten der zwei Klans gegeneinander hat eine tiefe Bedeutung. Sie dient dem Fortbestand der Gemeinschaft, die sie damit auf ritualisierte Weise bestätigen. Außerdem werden Spannungen zwischen ihnen abgebaut – Lotans Klan hat den anderen herausgefordert, geschmäht und verhöhnt. Er als Ältester hat dann durch seine freiwillige Selbstopferung das Gleichgewicht wieder hergestellt. Somit kann das Leben weitergehen.«

»Aber warum musste er scheinbar enthauptet werden?«, wirft Aglaja verwundert ein.

»Weil sein Kopf die Fruchtbarkeit im Anführerklan vermehrt. Das kommt Lotans Klan wiederum zugute, denn er wird vom Anführerklan beschützt. Außerdem war das der sichtbare Beweis für die Anerkennung des Kräfteverhältnisses zwischen den Klans.«

»Und warum hat der Sieger dich kurz vor der Enthauptung noch angeschrien?«, richtet sich Aglaja wieder an Lotan. »Ja, und was hast du geantwortet?«, füge ich Aglajas Frage, die auch mir unter den Nägeln brennt, hinzu.

Lotan lacht. »Er hat mich natürlich nach meinem Namen gefragt. Und ich habe ihn ihm gesagt.«

Die Verwunderung in unseren Augen lesend, ergänzt er erklärend: »Es war schon immer die heilige Pflicht des Unterlegenen – egal, ob Mann oder Frau –, wenn er noch konnte, dem Siegreichen seinen Namen zu nennen. Denn diesen Namen gibt der Sieger dem nächsten in seinem Klan geborenen Kind. Auch mein Name wird so weiterbestehen, und so wird mein Andenken in Ehre gehalten werden, auch wenn meine Fruchtbarkeit nun im anderen Klan fortlebt.«

Mir schwirrt der Kopf, als ich im Schlafsack liege. So komplex und tiefgründig habe ich mir die Kopfjagd bei den Naga nicht vorgestellt. Dies ist keine Barbarei, denke ich, ganz im Gegenteil: Wie viel mehr Ehre kann man seinem Gegner entgegenbringen, als sein eigenes Kind nach ihm zu benennen?

Sophus Hochzeit

Heute sind wir unterwegs nach Mimi, einem kleinen Dorf im Südosten Nagalands, unweit der Grenze nach Myanmar, wo die Menschen einer eigenartigen Bestattungstradition folgen sollen. In den alten Berichten steht, dass diese Volksgruppe ihre Toten über dem Feuer trocknen und dann ungeschützt im Wald sitzend bestatten soll – das ist einzigartig unter den Naga. Doch leider ist dieses Mimi unglaublich weit weg. Wir haben die Nacht in Shamatore verbracht und fahren nun über Waphore, Phelungre und Kiphire südwärts. Die Strecke zieht sich ewig. Während Thangi ihre Ungeduld kaum mehr verbergen kann, dösen Aglaja und ich vor uns hin. Lediglich ein Highlight reißt uns aus der Lethargie: In Moya steht ein schindelgedeckter *Morung*, von dessen Zentralpfosten zwei lange Bambusstangen in die Luft ragen. An ihren Enden hängen eigenartige Gebilde, die die Bambusstangen durch ihr Gewicht zu einem »Y« aufbiegen, womit sie das Symbol des Tattoomotivs, das die Kopfjäger auf der Brust tragen, wiederholen. Die Gebilde stellen stilisierte Mithunköpfe dar. Zwei flache Holzplatten bilden die Kopfform. Daran festgemacht sind zwei Bambushörner, und zwischen den Hörnern sitzt eine Kugel aus Rotanggeflecht. Am unteren Ende der Holzplatten sind frei hängende Bambusstäbchen befestigt, die im Wind hin- und herschwingen und einen zarten, hohlen Klang erzeugen.

»Ich liebe diesen Klang. Es ist der Klang meiner Jugend. Als ich aufwuchs, wurden solche Objekte jedes Jahr an diesen so genannten Kopfbäumen der *Morung* aufgehängt«, schwelgt Toshi.

»Was bedeuten sie?«, frage ich.

»Dass die Kopfjagdsaison begonnen hat!«

Unwillkürlich ziehe ich eine Augenbraue hoch, was Toshi fortfahren lässt: »Diese Objekte sind hochsymbolisch, weil sie so viele Teile kombinieren. Doch alle laufen letztendlich auf das Gleiche hinaus. Das Zentrale ist der Mithunkopf, das Symbol für Fruchtbarkeit. Die Kugel stellt einen menschlichen Kopf dar, und die Bambusstäbchen sind die Zähne des Feindes!«

Es dämmert bereits, als wir bei Chomi die Hauptstraße verlassen und uns einen Berghang hinaufkämpfen. Dahinter liegt ein breiter Fluss. Es hilft nichts: Wenn wir nach Mimi wollen, müssen wir den Fluss durchqueren. Das Wasser steht so hoch, dass es an manchen Stellen durch die geschlossenen Türen ins Wageninnere dringt. Doch mittels Vierradantrieb schaffen wir es ans andere Ufer, ohne stecken zu bleiben. Ich sehe es, Thangi reißt bald der Geduldsfaden. Hinter der nächsten Anhöhe tauchen wir schließlich endgültig in den Dschungel. Es wäre herrlich hier, mit all den riesenhaften Bäumen, den tropischen Vögeln und Zikaden, der Kühle und der angenehmen Feuchtigkeit – wären wir nicht schon zehn Stunden ohne Pause unterwegs. »Da liegt Mimi!«, ruft Toshi begeistert und zeigt auf eine kleine Ansammlung ärmlicher Hütten, die links in der Ferne an einem Berghang kleben. Alle außer ihm hegen ernste Zweifel, ob sich diese Tour wirklich gelohnt hat. Und tatsächlich, alles, was wir bei unserer Ankunft hier im Dunklen mit unseren Taschenlampen sehen, sind unansehnliche, heruntergekommene schindelgedeckte Häuser. Toshi treibt einen Klanführer in rot-schwarzem Tuch auf, der uns freudestrahlend begrüßt. Nein, Leute aus dem Westen seien noch nie hier gewesen. Auf die Frage nach den traditionellen Bestattungen lacht er zunächst und sagt: »Nein, nein, wir räuchern unsere Toten nicht. Wir legen sie nur in Salz ein!« Auch gut, denke ich und frage nach den Gräbern. »Die sind nicht weit. Nur drei Tage zu Fuß durch den Dschungel am Fuße des heiligen Berges Saramati.« Jetzt ist es so weit, Thangi kocht vor Wut, und auch ich kann nur die Augen schließen, tief durchatmen und hoffen, dass ich nicht hochgehe. Der Chief lädt uns ein, die Nacht in seinem Dorf zu verbringen. Doch Thangi weigert sich: »Vielen Dank, aber die Leute von Salumi erwarten uns.« Wir brechen also wieder auf und fahren vier lange Stunden zurück nach Norden.

Tief in der Nacht erreichen wir den kleinen Ort Salumi. Hier herrscht helle Aufregung! Um ein großes Lagerfeuer herum tanzt eine Schar schwarz gekleideter Krieger mit gezückten, langen Haumessern. »Habt ihr ein Glück – heute Nacht gehen die Krieger auf Kopfjagd!«, ruft uns Toshi begeistert zu. Ich traue meinen Ohren nicht. Im Nu habe ich meine Müdigkeit vergessen.

»Können wir mitkommen?«, frage ich Toshi, Feuer und Flamme für das, was sich vor meinen Augen abspielt.

»Auf keinen Fall!«, schreit dieser im Lärm zurück. »*Genna!*«

»Hä?«

»*Genna* – Tabu! Wenn Fremde von außerhalb des Klans teilnehmen, hat das Ritual keine Macht mehr.«

Geknickt schleiche ich den anderen hinterher, wir sind bei den Ältesten des Klans, der heute Nacht auf Kopfjagd geht, zu einem kargen Abendessen geladen. Da betreten finstere Gestalten in

Tarnanzügen und mit Maschinengewehren im Anschlag den Versammlungsraum. »*Underground*«, flüstert Toshi, nimmt einen der Dschungelkämpfer am Arm und verlässt mit ihm den Raum. Thangi schüttelt nur den Kopf, schmunzelt ein wenig und sagt dann in die Runde: »*Boy, oh Boy!* Was für ein Tag ... Aber hier bin ich machtlos. Die Untergrundgruppen, die hier in den Dschungeln liegen, akzeptieren die Regierung in Kohima und somit meine Autorität nicht. Ein Glück, dass Toshi da ist, obwohl ich ihm die Tortur nach Mimi nie verzeihen werde ...«

Nach einer Weile kommt Toshi mit dem Partisanen zurück, der einen sichtlich entspannteren Eindruck macht. Das ändert jedoch nichts daran, dass wir sofort beim General erscheinen sollen. Da stellt sich Thangi endgültig quer: »Ich bin doch nicht verrückt, es ist mitten in der Nacht. Wir haben einen 19-stündigen Tag hinter uns. Wir gehen jetzt ins Bett! Er kann warten.« Toshi beschwichtigt den Soldaten. Ich verstehe nur *Tourists* und *Culture*, und dann lässt sich der Mann bewegen zu gehen.

»O.k.«, sagt Toshi, »ich habe ihn auf morgen früh vertröstet. Dann aber müssen wir dem General Bericht erstatten.«

Am Morgen weckt uns – wie schon so oft in diesem Land – ein durchdringender Schrei. Die Krieger sind zurück, fährt es mir durch den Kopf, und sofort sind Aglaja und ich auf! Wir stolpern ins Freie und treten auf den *Morung*-Vorplatz. Es hat sich bereits eine große Menschenmenge eingefunden. Die Bewohner von Salumi gehören vorwiegend der Chirr-Untergruppe der Yimchunger an, deren Frauen großflächige Netztätowierungen an den Armen und Rauten auf der Stirn tragen. Auch hier baumeln die Symbole der Kopfjagdsaison am Y-förmigen Kopfbaum des *Morung*.

Da drängt die Menge auf die Seite und macht der Schar Krieger Platz, die gestern Nacht ums Feuer getanzt sind und nun in einer würdevollen Prozession den heiligen *Morung*-Bezirk betreten. Vorneweg schreitet der Klanälteste und ruft: »*Heeee-long, heeee-long-he!*« – »Ein Kopf, ein Kopf ist gekommen!«, übersetzt uns Toshi. Ich recke den Hals und sehe, dass er etwas an einer

Leine hinter sich durch den Staub zieht. Das kann doch nicht wahr sein, ist das etwa ...? Und tatsächlich, von da unten aus dem Staub blickt uns etwas mit fahlen Augen an, was wie ein menschlicher Kopf aussieht! Erst beim näheren Hinsehen merke ich, dass es wieder eine Zuckerrübe ist. Dem Ältesten folgt ein junger Mann, der seinen langen *Dao* auf die Schulter stützt. Zusammen schreiten die beiden die Reihen der Krieger ab, die mittlerweile einen Kreis gebildet haben. Immer noch heißt es: »*Heeee-long, heeee-long-he!*« In Abständen setzen die Männer zum Gesang an: »Ja, die Krieger unseres Klans waren siegreich. Wir sind die Stärksten! Die gleißenden Zimbeln an unseren Lenden haben die Dämonen geblendet. Das Bärenfell an unseren Füßen hat uns Schnelligkeit verliehen und die Schlangen vertrieben. Ja, wir sind siegreich. Und unsere Waffen sind die schärfsten!«

Da reißen sie mit einem Mal ihre *Daos* aus den Scheiden, die sie auf ihren Rücken tragen, und schütteln diese drohend über dem Kopf, der an ihnen vorbeigezogen wird. Das wiederholt sich dreimal, untermalt von den Pfiffen und dem Jauchzen der Krieger. Dann holt der Erste im Kreis aus und schlägt seine Klinge mit aller Wucht in den Kopf! Ein Aufschrei geht durch das Publikum. Der Zweite ist an der Reihe, und sein Hieb ist so gewaltig, dass der Rübe ein Stück Nase wegfliegt. Beim nächsten Schlag verliert sie ein Auge. »Sie berühren Blut!«, ruft uns Toshi zu. Doch es bleibt keine Zeit für Erklärungen, denn nachdem jeder der Krieger mit seinem *Dao* gewaltvoll auf den Kopf eingehauen hat, zieht ihn der Älteste zur Baumstammtrommel, die neben dem *Morung* in einem Verschlag steht. Hier erwartet ihn schon der Schamane. Mit pathetischer Stimme fängt dieser an, eine beschwörende Weise zu singen und dabei die *Logdrum* zu schlagen. Währenddessen befestigt der Anführer den Kopf mit einem groben Seil an der Trommel. Als der Schamane seinen Gesang und sein Trommeln beendet hat, dreht er sich zu der Menge und ruft: »Platz für die größten Armbrustschützen unseres Klans!«

Die erscheinen dann auch und jagen mit perfekt platzierten Schüssen der Rübe einen Pfeil nach dem anderen durch die Augen. Als der letzte Schuss sitzt, bricht ein ohrenbetäubendes

Johlen, Jubeln und Jauchzen los. Der Klan war siegreich, das Ritual ist zu Ende, das Fest kann beginnen!

Als Aglaja und ich zurück in den *Morung* kommen, ruft uns Toshi zu: »Na, haben sich eure Fragen geklärt?«

»Zum Teil, denke ich«, antworte ich, »aber ich glaube, die Einzelheiten kannst du besser erklären.«

»Das ist doch ganz einfach«, grinst Toshi, »heute ist Sophus Hochzeitstag.«

Verwundert schaue ich erst Toshi, dann Aglaja, dann Thangi an, die vor sich hin kichert: »Unsere armen Deutschen! Was sollen sie nur von uns denken ...«

Toshi hat Erbarmen mit uns und sagt: »Sophu ist der Junge, der hinter dem Kopf gelaufen ist. Gestern Abend sind er und sein Klan aufgebrochen und haben auf Feindesgebiet einen Kopf erbeutet.«

»Eine Rübe«, werfe ich ein.

»Richtig, eine Rübe – aber eine feindliche Rübe!«, lacht Toshi. »Sein Klan hat auf den Feldern eines Klans, mit dem seine Familie traditionell in Fehde lag, ein Gerüst aufgestellt, dessen Kopf diese Rübe darstellte. Sophus Aufgabe war es nun, dieses Gerüst zu finden und ihm den Kopf abzuschlagen. Dies genügt heute bei uns, um eine Frau glücklich zu machen!« Schallendes Gelächter im Raum. »Doch ernsthaft«, fährt er fort. »Bis heute ist es die heilige Pflicht eines jeden, der heiraten will, seiner Braut einen Kopf zu bringen. Da die Kopfjagd aber offiziell verboten ist, mussten wir eben andere Wege finden. Alle Männer des Klans haben Sophu dabei unterstützt, und heute morgen sind auch sie alle Krieger geworden.«

»Wie das?«, fragt Aglaja.

»Indem sie alle ›Blut berühren‹ durften. Könnt ihr euch erinnern, alle Männer haben einmal mit ihrem Dao auf den Kopf eingeschlagen, wir sagen: ›ihren *Dao* in den Kopf versenkt‹. Das hat genügt, damit auch sie alle in den Status des Kriegers erhoben werden konnten.«

»Das heißt, es muss nicht jeder Einzelne einen Kopf erbeuten, um als ›Träger großer Fruchtbarkeit‹ anerkannt zu werden?«, frage ich vorsichtshalber nach.

»Nein, das war nie so«, erklärt Toshi, »ein Kopf pro Klan und Anlass hat stets genügt. Und für das Ritual heute gilt, dass nun jeder der Gemeinschaft, der noch nicht verheiratet ist, ohne Schande heiraten können wird, denn die im Schädel vorhandene Fruchtbarkeit ist auch auf ihn übergegangen.«

In mir beginnt es zu arbeiten. Dann waren die »Steinwälder« vor den Häusern der Konyak-*Ang* wohl auch Steinsetzungen für einen *ganzen* Klan und nicht für einzelne Krieger! Denn so viel ist sicher: Wenn jeder Einzelne für jeden Anlass seines persönlichen Lebens einen anderen hätte umbringen müssen, wären die Naga schon längst ausgestorben.

»Eine Frage aber hätte ich noch zu dem Ritual«, unterbricht Aglaja meine Gedankengänge. »Der Kopf wurde ja an die Baumstammtrommel gehängt. Warum haben ihm dann noch die Armbrustschützen die Augen ausgeschossen?«

»Damit der Kopf nicht sehen kann, wer ihm all das angetan hat, und den ganzen Klan verflucht«, erklärt Toshi lachend. »Einen ähnlichen Hintergrund hatte auch der Brauch, die Schädel mit Mithunhörnern zu versehen. Einerseits wurden sie so symbolisch mit der Fruchtbarkeit, für die das Mithun steht, in Zusammenhang gebracht, andererseits wollte man seine Ohren verschließen, damit er nicht hören kann, wie seine Angehörigen nach ihm rufen.«

Da betritt der Held des Tages den Raum – Sophu, im Arm seine Braut. Die beiden sind ein hübsches Paar, und sie scheinen glücklich zu sein, geborgen in den festen Regeln ihres Volkes, das sich seine eigene Identität nicht verbieten lässt. In der Hand hält er etwas, das er mir entgegenstreckt. »Hier, für dich«, sagt er, »wir brauchen es nicht mehr!« Es ist einer der hölzernen Mithunköpfe vom Kopfbaum des *Morung*. Ich bin gerührt über dieses persönliche Geschenk, das mich, immer wenn ich es ansehen werde, an Salumi erinnern wird. Dann stürzen sich die Beiden wieder lachend in die Menge der Feiernden.

»Oh, wir bekommen Besuch«, entfährt es plötzlich Aglaja, und sie deutet auf die Männer in Tarnanzügen, die sich unmerklich zur

Tür hereingeschlichen haben. Es ist die Vorhut des Generals. Es dauert nicht lange, da steht auch dieser an unserer Frühstückstafel. Thangi lädt ihn ein, Platz zu nehmen, was dieser jedoch ablehnt. Es kommt zu wortreichen Erklärungen über das Woher, Wohin und Warum. Zwischendurch verstehe ich jedoch ein leises »*Very good*« vom General, dann lächelt dieser uns an und tritt zackig weg.

»Was hat er gesagt?«, frage ich Toshi.

»Er hat gesagt, dass es gut ist, wenn wir bald von hier verschwinden. Sie planen eine neue Offensive.«

Ein Anfang zum Abschied

Bei Pungro verabschiedet sich Toshi von uns. Er ist uns ans Herz gewachsen, der freundliche und bemühte, wenn auch etwas chaotische Yimchunger. Die Tage mit ihm haben Aglaja und mir tiefe Einblicke in die Zusammenhänge der Kopfjagd bei den Naga gewährt, und selbst wenn ich zu Hause bei meinen Freunden nur auf wenig Verständnis stoße, ich sehe in dieser rituellen Kriegsführung alles andere als ein barbarisches gegenseitiges Abschlachten. Die Kopfjagd hat vielmehr einen tiefen religiösen Hintergrund und ist geprägt von Moral- und Ehrvorstellungen. Jede Kultur, so sinniere ich, hat sich nur aufgrund selbst auferlegter Grenzen erhalten können – hätte es diese bei den Kopfjägern nicht gegeben, gäbe es heute keine Naga mehr. Ich sage dies Toshi zum Abschied, dieser schmunzelt nur und sagt: »Nun, ein Problem kennen wir Naga zumindest nicht – Überbevölkerung!«

Wir lassen die Regionen der östlichen Naga hinter uns und erreichen zunehmend »zivilisiertere« Gegenden, im Sinne von »von westlicher Architektur geprägt«. Hier im südlichen Nagaland an der Grenze nach Manipur dominiert das Wellblech, und es ist schwer, in all den Dörfern der Pochuri, Sangtam und Sema, die wir besuchen, ein traditionelles Haus zu entdecken.

Im südöstlichen Teil Nagalands – dem Phek-Distrikt, der vor allem von den Chakhesang bewohnt wird – blüht Thangi auf. Sie liebt diese Menschen, und als wir sie kennen lernen, verstehen wir, warum. Pfutsero, der Hauptort von Phek, ist unsere erste Anlaufstelle. Hier erwarten uns warmherzige Menschen, die viel daransetzen, ihr Kulturerbe zu wahren. Gefördert werden sie in ihren Bestrebungen von ihrem Minister Zachilhu Vadeo, der uns zu Ehren ein wahres Kulturfeuerwerk entzündet. In Dzülhami, seinem Heimatdorf, warten rund 500 Menschen auf unser Eintreffen und stellen uns ihre Tänze und Lieder vor. Die Trachten, die sie tragen, sind überwiegend aus weißer Baumwolle gefertigt, breite Colliers aus länglichen Muschelperlen, versetzt mit orangefarbenen und roten Glasperlen, zieren ihre Hälse, und Ohrringe aus bunten Vogelfedern oder grün irisierenden Käferpanzern tanzen bei jedem Schritt. Doch ihr gefälliges Äußeres kann nicht über die Tatsache hinwegtäuschen, dass auch sie kriegerischer Herkunft sind und mit unbeugsamem Stolz an ihrer Kultur festhalten. Dies merke ich, als mir Minister Vadeo, der stets diskret von einem Mann mit Maschinengewehr im Rücken bewacht wird, in einem wiedererrichteten *Morung* eine Sammlung Schriften zur Kultur der Chakhesang überreicht. Ich kann nicht glauben, was ich darin lese: Es gibt sage und schreibe 75 Arten des Schreiens und peinlich genaue Vorschriften, was ein Mensch tun muss, um das und das Tuch tragen zu dürfen. Besonders fasziniert bin ich von den Bestimmungen, die gelten, um am schwarzen Körpertuch, das an einen Schottenrock erinnert, eine vierte Reihe Kaurischnecken tragen zu dürfen. Da steht:

»Diese vierte Reihe ist den stolzen Helden vorbehalten, die eine der folgenden Leistungen vollbracht haben:
a) eine Affäre mit einer verheirateten Frau, die noch mit ihrem Mann zusammenlebt;
b) eine Affäre mit zwei Mädchen mit demselben Namen;
c) eine Affäre mit zwei Mädchen desselben Vaters;
d) eine Affäre mit einer Mutter und ihrer Tochter.
Findet eine der unter a) bis d) genannten Affären vorehelich statt, ist es dem Helden gestattet, einen Gürtel aus gezwirbelter Baumwolle zu tragen, dessen Knotenzahl auf diese Affären hinweist – a) = 1 Knoten, b) = 2 Knoten usw.«

»Das sind ja paradiesische Zustände für das starke Geschlecht«, kommentiert Aglaja. Sie gibt mir mit dem Ellbogen einen Stoß in die Seite und sagt: »Dass du mir hier nicht auf dumme Gedanken kommst – im Schottenrock kann ich mir dich wirklich nicht vorstellen!«

Wie sehr es bei den Chakhesang zwischen den Geschlechtern knistert, erleben wir hautnah, als wir in Cheteba übernachten. Hier haben die Dorfbewohner einen riesigen *Morung* mit alten breiten Planken als Hausfront errichtet, die mit wunderbaren Schnitzereien von Mithunköpfen und »Feindeszähnen« verziert sind. Prächtige Haushörner zieren das strohgedeckte Dach. Bis tief in die Nacht sitzen wir zusammen, trinken Reisbier und beobachten die jungen Männer und Frauen bei ihren in einer jodelnden und äußerst klangvollen Weise vorgetragenen Liebeswerbungen. Die Chakhesang sind hervorragende Sänger, und uns gelingen kostbare Tonaufnahmen, von den Fotos ihrer herrlichen Trachten ganz zu schweigen. Denn – so steht es in ihren Regeln – gesungen wird nur in traditionellen Trachten!

Die letzten Wochen unseres Aufenthaltes bei den Naga sind angebrochen, und noch immer fehlen uns vier Bevölkerungsgruppen – die Lhota, Rengma, Zeliangrong und Angami. »Ihr müsst sie alle noch sehen, sonst kann es Ärger geben«, betont Thangi nochmals, als wir mit ihrem Mann im Hause Mannen in Kohima zu Abend essen. Kohima selbst hat sich seit unserem letzten Aufenthalt 1996 leider überhaupt nicht verändert. Im Gegenteil, die Zustände scheinen noch schlimmer zu sein als das letzte Mal. Indisches Militär patrouilliert durch die Straßen und kontrolliert alle Autos. Es herrscht eine angespannte und aggressive Stimmung, sodass wir froh sind, als wir diesem unangenehmen Ort endlich den Rücken kehren können.

Wir setzen an zu unseren letzten Etappen, und besonders die Aufenthalte bei den Rengma im Wokha-Distrikt eröffnen uns neue Dimensionen, was Musik- und Geschichtstraditionen sowie die Schnitzereien an den *Morung* betrifft, die sich deutlich von den anderen Naga-Gruppen unterscheiden. In Tesophenyu dürfen wir an einem Speiseopfer für die Schutzgeister des Dorfes teilnehmen, und im Anschluss daran zeigt man uns einen heiligen Baum, unter dem »die Steine brüten«. Einmal in fünf Jahren veranstalten die Rengma hier ein Fest, bei dem sie nachsehen, wie viele Nachkommen die Steine gezeugt haben – Aufzeichnungen über deren sich ständig verändernde Anzahl gibt es seit ca. 60 Jahren. Je mehr es sind, umso fruchtbarer wird die kommende Zeit.

Den Abschluss unserer großartigen Reise bildet Khonoma, das berühmt-berüchtigte Kriegerdorf der Angami. Dort sind wir rechtzeitig für ein, wie man uns sagt, ganz besonderes Fest zur Stelle und haben sogar noch etwas Zeit, uns vorher im Dorf umzusehen.

Der Ort Khonoma war vormals eine einzige ausgeklügelte Festung. Auf mehreren Ebenen an einem Bergrücken angelegt, war jedes Klanviertel von hohen Steinwällen, Gräben, Wehrtürmen und anderen Befestigungsanlagen streng geschützt. Die Briten hatten deshalb auch extreme Schwierigkeiten, Khonoma einzunehmen, und zahlreiche Soldaten und Offiziere ließen hier ihr Leben. Heute bietet Khonoma einen eher traurigen Anblick. Was sich vor uns ausbreitet, ist eine einzige Wellblechwüste. Neben den Resten der Verteidigungswälle fallen uns lediglich drei Dinge auf, die an die alte Zeit erinnern: ein runder, von einem Steinwall gestützter Dorfplatz, ein schweres, von verwitterten Schnitzereien geziertes Eingangstor und eine über zwei Meter lange Flinte Marke Eigenbau, mit denen sich die Angami gegen die Briten verteidigt hatten. Ich bin ein wenig enttäuscht, hatte ich mir doch von Khonoma mehr erwartet. »Wenigstens haben wir hier einen grandiosen Blick auf die Reisterrassen gegenüber«, murmelt Aglaja. »Aber was liegt denn da unten auf dem Weg?« Ich folge ihrem Blick und entdecke einen Holzschlitten, auf dem ein riesiger Monolith mit einem dicken Rotangseil festgezurrt ist. Anscheinend steht ein Verdienstfest unmittelbar bevor. Ob dies der Anlass ist, zu dem wir heute hierher gekommen sind?

Es dämmert bereits, als der Dorfvorsteher uns bedeutet, am Rundplatz zu warten. Denn nun beginnt eine der würdevollsten Prozessionen, die ich nicht nur in Nagaland, sondern in ganz

Nordostindien je gesehen habe. Es erscheinen fünf junge Männer mit riesigen radförmigen Kopfbedeckungen, die einen Durchmesser von mehr als zwei Metern haben. Aus breiten Strängen gezwirbelter Baumwolle sind die Räder gefertigt, und in ihnen stecken 20 geschnitzte Holzstäbe, an denen Nashornvogelfedern – allerdings aus Papier – befestigt sind. An der Rückseite dieses überdimensionalen Kopfputzes hängen dutzende Stoffstreifen, die feine Rautenmuster in Rot und Grün aufweisen und den Klan der Person verraten. Die Kopfbedeckungen sind so schwer, dass die Jünglinge sie mit Schnüren im Gleichgewicht halten müssen. Der Rest ihrer Bekleidung steht im Gewicht an nichts nach. Schwere Colliers aus Glasperlen und Seeschnecken zieren den Brustkorb, und zu Tauen gedrehte Baumwollstränge bilden ihre fast bis zum Boden reichenden Schürzen. Die Unterschenkel der Männer schließlich sind von feinen, dunklen Rotangschnüren und rot-gelben Gamaschen aus Rattan und Orchideenstängeln geschützt. Dieser Aufzug und gerade der *Tsüla*-Kopfschmuck haben den Angami von Khonoma von ihren wohl neidischen Nachbarn die Bezeichnung »Pfaue« eingebracht. Ich finde sie großartig! Die Tracht der Angami scheint selbst auch ihre Musiktraditionen beeinflusst zu haben. Schwer und bedächtig sind ihre Weisen, fast träge und leidend muten ihre Chöre an. Kein Wunder – die armen Kerle können sich ja kaum bewegen unter ihrer Last. Wie sollten sie da noch beim Tanz leichtfüßig umherhüpfen können?

Zwischen den Männern laufen junge Mädchen, die in ihrem Erscheinungsbild wesentlich zurückhaltender sind. Ihr Schmuck gleicht dem der Jungen, ihr Haar wird von schmalen Stirnbändern zusammengehalten, und an den Handgelenken tragen sie zarte Messingspangen. Die Prozession erreicht den runden Platz, dreht ein paar Runden und marschiert dann weiter in Richtung eines morschen Holzverschlages. Als wir eintreten, denke ich, wir sind in einem *Morung*, da von der Decke große, aus Holz geschnitzte Angami-Schmuckcolliers herabhängen. Aber *Morung* kennen die Angami nicht, erklärt mir der Dorfvorsteher, nur so genannte Jugendclubs, in denen die Jugendlichen in die Traditionen eingeführt werden. Also doch so eine Art *Morung*, denke ich. Der Anlass der Festivitäten heute ist die Initiation von vier achtjährigen Jungen in die Gemeinschaft der Männer.

Drei Gruppen junger Männer sitzen im großen Raum verteilt. Die vier Jüngsten, deren großer Tag heute ist, werden umrahmt von vier Vierzehnjährigen, die ihrerseits von zwei etwa Achtzehnjährigen flankiert werden. Sie sind alle gleich gekleidet, bis auf zwei Unterschiede: Die Mithunhörner voller Reisbier, die sie in den Händen halten, variieren in der Größe je nach Alter, und die Kopfbedeckungen der drei Altersgruppen unterscheiden sich ebenfalls. Bei den Jüngsten sind sie noch sehr einfache Bastgeflechte, bei den Mittleren schon aus Baumwollsträngen gefertigt, und nur die Hüte der Ältesten tragen Holzstangen und einige Papierfedern. Die Kopfbedeckungen signalisieren unterschiedliche Initiationsstufen, die die Jungen bereits durchlaufen haben oder noch durchlaufen werden. Dabei spielen die Nashornvogelfedern an den Hüten eine entscheidende Rolle. Denn wie man uns erklärt, ist es nicht etwa so, dass es keine Nashornvögel mehr im Angami-Gebiet gibt und deswegen Papierfedern herhalten müssen. Nein, die hübschen Schwanzfedern des als königlich erachteten Vogels werden erst dann angesteckt, wenn man dem Prinzip der Fruchtbarkeit nachgekommen ist – zu Deutsch: wenn ein Kopf erbeutet worden ist! Später im Dorf begegnet uns ein älterer Mann, der in Sachen Fruchtbarkeit offensichtlich erfolgreich war – sein Hut ist voll von diesen Federn ...

Es ist ein würdevolles Ritual, das hier vollzogen wird, als die Kleinen nacheinander den ersten Schluck Reisbier aus ihrem persönlichen Horn zu sich nehmen dürfen. Was wird ihnen in ihrer Gemeinschaft noch bevorstehen? In welche Geheimnisse des Klans werden sie wohl noch eingeführt werden? Ich kann nicht verhehlen, dass ich die Kinder beneide. Wie sehr mangelt es in unserer Gesellschaft an derartigen Ritualen, die Kindern und Jugendlichen Halt und das Gefühl geben, Teil von etwas Größerem, Wichtigem und Ganzem zu sein.

Schweren Herzens brechen wir auf. Es wird unser letzter Tag in Nagaland gewesen sein. Aber nur für dieses Mal. Die Erlebnisse auf dieser Reise haben uns so tief bewegt und der kulturelle Reichtum der Naga uns so sehr beeindruckt, dass wir mit Thangi und ihrem Mann an unserem letzten gemeinsamen Abend Zukunftspläne schmieden: Wir wollen eine Gesellschaft gründen, die es sich zur Aufgabe macht, in geeigneten Projekten die kulturellen Traditionen der Naga zu bewahren und zu fördern. Doch mit einem Schmunzeln auf den Lippen warnt uns Thangi zum Abschied: »Seid vorsichtig, dies wird eine lebenslange Beschäftigung.«

In diesem Moment habe ich nichts dagegen.

Arunachal Pradesh

Eine Nacht im Haus der Fruchtbarkeit

Die Siedlungsgebiete der Naga ziehen sich über drei indische Staaten – Manipur, Nagaland und Arunachal Pradesh, die nördlichste der »Sieben Schwestern«. Von T. Lowang Rajkumar, einem Minister aus dem Volk der Nocte, haben wir eine seltene Ausnahmegenehmigung für den Tirap-Distrikt in Arunachal Pradesh erhalten, und so stehen wir im März 1998 zusammen mit Ozing Dai vom »Donyi Hango«-Reisebüro erwartungsvoll am Schlagbaum, der Assam von Tirap trennt. Auch er hat diesen Teil seines Landes, der als der unberührteste aller Naga-Gebiete gilt, noch nie besucht. Doch sein Studienfreund Manwang, der Bruder des Ministers, wohnt hier. Er will uns, so Ozing, während unseres Tirap-Aufenthalts betreuen. Die Straße, die uns in ein neues Abenteuer führt, steigt langsam an, und es wird merklich kühler. Teesträucher und Urwaldabschnitte, aus den noch die seltenen, klagenden Rufe der Hoolock-Gibbons erklingen, ziehen an uns vorbei, und bald haben wir Khonsa, den Distriktverwaltungsort, erreicht. Sofort fallen uns die vielen Menschen auf, die nur mit einem Lendenschurz bekleidet auf den Straßen unterwegs sind. Die muskulösen Männer tragen eigentümliche Frisuren – um die mit Bambuspflöcken durchstoßenen Ohren herum sind sie rasiert, lediglich ein langes Büschel Haupthaar haben sie stehen lassen, das sie nach hinten zu einem Zopf gebunden haben. Auf ihren Rücken baumelt der *Dao,* und manche von ihnen halten ein großes Palmenblatt als Regenschutz über den Kopf. Es sind Nocte und auch Wancho, die beiden Hauptgruppen des Tirap, die hier ihren Geschäften nachgehen.

Unsere Unterkunft beziehen wir in der herrschaftlichen Residenz des Ministers, der uns mit offenen Armen aufnimmt. Lowang Rajkumar ist sehr besorgt um unser Wohl, und wenn nicht eines seiner neun Telefone klingelt, ist er ein äußerst liebenswürdiger, interessanter und aufmerksamer Gesprächspartner.

Am nächsten Morgen holt uns Manwang, unser Führer, ab. Er möchte uns seinen Heimatort Kheti zeigen, ein Dorf oberhalb von Khonsa, versteckt in einem dichten Wald. Wir sind begeistert: Nur ein einziges Wellblechdach gibt es in diesem Dorf, und das bedeckt das 40 Meter lange, auf Stelzen gebaute Haus des *Wangham*! »Der darf das«, entschuldigt Aglaja den Chief, »schließlich ist er Herrscher über sämtliche Dörfer der ›Unteren Nocte‹.« Wir treffen Panwang Raja, wie er gerade im weißen Lendenschurz in der Morgensonne, vertieft ins Gespräch mit einem aus dem Ältestenrat, dem Schamanen, vor seinem »Palast« sitzt. Mit Stolz zeigt Panwang hinter sich. Die Frontwand des stattlichen Hauses ist übervoll von Mithun- und Büffelschädeln, die er anlässlich seiner vielen Verdienstfeste hat opfern lassen.

Es dauert nicht lange, und wir sind umringt von Dorfangehörigen. Panwang lädt uns in sein Haus ein, das wir über eine grob eingekerbte Baumstammleiter erklimmen. In dem nur durch die Ritzen im Bambusboden erleuchteten Halbdunkel kann ich einen Empfangsraum für Besucher mit einer kleinen Feuerstelle und dahinter einen großzügigen Versammlungsraum mit mehreren kleinen und einem großen, in der Raummitte angelegten Kochplatz erkennen. Um diesen herum tagt der Rest des Dorfrates. An den rußgeschwärzten Wänden – Schornsteine gibt es auch im Nocte-Langhaus nicht – hängen Schulterblätter von Mithunrindern, die besondere kultische Bedeutung haben, sowie Kieferknochen von Schweinen und Gongs aus Burma. Sogar ein paar Elefantenstoßzähne lehnen in der Ecke. Sie sind der ganze Stolz der Familie, stammen sie doch vom letzten wilden Elefanten der Gegend. Von der Decke herab baumeln unzählige fein geflochtene Bambuskörbe, aus denen sich, als sich die erste Aufregung über unseren Besuch ein wenig gelegt hat, Panwangs Enkelin einen aussucht und damit aufs Feld eilt. Im hinteren Teil des Langhauses befinden sich schließlich die Schlafstellen der Familie. Scheu blinzeln Panwangs Frau und deren Kinder von dort hervor. Noch nie im Leben haben sie Europäer gesehen. Auch Panwang nicht – nur Japaner: Im Zweiten Weltkrieg machte er Jagd auf sie. Einmal, so erzählt er stolz und unbefangen, war ein japanischer Bomber in der Nähe des Dorfes abgestürzt. Beim Anblick der Rauchwolke habe sein Vater, der damalige *Wangham*, die große Baumstammtrommel schlagen lassen und die Männer aus Kheti, Lapnan und den weiteren ihm zu Tribut verpflichteten Dörfern zusammengerufen. In einem großen Feldzug habe man an der Unfallstelle noch drei lebende Japaner angetroffen, und er könne sich noch gut an die ertragreichen Ernten der folgenden Jahre erinnern – dreifache Fruchtbarkeit habe man erbeuten können!

»Was habt ihr mit den Köpfen angestellt?«, frage ich Panwang. »Oh, die liegen nebenan im *Morung*«, gibt er lapidar zurück und führt uns hin. Ungefähr 50 Schädel erschlagener Feinde liegen da fein säuberlich an den Wänden aufgereiht. Mit geschwellter Brust zeigt Panwang auf die Köpfe der Japaner. »Früher«, so sagt er, »sind die ergebenen Dörfer verpflichtet gewesen, ihre erbeuteten Kopftrophäen spätestens nach einem Jahr, wenn sie ihren Fruchtbarkeitsdienst getan hatten, bei mir abzugeben. Aber heute kümmert sich niemand mehr darum. Daher kann es durchaus sein, dass ihr in anderen Dörfern noch weitaus mehr Schädel findet.«

Der Gang durchs Dorf mit seinen lang gestreckten, palmblattgedeckten Stelzenhäusern zeigt uns, wie viel hier an Tradition noch lebendig ist. Viele der barbusigen Frauen tragen noch Tätowierungen, vor allem an den Schulterblättern. In Reminiszenz an die rituell so wichtigen Schulterblätter des Mithun, in denen die Nocte die Fruchtbarkeit des Tieres vermuten, prangen hier zwei Blüten! Manwang führt uns an den Dorfrand, wo tiefer Dschungel beginnt. »Hier liegen die Bestattungsplätze von Kheti«, sagt er und deutet auf die traditionellsten Gräber, die wir bis dahin gesehen haben. »Ihr dürft nicht näher herangehen. Die Geister der Verstorbenen gehen hier noch ein Jahr lang um – auch tagsüber! Außerdem wimmelt es von Blutegeln.« So können wir nur von weitem sehen, dass diese Gräber wahre Museen sind, denn was früher bei allen Naga-Gruppen üblich war, nämlich dem Verstorbenen all seine Besitztümer mit ins Grab zu geben, wird in Kheti noch befolgt. Da hängen Hüte, Tücher, Lendenschurze, *Daos* und Speere, aber auch Badeschlappen, Gießkannen und Fotos. Über jedem Grab steht ein schwarzer Regenschirm aufgespannt. »Gegen zu viel Sonne«, erklärt Manwang und macht uns auf die Ritualgerüste mit bunten Wollfäden aufmerksam, die ein wenig abseits stehen. »In ihnen sollen sich die bösen Geister verfangen, die versuchen, die Toten vom rechten Weg ins Jenseits abzubringen.« Aglaja und ich, wir sind überwältigt. Hier bei den Nocte kann man sogar im Tod noch die ganze Pracht spüren, mit der die Menschen, die einen animistischen Glauben leben, ihr tägliches Dasein begehen.

Zurück im »Palast«, erfahren wir von Panwang, dass in seinem Dorf ein Mann lebt, der selbst noch an Kopfjagden teilgenommen hat. Er schlägt vor, dass wir Lohang Hoto einen Besuch abstatten sollen, während seine Familie beginnt, frischen *Apong*, so nennt man in ganz Arunachal das Reisbier, für das Fest zu unseren Ehren am Abend zu bereiten.

Als wir Lohang Hotos Haus betreten, stoßen wir uns die Köpfe an etwas Weichem: Es ist eine Affenhand, die an einer langen Schnur vom Dachsims herabhängt! Der alte Mann mit dem faltigen Gesicht und den tränenden, aber lebhaften Augen hat den Affen gestern noch selbst mit dem Speer erlegt. Auf seiner Terrasse ist er – bekleidet mit einem T-Shirt voller Teddybären – gerade dabei, die zweite Hand des Tieres zu präparieren, denn diese Trophäen bezeugen für alle sichtbar sein Jagdgeschick. Wir sehen ihm eine Weile schweigend zu, bis wir uns trauen, ihn nach seiner Geschichte zu befragen. Da springt der alte Mann wie vom Blitz getroffen auf, reißt seinen *Dao*, mit dem er zuvor an der Affenhand gewerkelt hat, dicht an unseren Nasen vorbei in die Luft und fängt zu singen an. Dazu verzieht er den Mund wiederholt zur Grimasse und bewegt sich langsam, mit gemächlichen, wiegenden Schritten, im Kreis, während die umstehenden Männer ihn mit Pfiffen und Johlen anfeuern. Aglaja und mir sitzt der Schreck noch in den Knochen, als Manwang uns leise zuflüstert, dass es bei den Nocte üblich sei, die alten Tage der Kopfjagd immer in Form eines Liedes zu zelebrieren. Und so stimmt der Alte eine

Lobeshymne auf die vergangenen Zeiten an, als es noch möglich war, selbst das Geschick der Felder zu steuern, die Ernten zu beeinflussen, die Nachwuchsbereitschaft zu erhöhen – alles durch die Kopfjagd. Lang dauert sein Vortrag – wir unterbrechen ihn nicht. Zu stark und zu lebendig ist der Geist der alten Tage ...

Als Lohang schließlich doch ein Ende findet, fragen wir ihn, warum es denn für ihn so wichtig gewesen sei, erfolgreicher Kopfjäger zu sein – und erhalten eine überraschende Antwort. »Damit ich nicht mehr nackt sein musste!«, krächzt der alte Mann.

»Wie bitte?« So etwas ist uns völlig neu.

»Nun, jeder Krieger durfte aufgrund seiner Erfolge gewisse besondere Kennzeichen tragen – Stoffe, Schmuck, Abzeichen. Bei uns Nocte waren dies vor allem Tätowierungen. Bevor die Inder kamen, hatte ich selbst noch einen Kopf erbeutet. Da erlaubte mir der *Wangham*, meine Brust und einen Arm zu tätowieren. Wegen meiner Tätowierung habe ich eines der schönsten Mädchen im Dorf heiraten dürfen. Vor dem ersten Kind wollte ich noch einmal zur Kopfjagd aufbrechen. Aber da kamen Abgesandte der indischen Regierung mit einem Trupp Militär und untersagten die Kopfjagd. Die Soldaten blieben über Monate hier, und so musste ich ohne den Segen eines Kopfes auskommen.«

»Hat es mit den Kindern trotzdem geklappt?«, fragt Aglaja. »Ja ja, neunmal«, winkt Lohang verächtlich ab, »das war schon in Ordnung. Doch viel schlimmer ist: Seitdem muss ich halb nackt durchs Leben gehen. Halb tätowiert, bin ich nur halb geschützt und nur halb ehrenhaft. Es wird Zeit, dass ich mit meinem Antlitz diese wunderbare Erde, die Rang, unser höchster Gott, geschaffen hat, nicht mehr beschmutze. Es wird Zeit, dass diese Schande endlich ein Ende hat ...«

Als wir in das Häuptlingshaus zurückkehren, ist der Versammlungsraum zum Bersten voll. Niemand will sich den seltenen Anblick zweier Europäer entgehen lassen. Langsam kommen uns Zweifel, ob der Bambusmattenboden die Last der Gäste überhaupt tragen kann, doch darin täuschen wir uns gewaltig. Denn als es dunkel ist, kehren die Frauen von der Feldarbeit heim und gesellen sich ebenfalls noch zu uns. Panwang bedeutet uns, zusammen mit einigen scherzenden Männern die hintere Feuerstelle aufzusuchen und dort Platz zu nehmen. Da verzieht sich eine kleine Gruppe in eine Ecke, um eine Opiumpfeife zu bereiten. »Gegen Bauchschmerzen!«, zwinkert einer der Söhne des *Wangham* uns zu.

»Wie oft hast du denn Bauchweh?«, lacht Aglaja zurück.

»Oh, ziemlich oft!«, ruft dieser und krümmt sich gekonnt vor Schmerzen. »So drei- bis viermal am Tag ...«

Die Frauen nehmen um die vordere Feuerstelle des nun freien Raumes herum Platz, und kurz darauf zerschneidet ein lang gezogener Ton aus weiblicher Kehle den Lärm des Festes: »*Yoooooooooooooooo – atinya swaneya eyooooo ...*« Dem gedehnten Laut folgt eine schnelle Folge von Tönen und Worten – unmöglich für uns zu folgen. Da entspannen sich mit einem Mal die Gesichtszüge unserer männlichen Gesellschafter. Wie verzaubert macht sich auf ihnen ein sanftes Lächeln breit, ja sogar sehnsüchtige Blicke glaube ich zu erkennen. Der merkwürdige, virtuose Sologesang findet sein Echo in der gesamten Frauengruppe, bevor er von den Männern beantwortet wird: Als die Frauen enden, fällt ein alterer Mann bei gleicher Melodie mit anderen Worten ein, welche vom Männerchor wiederholt werden. Manwang bemerkt unsere erstaunten Gesichter und flüstert uns lächelnd zu: »*Nocte Love Songs ...*« Noch bis tief in die Nacht singen sich die Nocte ihre Liebesbekundungen vor, asiatisch zeitlos, der Welt entrückt ... Als ich am frühen Morgen kurz aus dem verrauchten Haus trete, ist der schwarze Himmel mit Sternen übersät, und vom Bachlauf drängt das Glucksen von Eidechsen herauf. Ich habe das Gefühl, irgendwo am Ende der Welt zu sein, und bin überglücklich.

Ich atme noch einmal tief durch und gehe dann durch einen kleinen Seiteneingang in das Langhaus zurück. Es herrscht Aufbruchsstimmung, nicht nur bei den Gästen, sondern auch bei Panwang und seiner Familie. Sie alle schicken sich an, das Haus zu verlassen. Ungläubig blicke ich zu Aglaja, aber die zuckt nur mit den Schultern. Also frage ich Manwang, was hier los sei, und dieser antwortet verschmitzt: »Der *Wangham* macht einem größeren *Wangham* Platz.«

»Was soll das heißen?«

»Du bist doch ein *Wangham*, oder? Und da du in der Lage warst, über so viele Länder und Ozeane den weiten Weg bis hierher zu kommen, denkt Panwang, dass du ein mächtigerer *Wangham* als er sein musst. Es ist bei uns Nocte Sitte, dass der Mächtigste im Haus des Chiefs wohnen darf. Heute Nacht überlässt daher der *Wangham* von Kheti dir und deiner Frau sein Haus.«

»Aber ...«, stammele ich. »Keine Diskussion! Ein Ablehnen deinerseits käme einer Beleidigung gleich«, stellt Manwang bedingungslos fest.

Ich kann es nicht fassen. Die Bewohner von Kheti haben die ganze Zeit meinen Namen – van Ham – als *Wangham* missverstanden! Da der Umzug jedoch bereits beschlossene Sache ist, bleibt mir nichts anderes übrig, als respektvoll und dankbar anzunehmen.

Binnen kürzester Zeit hat man für Aglaja und mich aus Decken ein Lager am Feuer bereitet, das man noch mal ordentlich schürt, damit es in den letzten Stunden bis zum Sonnenaufgang auch ja nicht ausgeht. So betten wir unsere königlichen Häupter auf unserem königlichen Lager – der *Wangham* aus Deutschland und seine Frau – und schlummern mit vor Qualm tränenden Augen bald ein.

Anmerkung des Autors: Als wir Manwang im Jahr 2000 schreiben, dass wir eine Tochter bekommen haben, antwortet dieser, dass er die frohe Botschaft an Panwang Raja übermittelt habe. Dessen Antwort sei gewesen: »Natürlich haben sie ein Kind bekommen – das Mädchen ist in dieser Nacht in meinem Haus entstanden!«

Beeindruckt von unserem Interesse an der Kultur seines Volkes, beschließt Manwang, uns, wie er sagt, »etwas ganz Besonderes« zu zeigen. Neugierig, wie er imstande sein sollte, all diese faszinierenden Erlebnisse noch zu steigern, lassen wir uns am nächsten Tag gerne nach Laju, einem großen Dorf der »Oberen Nocte«, kutschieren. Es liegt inmitten der Patkoi-Berge, auf dem letzten Kamm vor Myanmar. Manwang sagt, die burmesischen Grenzer würden uns beobachten. Als wir den Weg zum Dorf hinabsteigen, laufen die Menschen schreiend vor uns davon und flüchten sich in ihre Häuser, die in zwei Reihen sauber aufgereiht die Hauptstraße des Dorfes flankieren. So etwas ist uns auf keiner unserer Reisen passiert. »Ich komme mir vor wie eine Außerirdische«, sagt Aglaja und dreht sich um sich selbst, nach menschlichem Leben spähend. Doch das Dorf ist wie ausgestorben. Manwang ruft nach dem Dorfoberhaupt, aber vergeblich. Es kann ihn niemand verstehen, sprechen doch die Oberen Nocte einen vollkommen anderen Dialekt als sein Volk. Schließlich äugt doch noch verstohlen ein junger Mann aus seiner dunklen Palmenhöhle. Er spricht ein paar Brocken »Unteres Nocte« und bietet sich an, uns zum Dorfoberhaupt, der am Ende der Ortschaft auf einem Hügel residiert, zu führen. Dies kommt uns mehr als gelegen, denn so können wir schon auf unserem ersten Gang das ganze Dorf besichtigen. Langsam schreiten wir die Dorfstraße entlang, die neugierigen Blicke, die uns hinterherstarren, im Rücken. Wie auf dem Präsentierteller, denke ich. Hier und da wagt eine Frau, für einen kurzen Augenblick den rasierten Kopf aus der Tür zu strecken, gerade lang genug, dass wir ihre eigentümlichen Tätowierungen bemerken können. Fast jede Frau hier in Laju ist im Gesicht tätowiert. Sie unterscheiden sich nur durch ihre Haartrachten, je nachdem, ob sie Kinder haben oder nicht. Wir zählen fünf *Morung* in Laju. Strohfiguren auf ihren Dachfirsten zeigen an, dass die Bewohner ihre Bedeutung noch in Ehre halten. In jedem *Morung* steht eine große Baumstammtrommel, doch wo sind die Köpfe? »*Wancho!*«, schnaubt der Häuptling mit abfälliger Miene und will uns damit zu verstehen geben, dass die Wancho sie gestohlen hätten. Immer wieder ist im Verlauf unserer Expedition dieser Name gefallen. Und mit jedem Mal, wo wir ihn hörten, ist unser Verlangen, dieses wilde und kriegerische Volk selbst kennen zu lernen, größer geworden. Doch die Wege zu den Wancho (sprich: Wantscho) sind weit und noch viel beschwerlicher als hier herauf nach Laju – Tagesreisen entfernt, zum Teil nur zu Fuß über heiße, staubige Feldwege oder feuchte Dschungelpfade zu erreichen, auf denen man sich vor Blutegeln und Dim-Dam-Fliegen nicht mehr retten kann. Aber das soll uns nicht abhalten. Und auch Manwang willigt ein, uns zu begleiten. Trotz der Angst.

Nach einer stundenlangen Traverse in Gluthitze entlang eines Bergrückens nähern wir uns der Königsstadt Nginu, wo der mächtigste *Ang* der Wancho – er nennt die Einwohner von 27 Dörfern seine Vasallen – residiert. Ein Wancho-Jüngling kommt uns ein Stück Wegs entgegen, nur mit einem blauen Lendenschurz bekleidet. Er zieht ein junges Mithunrind an einem langen Seil hinter sich her. Manwang, der glücklicherweise ein wenig Wancho spricht, entlockt ihm, dass er auf dem Weg nach Pongchau sei, wo er dem dortigen Chief das Mithun als Freundschaftsbeweis und zur Zusicherung der Unterstützung in Kriegszeiten überbringen will.

Zwischen den riesenhaften, schlauchförmigen Langhäusern in Nginu finden wir vermehrt Anzeichen für die Lebendigkeit des alten Fruchtbarkeitsglaubens auch unter den Wancho. Überall liegen Ansammlungen von *Tegwo* – »heiligen Steinen«, die die Kopfjäger während ihrer Attacken am Wegrand gefunden und die ihnen den glücklichen Ausgang ihrer Unternehmen »verheißen« haben. Die Steine werden zusammen mit den Köpfen zurück ins Dorf gebracht und markieren die Begräbnisstätten der erbeuteten Schädel. Vor dem Häuptlingshaus selbst hängen gebleichte Mithunschädel am »Kopfbaum«. Der König von Nginu, Phawang Raja, gehört zum Tiger-Klan. Dies verrät eine grob geschnitzte Tigerfigur am Zentralpfeiler seines riesigen, fast 120 Meter langen Hauses, das eher einer Ansammlung von Stallungen gleicht – mit seinem ungeebneten Boden, den dutzenden, nur mittels Bambusmatten abgeteilten Räumen, in denen Frauen und Kinder kochen, schlafen und die Wäsche waschen.

Manwang hat Phawang höflich um Audienz gebeten, zu der sich nun auch einige junge Männer des Dorfes gesellen. Fasziniert und verängstigt zugleich starren sie uns an, und von ihren Gesichtern lässt sich unschwer ablesen, dass sie große Schwierigkeiten haben, uns in Einklang mit ihrem bisherigen Weltbild zu bringen. Auf unser Lächeln hin verziehen auch sie schwerfällig den Mund zu einem Grinsen, und zum Vorschein kommen rußgeschwärzte Zähne – der traditionelle Wancho-Schutz gegen Karies. Als Aglaja ihre Kamera zückt, um ein Foto von ihnen zu machen, löst das Blitzlicht fast eine Panik aus, einer der Männer greift zum *Dao*. Nur der König kann ihn beruhigen – man merkt, er war schon einmal in Itanagar, der Hauptstadt Arunachals weit im Norden.

Das Wancho-Dorf Pongchau ist der letzte Ort des Tirap-Distrikts vor der Grenze nach Nagaland. Als wir ihn als letzten Programmpunkt auf unserer Reise erreichen, glänzen die sanften Hügel des Patkoi unweit der Siedlungsgebiete der Konyak von Nagaland bläulich in der Abendsonne. Der Weg hinauf nach Pongchau ist mit grob behauenen Felsbrocken gepflastert. Links vom Weg sehen wir im Dickicht des angrenzenden Dschungels eigentümliche Aufbauten. Als wir näher heranwollen, erkennen wir, dass es sich um Regenschirme handelt, die über blauen und roten Figuren aufgespannt worden sind. Da höre ich auch schon Manwangs entsetzte Stimme: »*Genna!* Tabu! Nicht weitergehen!« Als wollten sie Manwangs Verbot unterstützen, springen plötzlich zwei blaugeschürzte Wancho-Krieger mit gezücktem *Dao* aus dem Dickicht – direkt auf uns zu! Erst als sie sehen, dass wir Manwangs Verbot befolgen, grinsen sie ein wenig und ziehen friedlich ihres Weges. Doch auch von weitem erkennen wir: Unter herabhängenden Zweigen versteckt liegt der Friedhof von Pongchau. Die Wancho haben die traditionelle Form der Naga-Bestattung noch eindrucksvoller bewahrt als die Nocte. Denn zum Andenken für jeden Toten steht hier sogar eine geschnitzte Figur. Als Ausdruck ihres Kopfjägerstatus sind die männlichen Gesichter mit »Brillen-Tattoos« versehen. Figuren für gestorbene Frauen hingegen sind mit blauem Stoff umwickelt. Die persönlichen Besitztümer der Verstorbenen sind allesamt im defekten Zustand dem Grab beigelegt worden: Gongs, Schnüre, Tücher, Schärpen, Waffen, Helme – alles ziert verrostet, beschädigt und zerschnitten die Gräber.

»Wenn ich einmal sterbe«, erzählte uns der *Ang* von Pongchau, »geht meiner vorläufigen Bestattung im Hochgrab voraus, dass mein Körper fünf bis zehn Tage im Haus aufgebahrt wird. Nach rund 20 Tagen trennen meine Verwandten dann den Kopf ab, säubern ihn, heben ihn in einem Tongefäß auf und füttern ihn. Denn nur eine meiner beiden Seelen hat meinen Körper bereits im Moment des Todes verlassen hat, die zweite streift noch ruhelos im Haus umher. Sie kann erst ins Reich der Toten gelangen, wenn man meinem Kopf diese Ehre entgegenbringt.«

»Wo die wilden Menschen wohnen ...«

Wir verlassen den Tirap-Distrikt und kehren in die Ebene zurück, um über das Tiefland von Assam in den Norden Arunachals zu gelangen. Dazu müssen wir den gewaltigen Brahmaputra mit seinen unberechenbaren Wassermassen überqueren. Ob die Passage machbar ist, lässt sich nie voraussagen, da hier im oberen Assam auch noch der Lohit in den Riesenstrom mündet. Wie so oft gibt es keine Brücken, sondern Zugfähren – baufällige Schiffe, die höchstens ein Auto tragen können, da eine große Mannschaft erforderlich ist, um an seichten Stellen das Boot von Land aus an schweren Tauen über die Sandbänke hinwegzuziehen. Nach einem zweistündigen Manöver langen wir schließlich an einer Sandbank an, die man uns als das Nordufer des Brahmaputra schildert. »Ich komme mir vor wie in der Wüste«, meint Aglaja, »ich sehe nur Sand, kilometerweit.« Die vielen Reifenspuren, die alle in unterschiedliche Richtungen führen und in der flirrenden Sonne verschwinden, taugen wenig zur Orientierung. Nach drei Stunden Fahrt über Sandpisten, wacklige Stege und erhabene Plateaus erreichen wir schließlich Namsai, eine Ortschaft, die von den Volksgruppen der Khampti und Singpho bewohnt wird. Sie sind aus Burma eingewanderte Buddhisten, wobei der animistische Glaube an die *Nat* genannten Geister noch einen großen Raum in ihrer religiösen Praxis einnimmt. Unser Tagesziel heißt Chowkham, das Zentrum der Khampti mit seinem großen buddhistischen Kloster. In der Abendsonne leuchtet seine goldene Pagode majestätisch über der lieblichen, vom Zirpen der Grillen erfüllten Landschaft.

Doch die Orte der Khampti sind für uns nur ein kurzer Verweilpunkt. Zu sehr zieht es uns in die Berge. Wir wollen endlich den Himalaja sehen – sein östlichstes Ende, dort, wo er mit den Bergketten Yünnans zusammentrifft. Hier lebt eine Volksgruppe, die Aglaja schon lange kennen lernen wollte – die Mishmi. Sie schwärmt seit langem für die fantastischen Webereien der drei Mishmi-Gruppen, Idu, Kaman und Taraon, die Elwin in seinen Büchern stets gepriesen hatte, und nun kann sie es kaum erwarten, die feinen Stoffe endlich einmal in natura zu sehen. Unsere Anlaufstelle für die Kaman ist der kleine Weiler Wakro am Eingang zum Khamlang-Tal, wo wir einen Raum im *Inspection Bungalow* der Regierung beziehen.

Am nächsten Morgen holt uns Mr. Sojumtaayang ab und bringt uns nach Pakhuri, seinem »Dorf«, was bei den Mishmi ein wenig anders zu verstehen ist, denn oft bestehen Mishmi-Dörfer gerade einmal aus einem einzigen Haus, dafür aber aus einem sehr langen. So ist es auch in Pakhuri, das im Wesentlichen aus Sojumtaayangs Langhaus besteht, welches ganze 183 Meter Länge misst! Mit seinem sauber getrimmten Strohdach, das an der Terrasse in einem fein beschnittenen Halbrund endet, ist es auch eines der elegantesten und innen eines der ordentlichsten Domizile, in die ich je eintreten durfte. Kein Staubkorn bedeckt die rötlich patinierten Bambusmatten des Bodengestänges, das auf niedrigen Stelzen ruht. Nicht einmal die Schädel der geopferten Mithun und Wasserbüffel wirken hier schmutzig, sondern muten eher wie Jagdtrophäen in einem bayerischen Landhaus an. Sauber gekehrt sind auch die fünf Feuerstellen, die die Zentren der fünf mit Sojumtaayang verwandten Familien bilden. Insgesamt leben hier nur 27 Personen. Das spricht für einen gewissen Reichtum der Familie, wenn man bedenkt, dass früher 60 Personen in einem nur 30 Meter langen Haus keine Seltenheit waren.

Die Trachten der Mishmi sind tatsächlich von ausgesuchter Schönheit und zeugen an den Westen, Lendenschurzen, Röcken und Umhängetaschen von komplizierten Webtechniken in Schwarz, Rosa, Rot und Weiß. Auf den Köpfen der Männer thront ein dunkelblauer Turban, die Frauen tragen einen silbernen Reif im Haar, das sie zu einem Dutt hochgesteckt haben. Diesen fixieren sie mit zwei großen silbernen Nadeln, an denen kolonialzeitliche Münzen befestigt sind. Abgesehen von den Glasperlenketten, bevorzugen die Mishmi-Frauen vornehmlich Silberschmuck: Ketten mit Hunderten von Münzen hängen um den Hals, und schwere Armreifen umspielen ihre Handgelenke. Im Schmuck zeigt sich im Übrigen auch die geografische und kulturelle Nähe zu Tibet; ausgesucht schöne *Ga'u*, Amulettkästchen besetzt mit feinsten silbernen Ziselierungen, Türkisen und Korallen, weisen auf den regen Austausch mit dem Nachbarland hin.

In früheren Zeiten verstanden sich die unabhängigen und stolzen Kaman und Taraon Mishmi als Wächter Tibets. Sie hatten mit dem »Dach der Welt« einen Handel abgeschlossen, den Weg entlang des Lohit bis nach Zayul in Tibet vor Eindringlingen zu schützen. Und bis heute trägt jeder Mishmi-Mann stets einen, wenn nicht sogar zwei lange *Daos* in offener Scheide bei sich ...

Über Tezu, Zentrum der Taraon Mishmi, fahren wir weiter nach Roing, einen der Verwaltungsorte für den Dibang-Valley-Distrikt, das Reich der Idu Mishmi. Schon am Grenzposten fällt mir ein barfüßiger, mit zwei *Daos* und einer Bärenfelltasche behängter Idu im Lendenschurz auf. Er scheint ganz aus dem Norden hierher herabgekommen zu sein. Scheu, aber stolz blicken die Augen des Mannes unter einem Rotanghelm hervor, der seine topfschnittartige Frisur nicht verbergen kann. Prüfend nimmt er ein Stück maschinengefärbten Stoffes in die Hand, legt ihn an seine schwarzweiß gemusterte Weste, in die menschliches Haar eingearbeitet ist, und wirft ihn verächtlich zurück auf die Auslage des Basarstandes. Als wir weiterfahren, sehe ich ihn noch flüchtig ins Dickicht des Waldes verschwinden, wie ein Phantom aus einer anderen Welt.

Auch die Idu Mishmi erkennen keine andere Autorität an, als die ihres Klanoberhauptes. Ihre Dörfer bestehen ebenfalls meist nur aus einzelnen Langhäusern, und in Orten wie Annini oder Alinye siedeln sie bis hinauf zur tibetischen Grenze, die hier von 6000 Meter hohen vergletscherten Bergriesen gebildet wird.

Die Idu sind Meister des Brückenbaus. Bis zu 200 Meter breite Schluchten überspannen ihre gewagten Bambus-Rotangkonstruktionen, die bis heute jährlich erneuert werden. In einem Außenbezirk von Roing haben wir das Glück, einer Reinigungszeremonie der Idu beizuwohnen. Diese wird vom Schamanen, dem *Igu*, geleitet. Dessen Erscheinungsbild trägt der Vorstellung Rechnung, dass in der Person des Schamanen die Gegensätze der diesseitigen Welt überwunden werden. Auf Aglaja und mich wirkt es schlichtweg bizarr. So trägt der *Igu* grundsätzlich einen Frauenrock, und sein Haupt schützt er durch ein Band aus Kaurischnecken. Diese, so erzählt er uns in einer Pause des Rituals, würden ihn schützen, wenn die Sterne ihre Pfeile nach ihm schießen. Schräg über seinem Brustkorb hängt ein breiter Rotangstrang, in dem zahllose Tiger-, Bären- und Leopardenzähnen eingearbeitet sind. Von dem eindrucksvollen Zahnstrang baumeln Zimbeln, Schellen und Glocken, mit denen die Geister angelockt werden, und die Tasche aus Bärenfell sowie die zwei *Daos* verraten seine große Macht. Das stärkste Medium des Schamanen jedoch ist die mit Eidechsenhaut bespannte Trommel, an der eine Tigerkralle befestigt ist, denn der Tiger ist das höchste Totem, der Schutzgeist und Helfer des Schamanen. Bis heute darf er als Einziger der Idu-Gesellschaft, falls es nötig sein sollte, einen Tiger töten – ein besonderes Privileg, wenn man berücksichtigt, dass das Tier ansonsten tabu ist, wird es doch als der Onkel des ersten Menschen verstanden.

Die Geistervorstellungen sind bei den Idu so dermaßen lebendig, dass der Schamane stets Unterstützung von den Menschen, die ihn gerufen haben, erhält. Vor unseren Augen tanzen deshalb vier weitere Männer mit ihm in traditionellen, fein gewobenen Trachten. Einer von ihnen trägt ein kleines Bäumchen in der Hand, das mich sofort an das Symbol des Lebensbaumes erinnert. In einer seltsam gurgelnden Sprache produzieren die fünf Männer mit ihren drei Trommeln und einem Mithunhorn die sonderbarste Musik, die ich je gehört habe. In dem noch Tage andauernden Ritual wird sich der Schamane in seinem stundenlangen Trancegesang an Hunderten von Gefahren vorbei bis hinauf zur

Sonne, der höchsten Gottheit der Idu, erheben, um sich die nötigen Kräfte für sein Wirken zu holen. Wie ein Wirbelwind wird er durch das Langhaus fegen und es spirituell mit Beschwörungen und Gebeten reinigen, wobei je nach Geist und Unreinheit unterschiedliche »Waffen« sein Tun unterstützen – Wasser, *Dao*, Yakschwanz, Lebensbaum und notfalls die Raubtierzahnkette!

Doch wir müssen weiter – unsere Aufenthaltserlaubnis ist begrenzt. Als wir uns herzlich verabschieden, tritt einer der Männer von einem Fuß auf den anderen – er scheint zu überlegen. Dann verschwindet er im Haus und bedeutet mir zu warten. Eilig kommt er mit einem rotbraunen Fell eines erlegten Hirsches zurück, das er mir schenken will. »Ich habe nichts anderes«, sagt er leise. Ich fühle mich beschämt.

Zur tiefsten Schlucht der Erde

Vor ein paar Jahren hat man den Distrikt der Idu Mishmi zusammen mit dem Gebiet, in dem der Brahmaputra indischen Boden erreicht, zum über 5000 Quadratkilometer großen Dibang-Dihang-Biosphärenreservat erklärt, um den nahezu unberührten Urwald, der sich von Annini west- und nordwärts bis nach Tibet erstreckt, dauerhaft zu schützen. In diesem natürlichen Reservat sind seltene Tiere wie der Takin – eine Art Rindergemse –, das Moschustier, der kleine Panda und der Schneeleopard beheimatet. Wir können von Roing aus direkt ins Herz dieses grandiosen Naturparadieses vorstoßen, indem wir die Zwei-Tages-Fahrt durch einen Hubschrauberflug nach Yingkiong im mittleren Siang-Distrikt abkürzen.

Auf dem Hubschrauberlandeplatz nutzen wir die Wartezeit, um uns von Ozing, unserem mittlerweile zum Freund gewordenen Reiseführer, ein wenig über Arunachal Pradesh erzählen zu lassen. »Im Vergleich zu den restlichen ›Sieben Schwestern‹«, beginnt er, »ist Arunachal Pradesh ein Zufluchtsort des Friedens. Gerade hier im Norden sind wir weitgehend von den Unruhen, die das restliche Land so tief erschüttern, verschont geblieben. Das liegt daran, dass Arunachal am längsten sich selbst überlassen war. Die Briten, müsst ihr wissen, blieben lieber in der Ebene. Und als es dann Zeit war, aus dem Dunkel der Isolation herauszutreten und uns ›Mutter Indien‹ anzuschließen«, bei den Worten lächelt Ozing ein wenig ironisch, »hatten wir das Glück, von einem Europäer in dieses Licht geführt zu werden.«

»Ah, Verrier Elwin«, werfe ich wissend ein.

»Ja, als Berater in Stammesangelegenheiten hat er die Seele der Menschen verstanden und konnte ihnen das Gefühl geben, nicht ihre Identität zu verlieren – trotz der fortschreitenden Entwicklung. Doch als sein Fürsprecher Nehru gestorben war, ging man von zentralindischer Seite nicht mehr ganz so behutsam vor und verletzte beizeiten die Stammesrechte, die uns aber zum Glück verfassungsmäßig garantiert sind.« Und dann fügt er lachend hinzu: »Ich denke, der Grund, warum sich in Arunachal die gewalttätigen Ausschreitungen in Grenzen hielten, lag darin, dass wir einfach zu viele Volksgruppen mit zu wenig Menschen sind! Wir hatten jahrhundertelang nichts miteinander zu tun, sodass sich eine ›Arunachal-Identität‹, die uns zusammengeschweißt hätte, erst gar nicht entwickeln konnte.«

»Wie viele Völker gibt es denn in deinem Land?«, fragt Aglaja, während sie die Kameralinse putzt.

»So genau kann das niemand sagen, aber man spricht von 28 Hauptethnien mit 110 Unterstämmen! Aus elf Untergruppen besteht alleine mein Volk, das der Adi.« Ozing hält kurz inne und überlegt, bevor er fortfährt: »Ich glaube aber, es macht keinen Sinn, wenn ich sie jetzt alle aufzähle. Am einfachsten ist es vielleicht, die Kulturen der Völker unter geografischem Gesichtspunkt in drei Gruppen einzuteilen: In den Hochgebirgsregionen nach Tibet hin leben die vom tibetischen Buddhismus beeinflussten Völker – die Mönpa, Sherdukpen, Memba, Khamba und Zakhring. Im zentralen Regenwaldgürtel siedeln die Animisten – die Mishmi, Adi, Tagin, Nyishi, Puroik, Apa Tani, Aka, Miji und Khowa. Und dann gibt es noch die dritte, südliche Region, die ein bisschen herausfällt. Viele der hier beheimateten Gruppen habt ihr ja schon kennen gelernt – etwa die Khampti und Singpho, aber auch die Lisu, die kulturell von Myanmar geprägt sind.

Nocte, Wancho und Tutsa wiederum gehören kulturell zu den Naga. Den Übergang zwischen den beiden Hauptgruppen des Südens bilden die Tangsa.«

Mir schwirrt der Kopf bei all den Namen – aber sie alle klingen geheimnis- und verheißungsvoll. »Kein Wunder, dass man Arunachal das ethnologische Paradies auf Erden nennt«, sage ich zu Ozing, als wir unser Gepäck schultern und hinaus auf die kleine Landeplattform treten, auf der soeben unser Hubschrauber gelandet ist.

Wie immer kribbelt mir der Magen, als sich der Helikopter Heck zuoberst über die von dichtem Wald bedeckten Bergrücken erhebt, doch der Anblick der großartigen, übermächtigen Natur dort unten lässt mich das flaue Gefühl schnell vergessen. Wieder muss ich an die Briten denken, was das für eine unglaubliche Anstrengung für sie gewesen sein muss, in diesem Land Fuß zu fassen, deren Völker – allen voran die Adi, die damals *Abor*, »Wilde Menschen«, genannt wurden – erbitterten Widerstand gegen die fremden Eindringlinge leisteten.

Aber es ist nicht die Kolonialgeschichte, die mich heute umtreibt. Nein, Aglaja und ich, wir sind einem ganz anderen Geheimnis auf der Spur, das erst Ende der 1990er-Jahre endgültig gelüftet werden konnte. Bis dato war ungewiss, ob der Tsangpo in Tibet und der Brahmaputra in Indien ein und derselbe Strom ist. Nun weiß man, dass sich der Tsangpo seine Bahn nach Indien in mehreren steilen Katarakten durch eine extrem unzugängliche Spalte bricht, die auf tibetischer Seite zwischen den Bergriesen Namcha Barwa und Gyala Peri die tiefste Schlucht der Erde darstellt. Ebendiesen Oberlauf des geheimnisvollen Flusses wollen wir erkunden – so weit, wie man uns eben von indischer Seite aus durchlassen wird.

Nach einer Stunde Flug landen wir in Yingkiong, wo auf der Stelle das Abenteuer beginnt. Denn um bis nach Tuting, dem letzten Ort vor der tibetischen Grenze, den man per Straße erreichen kann, zu gelangen, müssen wir auf das gegenüberliegende Ufer des reißenden Siang wechseln. Doch dies ist bis heute nur nahe der Ortschaft Nubo über eine wacklige Hängebrücke aus Bambus möglich! »Auf geht's«, findet sich meine patente Frau mit der Situation ab und beginnt auch schon, sich die schwere Ausrüstung auf die Schulter zu laden. Drei Kilometer auf glitschigen Pfaden stolpern wir steil bergab in Richtung Brücke. Es dauert keine Minute, und mir rinnt vor Anstrengung der Schweiß. Zum Glück laden uns ein paar freundliche, mitfühlende Menschen in ihr Haus zu einer kleinen Rast ein. Hier begegnen mir die ursprünglichsten künstlerischen Ausdrucksformen, die ich in ganz Nordostindien gesehen habe. Grob geschnitzte Hirschköpfe hat diese Familie aus dem Volk der Adi Shimong an den Pfosten ihres Hauses aufgehängt, über denen die grobe Dachbedeckung aus Palmenblättern fransig herabhängt. Nach einem stärkenden Tee brechen wir auf, und wir gehen weiter, vorbei an großen Reisspeichern auf Stelzen, unserem schwankenden Ungetüm von Brücke entgegen. Der letzte Wegabschnitt ist mörderisch steil und gefährlich rutschig. Ein falscher Tritt – und man würde unweigerlich in die tosenden Wassermassen des Siang stürzen. In Anbetracht des glitschigen Bodens bleibt mir beim Anblick hinab in die Schlucht fast das Herz stehen. Langsam setze ich einen Fuß vor den anderen, doch schon beim ersten Schritt merke ich, dass ich so keinen sicheren Tritt habe. Ich bitte Ozing, mir mit meinem schweren Kamerarucksack zu helfen. Das gibt's doch nicht, schießt es mir durch den Kopf! Wie kann das sein, dass ein Staat einen Hubschrauberservice einführen, aber noch nicht einmal den einzigen Zugang zum Rest des Landes in einen vernünftigen Zustand bringen kann? Während ich so mit der indischen Verwaltung hadere, rutsche ich langsam, zuweilen auf allen Vieren, den Abhang runter und auf die Brücke zu. Schließlich stehe ich auf dem schwankenden Steg. Ein unglaublicher Wind wirbelt durch die Klamm. Vorsichtig halte ich mich an dem Geländer aus Rotang fest und balanciere hochkonzentriert über die glitschigen Bambusrohre. Zweimal müssen wir hin und her, bis wir alles Gepäck auf der anderen Seite haben. Jetzt erst atme ich tief durch und gebe Aglaja im Vorbeigehen einen Kuss. Sie hat die gefährliche Passage hervorragend und sicher gemeistert. Wie schön, denke ich, dass wir all dies hier gemeinsam durchleben können. Doch schon geht es ebenso steil wieder die erodierte Felswand hinauf, aber bergauf fühlen wir uns sicherer, müssen wir doch nicht ständig in den tosenden Abgrund schauen. Außerdem wissen wir, dass oben Ozings Bruder Otem mit dem Jeep auf uns wartet, das spornt an.

Bergkette nach Bergkette tauchen wir jetzt tiefer in das Reich der Adi ein, deren Strohhütten schier unerreichbar an den Abhängen über der Straße und am gegenüberliegenden Ufer kleben. Ich sehe die von den Adi seinerzeit gegen die Briten errichteten Felsblockfallen förmlich vor mir und höre das Donnern der Brocken, wie sie auf die Soldaten der Vorhut stürzen und sie unter sich zermalmen ... Das linke Siangufer wird vornehmlich von den Adi Padam bewohnt. Ihr größtes Dorf Damro ist kürzlich Schauplatz eines riesigen Festes gewesen, bei dem hunderte Mithun geschlachtet wurden, um die Beziehungen zwischen den Klanangehörigen, die mitunter weit entfernt leben, zu festigen und die Götter der Ernte wohl gesinnt zu stimmen. Auf unserer Uferseite hingegen dominieren die einstmals gefürchteten Adi Minyong. Zwischen ihren Dörfern verstreut liegen kleinere Weiler anderer Kleinvölker. Einen von ihnen steuern wir heute an – Karko.

Das Dorf und seine Bewohner wirken trist und armselig. Zuerst schiebe ich es auf das zunehmend schlechter werdende Wetter, doch ein kleiner Rundgang belehrt mich eines Besseren. Es scheint, dass die Adi Karko innerhalb der traditionellen Kräfteverhältnisse wohl eher zu den Unterlegenen zu zählen sind. Ihr *Gam*, der Chief von Karko, vermittelt aber dennoch einen würdevollen Eindruck und setzt sich dafür ein, dass die Traditionen in seinem Dorf erhalten bleiben. Er selbst trägt noch alle äußeren Zeichen seines Status: den aus dickem Rotang, Yakhaar und breiten Eberhauern gefertigten Helm, den mit schwarzen Pflanzenfasern bedeckten Rucksackumhang, die Tasche aus Bärenfell, die Ketten aus wertvollen Glasperlen und das spezielle Adi-Schmuckstück *Adap* aus blauen und weißen Glasperlen, an dem ein Zahn des Moschustieres baumelt. Auch seine Rüstung, bestehend aus Bärenfellschild und langem *Dao*, ist noch komplett. Viele der

Frauen im Dorf tragen noch die traditionellen Kinn- und Unterschenkeltätowierungen. Doch da der Regen stärker wird und wir nicht abschätzen können, ob unser Jeep nicht im Matsch der ungeteerten Straße stecken bleiben wird, sagen wir den Dorfbewohnern bald Lebewohl und ziehen uns ins kalte, ebenso triste *Guesthouse* von Karko-*Town* zurück.

In nicht enden wollenden Serpentinen schlängeln wir uns am nächsten Tag weiter nordwärts. Die Besiedlung wird spärlicher, die Landschaft mit ihren von Flechten und Moosen überwucherten uralten Bäumen dafür umso imposanter. Wir sind mitten im tiefsten Urwald, und schon mittags, als wir an einem Nebenfluss des Siang eine Rast einlegen, bekomme ich einen winzigen, aber spürbaren Vorgeschmack auf die unberührte Wildnis: Plötzlich, ohne Vorwarnung, fühle ich einen beißenden Schmerz am Unterschenkel. Instinktiv rolle ich mein Hosenbein hoch und sehe, wie sich zwischen Bergstiefel und Strumpf gerade etwas Schwarzes in mein Fleisch bohrt. Das sind sie also – die Dim-Dam-Fliegen, über die ich bereits so viel Unangenehmes bei Fürer-Haimendorf gelesen hatte. Gerade noch rechtzeitig, bevor das Mistvieh seine Eier unter meiner Haut abgelegt hat, kann ich das Tier erschlagen. Sofort steigt mir auch schon der beißende Geruch des Todes dieser Insekten in die Nase – angesichts der Tatsache, dass ich an dem Stich selbst noch drei Monate später laborieren werde, das kleinere Übel. Wir ziehen es vor, unser Lunchpaket im Auto zu verzehren, da an dem feuchten Rastplatz die Attacken der Dim-Dam-Brut unerträglich wird. Kauend wischt Aglaja eine beschlagene Fensterscheibe frei. »Das Wetter wird nicht besser, es nieselt schon. Hoffentlich ist es nicht weit bis nach Tuting.«

Tuting war ursprünglich eine Siedlung der Memba – einer Volksgruppe aus dem benachbarten Pemakö-Gebiet in Tibet. Heute siedeln hier auch Adi Ashing, von denen die Memba viele der Geistervorstellungen übernommen haben. Ich vermute, dass das mit der übermächtigen, abweisenden Natur zusammenhängt, die nicht so recht zur Klarheit des Buddhismus passen will. Doch immerhin gibt es noch viele Gebetsfahnen im Ort und auch ein kleines Kloster. Als wir zu dem baufälligen Gebäude kommen, sehen wir, wie tibetische Frauen mit bunten Schürzen und feinen Silbergürteln die Gebetstrommel drehen. Uns zu Ehren stimmen sie sogar einige Lieder an, bevor wir das Innere des Klosters betreten. Dort wartet eine große Überraschung auf uns: Das Kloster birgt eine große Anzahl wunderbarer Masken, die von der hoch entwickelten Schnitzkunst der Memba zeugen.

Die Gestaltung des Nachmittags hat Ozing übernommen. »Lasst mich nur machen. Ihr werdet staunen.« Mit diesen Worten führt er uns durch die Straßen von Tuting und steuert geradewegs auf eine Haustür zu, an die er mit einem schelmischen Grinsen klopft. Ein Freund aus dem Volk der Ashing öffnet und bittet uns herein. Er hat ein paar Freunde eingeladen, die uns einige ihrer *Ponung* genannten Lieder vortragen wollen. Kaum haben Aglaja und ich uns gesetzt, bekommen wir Tee gereicht, und der Vorsänger, der *Miri*, stimmt seinen Gesang an. »Im Wechsel mit dem Chor werden nun die Abstammungsgeschichten des Klans bis, wie die Adi sagen, ›zum ersten Menschen‹ zurück rezitiert«, erklärt uns Ozing mit bedeutungsvoller Miene und fügt hinzu: »Das ist bei Festanlässen so üblich.« Aglaja kann nicht glauben, dass es so etwas wirklich gibt, zumal ein solcher Gesang, wie sie folgerichtig vermutet, ja Tage dauern müsste. »Wie soll man sich überhaupt die ganzen Namen merken können?« Da verrät uns Ozing das dieser Fähigkeit zugrunde liegende Geheimnis und macht es uns an seiner eigenen Abstammungsgeschichte klar: »Das ist ganz einfach. Die Namen der Adi sind immer zweisilbig und werden über die väterliche Linie weitergegeben. Die zweite Silbe des Namens wird stets für die erste Silbe des Nachkommen verwendet und bildet so eine Art Eselsbrücke, mit der man leichter von Generation zu Generation gelangen kann.« Ozing schafft es auf diese Weise, in nur fünf Minuten elf Generationen und damit ungefähr 600 Jahre namentlich zurückzuverfolgen:

(Ich gebe sie hier zum besseren Verständnis für die Leser in umgekehrter Reihenfolge wieder) Durin – Rinjom – Jompok – Poktong – Tongpun – Pundong – Dongkep – Kepjong – Jongling – Lingo – Ozing (und Otem, Ozings Bruder).

Ozing selbst hat die Namen seiner beiden Söhne wieder mit »Zing« beginnen lassen und sie »Zingkim« und »Zingi« genannt. Der Erstgeborene wird seinem Sohn einen Namen geben, der mit »Kim« beginnt, der zweite wird das »I« als erste Silbe wählen.

»Man muss sich nur zu helfen wissen!«, schmunzelt Aglaja und prostet uns amüsiert mit einem Glas Tee zu.

Bei Tuting fließt der Siang relativ breit und ruhig, anders als an der tibetischen Grenze, wo er wild und tobend die steilen Abbrüche und Kaskaden hinunterstürzt. Um diese zu erleben, muss man von Tuting zu Fuß mindestens bis Geling aufsteigen, was zwei bis drei Tage in Anspruch nimmt. Als wir uns in den nächsten Tagen nach Trägern oder Führern erkundigen, werden wir zunehmend ernüchtert. Wen wir auch fragen, keiner ist bereit, für dieses gewagte Abenteuer die Arbeit auf dem Feld, die die Existenz der Dorfbewohner sichert, zu unterbrechen. Noch dazu ist das Wetter schlecht – es regnet kontinuierlich –, was die Aussichten, den Aufstieg zur tibetischen Grenze überhaupt zu schaffen, mehr als fraglich erscheinen lässt. Unter diesen Umständen fangen wir selbst zu zweifeln an: Sechs Tage steilen Auf- und Abstieg auf rutschigen Pfaden, ohne Träger, mit zu schwerem Gepäck auf dem Rücken, dazu Dim-Dam-Fliegen und Blutegel – all das ist alles andere verlockend. Wahrscheinlich erwarten uns da oben lediglich eine weitere kleine Ansammlung ärmlicher Hütten in einer traurigen Umgebung und der Anblick eines ungebändigten Flusses, wie wir schon so viele im Himalaja gesehen haben. Dafür die ganzen Strapazen? Lohnt sich das wirklich?

Aglaja und ich überlegen lange hin und her, bis sich endlich die Stimme der Vernunft meldet. Da es nicht unser Hauptinteresse ist, irgendwohin zu gelangen, nur um sagen zu können, dass wir dort waren, sondern da wir Kulturen möglichst authentisch erleben wollen, entscheiden wir, unseren – bisher eher enttäuschenden – Aufenthalt im Oberen Siang-Distrikt zu verkürzen und in südlichere Gefilde zurückzufahren.

Melodie des Dschungels

Der nächste Morgen zeigt, dass die Entscheidung goldrichtig war: Der Himmel reißt auf, und endlich offenbart sich uns die Landschaft, die wir zu Hause auf dem Wohnzimmersofa so sehr in Elwins Büchern bewundert hatten. So muss es sein, das ist der »richtige« Osthimalaja: sattgrüner Regenwald bis unter die Schneegrenze, über den Bergspitzen ein tiefblauer Himmel, dazwischen Ansammlungen von kleinen braunen Hütten und darunter der reißende Siang mit Hängebrücken aus Bambus. »Zum Glück« haben wir bald eine Autopanne, sodass Aglaja und ich die Zeit nutzen können, um die Straße zu Fuß weiterzugehen. Ich weiß gar nicht, wohin ich zuerst schauen soll, so beeindruckend ist das Panorama. Das Dschungelleben um uns herum schreit und krächzt, zwitschert und schnattert, säuselt und rauscht, die Sonne wärmt unsere durchgefrorenen Glieder und lässt auch endlich unsere feuchten Kleider wieder trocknen. Es ist schier paradiesisch!

Nach ungefähr einer Stunde holt uns der Jeep wieder ein, und wir rattern zielstrebig südwärts. Am späten Nachmittag erreichen wir bereits die Brücke von Nubo, und nun kommen wir an Adi-Dörfern vorbei, die ihren Kulturschatz – paradoxerweise trotz der verhältnismäßig guten infrastrukturellen Anbindung – erhalten haben. Riga beispielsweise ist eine unvergleichlich eindrucksvolle, riesige Siedlung der Adi Minyong, ihr Mutterdorf. Obwohl der Ort direkt an der Straße liegt, ist – ganz im Gegensatz zum vermeintlich entrückten Norden – nicht ein einziges Wellblechdach zu sehen. Dagegen bestätigen unzählige traditionelle, auf Stelzen erbaute Reisspeicher den Reichtum Rigas. Meterhohe *Panjie*-Pfosten mit hunderten messerscharf zugespitzten und im Feuer gehärteten Bambusstäben markieren Eingang und Ausgang der Siedlung. Sie besagen – für Adi unmissverständlich –, dass Dämonen gefälligst draußen zu bleiben haben. Die Frauen des Dorfes kommen uns im warmen Rot des Abendlichts entgegen, schwer beladen mit Brennholz und langen Bambuszylindern, in denen sie Wasser transportieren. Sie tragen alle noch die traditionellen, *Galle* genannten, langen Röcke und dazu langärmlige Westen in passenden Farben, ihr Haar ist topfartig geschnitten. Aglaja entdeckt sogar einige Kinder mit *Beyop*, dem von alters her einzigen Kleidungsstück für unverheiratete Mädchen, das aus nichts weiter als einem Gürtel mit runden Scheiben aus tibetischer Glockenbronze besteht, die notdürftig die Scham bedecken. Doch leider drängen die Brüder Ozing und Otem unerbittlich zum Aufbruch, da wir doch heute noch Boleng erreichen müssen, den einzigen Ort der Gegend mit einem kleinen *Inspection Bungalow*. Ich komme wieder, schwöre ich mir, als ich im Rückspiegel die letzten palmblattbedeckten Dächer verschwinden sehe.

Ozing möchte uns am nächsten Tag Yeksi zeigen, ein Minyong-Dorf, welches ihn fasziniert. Wie ein Wachtposten liegt es pittoresk auf einem Berg oberhalb des Zusammenflusses von Siyom und Siang. »Hier«, sagt er stolz, »halten die Männer noch die Tradition des *Taapu*-Kriegstanzes aufrecht.« Fasziniert, wie ich von den Kostümen der Adi bin, folge ich ihm nur allzu bereitwillig den engen Trampelpfad hinauf ins Dorf. Und da stehen sie: zehn hochgewachsene stolze Krieger in schweren Mänteln aus schwarzbraunem Yakhaarfilz, die Häupter gekrönt von dunklen Rotanghelmen mit Eberzähnen und Kämmen aus schwarzen Nesselfasern, in denen weißer Hühnerflaum steckt. Ebensolche Fasern bedecken auch die Rucksäcke der Männer und verleihen ihnen ein tierähnliches Aussehen. Schilde aus festem Rohrgeflecht schützen ihre Arme, die längsten *Daos*, die ich je gesehen habe, liegen fest in ihren Händen. Die Schärpen, an denen ihre Schwertscheiden hängen, sind aus Affenfell und tragen als Zeichen des Wohlstands Messingscheiben aus Tibet. Die finstere Tracht wird kontrastiert von einer großen Anzahl hell- und dunkelblauer Glasperlenketten über dem Brustkorb, vor denen teilweise riesige, mit Kauris oder Knöpfen besetzte Tigerkiefer prangen!

Dann legen die Krieger los. Mit einem gemeinsamen, tiefen und lang gezogenen »*Hoooooooooooooh!*« beginnt das Lied. Der Anführer leitet über in ein durchdringendes »*Hih!*«, das vier seiner Mannen aufnehmen und zu einem Rhythmus fortführen.

Denselben Laut echoen sodann die anderen fünf, sodass ein furchterregendes »*Hih – hih, hih – hih, hih – hih …!*« entsteht, das vom Rasseln der Metallscheiben an ihren *Daos* in seiner kriegerischen Kraft noch gesteigert wird. Im Tanz bilden die beiden Parteien Kriegsgegner und rücken in drohender, gebückter Haltung mit hüpfenden Sprüngen zum Rhythmus des Gesangs gegeneinander vor. Dann drehen sie plötzlich gemeinsam bei und stoßen Richtung Wiese vor. Über eine halbe Stunde lang variieren die Krieger das martialische Thema, dann sind auch sie erschöpft. Zeit für ein kühles Reisbier im Haus des *Gam*, das auch wir nicht ausschlagen, erfahren wir doch von ihm und seinem Ältestenrat eine Menge zur Geschichte der Adi und ihrer traditionellen Kultur.

Als sich der Tag langsam dem Ende zuneigt, brechen wir nach Pasighat auf, wo Ozings Reiseagentur ein Zeltcamp unterhält. Im Abendlicht erscheint uns der undurchdringliche Regenwald entlang der Piste noch grandioser als tagsüber. Unermüdlich starren Aglaja und ich aus den dreckverschmierten Scheiben des Jeeps, um die vorbeiziehende, üppige Pracht der Natur in uns aufzusaugen. Plötzlich bleibt das Auto stehen. »Mist«, höre ich Otem fluchen, »kein Benzin mehr!« Er hat vergessen, einen Reservekanister mitzunehmen und wohl die Distanzen zu den vielen Dörfern, die wir im Siang-Distrikt vor und nach unserem Aufenthalt in Tuting besucht hatten, unterschätzt. Da ist guter Rat teuer. Alles, was wir tun können, ist hoffen, dass ein Fahrzeug von Norden kommend uns mitnehmen wird. Doch wir haben Glück – im Dickicht unterhalb der Straße gewahrt Aglaja das Dach eines Hauses. Es gehört zum *Resthouse* von Yembung, dessen Verwalter Ozing noch auftreiben kann. Dieser schließt uns ohne große Worte auf und macht Tee. Ich zücke meine Notration Studentenfutter sowie den Whisky, der mir bislang auf all meinen Reisen stets größere Mageninfektionen erspart hat, und wir machen es uns in der Hütte erst einmal ein wenig gemütlich.

Ozing wechselt sich mit seinem Bruder bei der »Straßenwacht« ab, um gegebenenfalls ein vorbeikommendes Auto wegen Benzin oder einer Mitfahrgelegenheit abzufangen. Es dauert geschlagene zwei Stunden, bis sich ein paar Scheinwerfer im Dunkel der Nacht abzeichnen. Zu allem Übel hat das Auto kein Extrabenzin und ist voll beladen, sodass es höchstens eine Person mitnehmen kann. Ozing hält die Mitfahrgelegenheit für zu kostbar, als dass man sie in der Hoffnung auf ein weiteres, leeres Auto ziehen lassen sollte. »Ich komme mit einem anderen Jeep wieder herauf«, sagt er knapp und schlägt die Beifahrertür hinter sich zu. Meinetwegen, denke ich gelassen, denn inzwischen treibt mich etwas ganz anderes um: Ich möchte einmal eine Nacht im Regenwald verbringen! Als ich Ozings Bruder Otem gegenüber diesen Wunsch äußere, habe ich einen Komplizen gefunden. »Kein Problem«, meint Otem, »ich besitze gleich hier in der Nähe ein Stück Wald. Dort können wir die Geräusche der Nacht erkunden. Ozing ist sicher 2 bis 3 Stunden fort.« Ich schnappe mir mein Aufnahmegerät und das Mikrofon, und keine fünf Minuten später stapfen Otem, Aglaja und ich durch die Dunkelheit. »Ich hole nur noch schnell das Gewehr aus dem Auto«, sagt Otem. »Man kann nie wissen, wie viele Tiger gerade durch die Nacht streifen.«

Otem findet sich im Dunkel der Nacht verblüffend gut zurecht. Er kann genau sagen, wo in dieser finsteren, feuchten und pflanzlichen Tropfsteinhöhle sein Besitz beginnt, untersucht fachmännisch Boden und Bäume und führt uns sicher einen schweißtreibenden Abhang hinauf. Da stiebt auf einmal irgendetwas vor uns in der Dunkelheit davon. Aglaja und ich fahren vor Schreck zusammen. »Mithun«, flüstert Otem, lässt den Gewehrlauf sinken und fügt lächelnd hinzu: »Meins!« Nach einer Weile Wegs durch plätschernde Rinnsale erlaubt er sich, unsere Unterschenkel zu inspizieren. Aus gutem Grund, wie sich herausstellt: An jedem unserer Beine sind im Licht der Taschenlampe gerade drei längliche Blutegel dabei, sich einen Platz für ihr Abendessen zu suchen. Otem kann sie gerade noch entfernen und muss noch nicht zu den traditionellen, aber einzig wirksamen Abschreckungsmethoden von zerriebenem Tabak, Salz oder Feuer greifen. »Jetzt seid ihr sicher«, muntert er uns auf. »Dies ist die einzige Stelle auf unserem Weg, an der die Biester sitzen.« Wir sind erstaunt, vertrauen ihm jedoch nur allzu gern in dieser ekligen Angelegenheit.

»Wisst ihr eigentlich, wie der erste Blutegel entstanden ist?« Wir verneinen, und als wir durch das vollgesogene Moos stapfen, beginnt Otem eine zauberhafte kleine Geschichte zu erzählen, über die ich alle Anstrengung des Marsches schnell vergesse: »Abo Tanis erster Sohn war Jingi Tani. Überall suchte er nach einer passenden Frau, konnte aber keine finden. Schließlich wendete er sich in größter Not dem Blatt des Ok-Baumes zu. Das gebar ihm bald einen Sohn, und die beiden nannten ihn Tape. Doch das Blatt hatte keine Milch in seinen Brüsten, womit es den Kleinen nähren konnte. Tape schrie und schrie, bis es Jingi Tani schließlich zu viel wurde. Er schnitt sich sein Knie auf und stillte Tape mit dem ausströmenden Blut. Daher ernährt sich Tape, der Blutegel, bis heute von Blut.«

Ich habe schon mehrmals von Abo Tani, dem ersten Menschen, von dem die Völker der Siang- und Subansiri-Distrikte abzustammen glauben, gehört. Daher nehme ich mir vor, den in sich gekehrten Otem bei Gelegenheit dazu zu befragen. Jetzt ist jedenfalls keine Zeit dafür, denn wir haben ein kleines Plateau erreicht, das mir geeignet erscheint, ein paar Tonaufnahmen zu machen. Vorsichtig setzen wir uns auf einen von Moos überzogenen Stein und lauschen. Als wir uns auf die Stimmung einlassen, gewahre ich die Melodie des Dschungels, die von den Stimmen der Zikaden und, wie ich meine, tropischer Vögel gespielt wird. Verstummt die eine, setzt die nächste ein, ruft die eine, antwortet die andere. Es vergeht eine gute halbe Stunde, in der wir schweigend und fast andächtig der Natur zuhören. Als sich längere Zeit nicht mehr viel an der Geräuschkulisse verändert, schlägt Otem vor, ein kleines Regenwaldstimmen-Quiz zu machen.

»Was ist das, Peter?«

»Eine Grille!«

»Falsch, eine Kröte! Und das?«

»Ein Frosch!«

»Das muss man doch erkennen! Das ist natürlich ein Hirsch! Und das?«

»Ein Vogel?«

»Ich geb's auf! Das ist eine Ratte«, seufzt Otem kopfschüttelnd.

Zurück im *Resthouse,* verzieht sich Aglaja in ihren Schlafsack, um sich ein wenig auszuruhen. Otem und ich sind für mythologische Geschichten zu müde, und so hängen wir unseren eigenen Gedanken nach – still rauchend und uns den Rest des Whiskys teilend. Es dauert noch eine Stunde, bis Ozing mit einem Fahrer wieder bei uns ist, und weitere zwei, bis wir endlich weit nach Mitternacht in Pasighat ankommen.

Die Kinder von Sonne und Mond

Regenwald, so weit das Auge reicht, dazu zerklüftete Bergketten und ein Flusslauf nach dem anderen, das ist das Landschaftsbild, welches sich uns auf der Weiterfahrt in den Subansiri-Distrikt durch das Siedlungsgebiet der Galo bietet. Auf der Straße begegnen uns zahlreiche Männer mit den typischen, elliptischen Hüten aus feinem Rotanggeflecht, und die Häuser der Dörfer, die an uns vorbeihuschen, muten flacher und breiter an als die bisherigen Adi-Häuser. Heute wollen wir bis nach Raga im Hoheitsgebiet der Hill Miri kommen, und da demnächst keine größere Pause geplant ist, ergreife ich die Gelegenheit, Ozing und Otem nach dem Abo Tani zu fragen. Seit unserer Nachtwanderung gestern spukt mir der Name ununterbrochen im Kopf herum.

»Wer ist der Abo Tani?«, frage ich in das Brummen des Motors hinein, in der Hoffung auf eine ausführliche Erklärung.

»Er ist der erste Mensch«, antwortet Otem sachlich knapp. Doch zum Glück ergänzt Ozing: »In der mythologischen Vorstellung, die sich die Völker der zentralen Zone Arunachal Pradeshs teilen.« Das ist eine Vorlage, die ich mir nicht entgehen lasse, um mehr zu erfahren: »Wie ist so etwas möglich?«, frage ich, »ich dachte, die Völker hatten so wenig Kontakt miteinander.«

»Stimmt«, meint Ozing, »doch wir hatten in den letzten Jahrzehnten in Arunachal eine verstärkte Gegenbewegung gegen den Einfluss des Christentums, die in der Verbannung sämtlicher christlicher Missionare aus dem Lande gipfelte.«

»Vor allem Adi machten sich auf«, fügt nun Otem im brüderlichen Wissenswettstreit hinzu, »um die mündlich überlieferten

Traditionen ihrer Völker und der benachbarten Gruppen zu sammeln, und stellten eine erstaunliche Übereinstimmung fest. Sie waren fast versucht, diese Gruppen unter dem Namen ›Tani-Anhänger‹ zusammenzufassen, besser noch unter ›Anhänger Donyi-Polos‹.«

»Wer ist denn Donyi-Polo?«, wirft Aglaja ein.

»Es ist unser höchster Gott – der Gott, der Sonne und Mond in sich vereinigt«, antwortet Otem. »Unsere ›Donyi-Polo-Missionare‹ sicherten bei den verschiedenen Völkern einen unglaublich reichen Geschichtenschatz, dem gemeinsam ist, dass in ihm stets Sonne und Mond als erste und ursprüngliche Götter verehrt werden. *Donyi* ist die Sonne und *Polo* der Mond. Alles Leben auf der Welt vollzieht sich unter ihrem Antlitz – das Gute, das Böse, der Himmel und die Hölle. Daher ist Donyi-Polo allgegenwärtig, allmächtig und allwissend.«

»Wenn es ein Gott ist, warum besteht er dann aus zwei Teilen?«, drängt sich mir unweigerlich die Frage auf.

»Am Anfang der Welt standen das Nichts und die Stille«, antwortet Otem bereitwillig. »Donyi-Polo existierte bereits in Form *eines* leuchtenden Körpers. Doch die Anstrengungen, das Universum zu erschaffen, waren so groß, dass sein Lichtkörper in zwei Hälften zerbrach. Die eine, als Vater bezeichnete Hälfte wurde das Himmelszelt, die andere Hälfte wurde zur Mutter Erde. Donyi-Polo selbst jedoch blieb als Erschaffer, Beschützer und Zerstörer zwischen Himmel und Erde. Aus dieser Verbindung zwischen Himmel und Erde, die einer Einheit gleichkommt, entstand alles unbelebte und belebte Dasein, auch der Vater des Menschengeschlechts, der Abo Tani. Mit ihm wurden auch Taki, der Anführer der bösen Geister, Taro, der Bruder Abo Tanis, sowie Löwen, Tiger und Elefanten aus der gleichen Mutter Erde geboren.«

Schweigend sehe ich zu, wie die Bäume des Regenwaldes und dazwischen die graubraunen Hütten an mir vorüberziehen. Ich bin fasziniert, auf welch eigenständige und einzigartige Religion wir hier gestoßen sind – ein kanonisierter Animismus, institutionalisiert, um das als wichtig und ureigen Erkannte zu schützen und zu bewahren.

»Nach der Erschaffung der Welt«, fährt Otem fort, »stieg der allmächtige Donyi-Polo in Form von fünf Sonnen am Himmel auf. Diese große Hitze aber begann, alles Leben auf Erden zu vernichten. Jede Kreatur erfuhr in ihrem Tod die allmächtige Kraft Donyi-Polos. Bis auf den Abo Tani flehten alle den Dämonenanführer an, Donyi-Polo zu töten. Doch sämtliche Versuche schlugen fehl – wegen Donyi-Polos Allwissenheit. Enttäuscht über die Welt, zog sich Donyi-Polo in sein eigenes Königreich zurück, sodass eine große Dunkelheit über die Welt fiel und das Leben auf der Erde angsterfüllt und schrecklich wurde. Schließlich erkannten die Wesen die Allmacht Donyi-Polos und begannen, ihn anzubeten. Da willigte Donyi-Polo ein, zu jeder Tageszeit jeweils nur ein leuchtendes Gestirn am Himmel erscheinen zu lassen, die Sonne am Tag und den Mond in der Nacht. Doch schwach, wie die irdischen Wesen eben sind, waren sie stets versucht, die Gebote Donyi-Polos zu missachten. So kamen Krankheiten und der Tod in die Welt.«

»Das ist ein ganz wichtiger Moment in unserer religiösen Vorstellung«, beeilt sich Ozing zu erklären, »denn traditionell glaubten wir, dass Krankheit immer ein Zeichen dafür war, dass der Mensch etwas getan hatte, was das natürliche Gleichgewicht gestört hatte. Als Mittler zwischen den Welten ist allein der *Nyibo*, der Schamane, in der Lage herauszufinden, in welcher Form gefehlt wurde und was unternommen werden kann, um alles wieder ins Lot zu bringen und den Menschen zu heilen.«

»Wie sehen denn die Maßnahmen aus, die hierzu ergriffen werden können?« Obwohl sie die Augen geschlossen hat und vor sich hin zu dösen scheint, ist Aglaja hellwach.

»Meist sind es persönliche Opfer – psychologisch übrigens sehr wichtig, da sie dem Menschen seine Abhängigkeit von der Welt wieder bewusst machen. Natürlich verfügen die *Nyibo* aber auch über ein großes Heilwissen und wenden pflanzliche und andere Mittel an, um das Gleichgewicht im Erkrankten wieder herzustellen.«

»Und wie verehrt ihr nun Donyi-Polo?«, bohrt Aglaja mit sichtlich wachsendem Interesse nach.

»Um zu Donyi-Polo zu beten, bedarf es keiner Gestik«, antwortet Otem. »Wir müssen unsere Hände nicht zum Gebet falten, niederknien oder dergleichen. Wir können immer und überall direkt mit dem Allerhöchsten in Verbindung treten. Jeder, der zu Donyi-Polo betet, wird gesegnet, da nichts ohne den Segen Donyi-Polos möglich ist. Im Alltag befolgen wir vier Grundsätze: *Menyi Menma Beka* – Sprich nichts Schlechtes, *Tanyi Tama Beka* – Höre nichts Schlechtes, *Kanyi Kama Beka* – Sieh nichts Schlechtes, *Rinyi Rima Beka* – Tue nichts Schlechtes. Die Einhaltung dieser Gebote führt zur Selbsterkenntnis, zu einem angstfreien Leben und schließlich zur Aufnahme in den Himmel, die Verletzung der Gebote dagegen führt zur Verdammnis in der Hölle. Alles in allem hat sich daraus eine Religion entwickelt, die vom Streben nach Gleichheit, Freiheit und Wissen geprägt ist. Da alle Lebewesen als Brüder angesehen werden, muss allen gleichermaßen Liebe entgegengebracht werden ... Und was die Rituale angeht, sie sind nur zur Besänftigung der zahlreichen Untergottheiten bzw. Geister notwendig, von denen die meisten dem Menschen übel gesinnt sind.«

»Aber die Religion ist leider nicht mehr so, wie sie einmal war«, fügt Ozing bedrückt hinzu. »Mittlerweile gibt es sogar Tempel, was die ursprüngliche Religion nicht kannte. Da war noch die ganze Welt ein Tempel ...«

Einen dieser Donyi-Polo-Tempel besuchen wir in Along, dem Hauptort der Galo. Vor uns steht ein im traditionellen Stil erbautes Haus, das jedoch keine räumliche Unterteilung hat. Das Innere ist eine einzige große Halle, an deren Stirnseite sich ein einfaches Bild einer untergehenden Sonne und eines Halbmondes befindet. Davor hat man ein Bild des Abo Tani aufgestellt. Ein paar aufgereihte Mithunschädel und einige herumstehende Bambusgefäße weisen darauf hin, dass hier geopfert wird. »Ein ziemlich trauriger Anblick«, bemerkt Aglaja trocken, »wenn man bedenkt, dass die Menschen früher glaubten, dass Gott überall sei und alles durchdringe.« »Ja, ziemlich armselig.« Mehr will ich gar nicht dazu sagen, denn schon spüre ich, wie mein Groll auf die christlichen Missionare hochsteigt, die bei so vielen ursprünglich animistischen Völkern das überflüssige Verlangen nach einem – hier hässlichen – Gotteshaus geweckt haben.

Nach insgesamt acht Stunden Fahrt erreichen wir Raga, einen kleinen Ort der Hill Miri. Der Himmel ist grau, es regnet, und die Kälte kriecht uns unter die Haut. Doch das hält Aglaja und mich nicht davon ab, noch am späten Abend das Bergdorf zu erkunden. Die Hill Miri siedeln nicht wie die Nyishi, die Hauptvolksgruppe des Subansiri-Distrikts, im Tiefland, sondern vornehmlich auf Bergkämmen. Die Lage der Ortschaften auf Bergrücken bietet ihnen einen natürlichen Schutz vor eventuellen Angreifern, von denen es wohl in vergangenen Tagen recht viele gab. Ansonsten würden die Hill Miri nicht bis heute ihre gesamte Habe im Dschungel vergraben, um sie vor dem Zugriff Fremder zu schützen. Der abendliche Rundgang endet völlig unerwartet mit einer Einladung in ein Langhaus. Der Hausbesitzer, ein Mann von ungefähr 50 Jahren, hat acht Frauen. Von den *Ang* der Konyak sind wir schon einiges gewohnt, als er aber hinzufügt: »Das ist noch gar nichts! Mein Vater hatte 23 Frauen«, staunen wir doch.

»Lebten die alle in einem Haus zusammen?«, frage ich ihn und denke an die enorme Größe, die ein solches Haus gehabt haben müsste.

»Nein, nein«, lacht er, »mein Vater war so reich, dass er allen ein eigenes Haus errichten konnte. Er verbrachte sein Leben damit, von Haus zu Haus zu ziehen und sie zu besuchen. Bei uns Hill Miri ist es üblich, fünf bis sechs Mithun an die Brauteltern für ihre Tochter zu bezahlen, da könnt ihr euch vorstellen, wie wohlhabend mein Vater war. Aber er war auch schlau. Er heiratete mitunter zwei bis drei Frauen auf einmal. Da gewährte man ihm einen Rabatt!« Aglaja und ich müssen herzlich lachen. Mit so viel Pragmatismus hatten wir nicht gerechnet.

»Ich weiß noch«, fährt er fort, »mein Vater hat sich damals lange mit ›Hermandrop‹ unterhalten. Der hatte seine Frau dabei, die schrecklich viele Zigaretten rauchte!«

In meinem Kopf rattert es. Er meint wohl, ja, ganz sicher Haimendorf! Unbedingt will ich mehr über die Begegnung erfahren.

»Mein Vater begleitete ›Hermandrop‹ ins obere Khamla-Tal, wo die Hill Miri damals noch fast nackt waren. Die Männer trugen nicht viel mehr als einen Penisschutz aus Knochen und die Frauen einen Rock aus Palmbast. Viel hat sich seit damals verändert.«

»Welche Religion hat deine Familie?«, fragt Aglaja, um das Gespräch nicht abreißen zu lassen.

»Wir sind Christen«, antwortet er und blickt dabei ein wenig wehmütig.

»Glaubt ihr nicht an Donyi-Polo?«, wende ich ein nach all dem, was uns Otem und Ozing im Auto erzählt haben.

»Eigentlich schon, aber eine meiner Frauen ist Christin. Da haben wir anderen auch das Christentum angenommen.« Nach einer kurzen Pause fügt er hinzu: »Es ist nicht gut, wenn mehr als ein Gott in einem Haus wohnt ...«

Von Raga ist es nicht mehr weit zu dem Ort, von dem ich – seit mir 1994 in dem Buchladen in Delhi das Buch von Fürer-Haimendorf in die Hände fiel – so lange geträumt hatte: das Plateau der Apa Tani. Allerdings ist der Weg dorthin beschwerlich. Zwar nicht mehr so, wie Haimendorf es beschrieb, doch die serpentinenreiche Straße, die sich durch den feuchten, nebelverhangenen Dschungel auf eine höchste Höhe von 2500 Metern hinaufschraubt, verlangt einiges an Geduld. Jetzt sind es nur noch 900 Höhenmeter, die wir absteigen müssen, bis wir sie endlich sehen, die »Reisschale der Kinder des ersten Menschen«! Vor uns erstreckt sich eine etwa 15 Kilometer breite Hochebene, die in kultivierten, mit dem Wasser des Kale-Flusses künstlich bewässerten Terrassen angelegt ist. Hier und da erheben sich sanfte Hügel, von denen vereinzelte Reihen gedrängter Pinienwipfel als Ausläufer der östlichen Bergwaldketten emporragen. Aglaja und ich sind ob der Schönheit dieses Ortes sprachlos. Sein Anblick weckt in mir tiefromantische Gefühle, wie sie diejenigen wenige, die das Idyll vor uns betreten haben, auch verspürt haben müssen.

Es war einer jener Momente, in denen die Wirklichkeit die Erwartung derart übersteigt, dass die Überraschung körperlich spürbar wird. Obwohl wir es bereits seit achtzehn Monaten wussten und uns ständig darüber unterhalten hatten, war das Tal so erstaunlich und der Gegensatz zur Wildnis der Dafla-Berge so vollkommen, dass wir beide wie angewurzelt stehen blieben. Ich schrie spontan auf, und meine Beine gaben nach. Da, wo ich war, am Rande des schlammigen Pfades, musste ich mich setzen und konnte meinen Blick durch die Bäume auf das sonnenbeschienene Wunder dort draußen um nichts in der Welt abwenden.

Ursula Graham Bower

So, wie es Ursula Graham Bower erging, fühle auch ich. Vorbei an all den Primeln, Veilchen, wilden Johannisbeeren, Erdbeeren und Himbeeren am Wegesrand lasse ich meinen Blick über diese Landschaft gleiten, die nach dem tagelangen wilden Regenwald gar nicht hierher zu gehören scheint, die aber fast so etwas wie Geborgenheit vermittelt. Acht Apa-Tani-Dörfer, die das Tal einrahmen, gewahre ich. Sie sind vollkommen anders als alle Siedlungen, die wir bis jetzt gesehen haben – streng ökonomisch angelegt, kein Fleckchen Erde des kleinen Siedlungsterrains ungenutzt. Die kleinen, eng aneinander geschmiegten Stelzenbehausungen wirken wie Reihenhäuser. Überall ragen 15 bis 20 Meter hohe Pfosten mit Querbalken in die Höhe, von denen Bastschnüre herabhängen. Aus den Büchern weiß ich, das es sich hierbei um so genannte *Bobo*-Pfähle handelt, Fruchtbarkeitspfosten, die zum einen die Geburt von Söhnen in einem Haushalt angeben, zum anderen an Frühjahrsfesten wie dem *Myoko* errichtet werden. Früher führten die jungen Männer an ihnen akrobatische Kunststücke vor – aus purer Lebensfreude, aber auch, um ihre Stärke und Potenz vor den Mädchen des Dorfes zur Schau zu stellen. »Guck mal, wer da kommt!« Aglaja zupft mich am Ärmel und deutet mir mit dem Finger, bis auch ich sie erkenne: die Frauen der Apa Tani mit ihrem eigentümlichen, unvergleichlichen Aussehen! Aus der Ferne kommen sie mir wie kleine Gnome vor, mit ihrem schnellen, wackelnd-trippelnden Gang, in dem sie flink über die Begrenzungswälle ihrer Reisfelder huschen. Langsam treten Aglaja und ich näher heran, und voller Freude sehen wir, dass viele sie noch tragen, die Nasenscheiben und die Stirn- und Kinntattoos! Das Haar haben sie zum Dutt hochgesteckt, dunkelblaue Glasperlenketten bedecken Hals und Brust und grobe, weiße Nesselfasertücher die schmalen Schultern. Die kleinen Männer bilden in ihrem Aussehen ein passendes Pendant zu ihren Frauen: Die Haare sind lang und vor der Stirn zu einem Knoten gebunden, in dem eine oder zwei silberne Nadeln stecken. Über ihr Kinn läuft ein tätowierter Strich. Wieder erscheint mir die traditionelle Tracht – nicht nur die der Männer, die Lendenschurz, *Ahu*, einen rot gefärbten Rohrschurz, und *Dao* in dunkelbrauner Bambusscheide tragen –, sondern aller Apa Tani stimmig und einzigartig, über Generationen entwickelt und so nur an diesem einzigen Flecken der Erde zu finden.

Auf einem Hügelvorsprung nahe der Ortschaft Hong beziehen wir ein Zimmer in einem kleinen *Government Guest House*. Kaum haben wir die Formalitäten dort erledigt, hält uns nichts mehr in diesem feuchten, dunklen Raum aus Beton. Aglaja und ich beschließen, sofort zum Dorf aufzubrechen. Zu groß ist unsere Sehnsucht nach diesen Menschen, als dass wir hier sitzen bleiben und warten können, bis das Abendessen auf den Tisch kommt.

Hong ist ein großes Dorf und 1996 noch voller traditioneller Häuser mit spitzen Bambusdächern. Als wir die Dorfstraße entlangschlendern, laufen von überall Kinder herbei. Neugierig blicken uns auch die Frauen und Männer von den vorgelagerten Terrassen ihrer Häuser an und beantworten schüchtern unser lächelndes Grüßen. Unschwer erkennen wir, dass die Apa-Tani-Dörfer wie Naga-Siedlungen in Klanviertel eingeteilt sind. Davon zeugen die *Lapang*, große hölzerne Sitzflächen, die auf den Dorfplätzen errichtet worden sind. Auf ihnen treffen die Ältestenräte für ihre Beratungen zusammen, und von ihnen aus führen sternförmig schmale Straßen zu den Häusern der benachbarten Klans. Neben den *Lapang* sind *Nago*, kleine spitze Hütten, errichtet, die zwei Zwecken dienen: Jedes Jahr zum *Myoko*-Frühlingsfest ziehen dort die Gottheiten der Fruchtbarkeit ein und werden mit Gebeten gnädig gestimmt; die restliche Zeit über fungieren die *Nago* als Büßerhütten, in denen »Sünder« leben, die beispielsweise durch das notgedrungene Töten eines Tigers oder Bären großen Frevel über sich und den ganzen Klan gebracht haben und hier nun ihre »Schuld« abtragen müssen. Am *Lapang* sehen wir auch die größten *Bobo*-Pfähle stehen, die den Reichtum des jeweiligen Klans repräsentieren. In Hong hören wir, dass es bis heute üblich ist – die Ausübung der traditionellen Rechtsprechung ist den Völkern Arunachals verfassungsmäßig garantiert –, Verbrecher auf dem *Lapang* festzubinden und von den Vorbeigehenden als Abschreckung anspucken, kneifen und sogar beißen zu lassen!

Auch Fürer-Haimendorf fühlte sich in vielem, was er bei den Apa Tani erlebte, an die Naga erinnert. So war es bei Ersteren gleichermaßen Sitte, menschliche Trophäen von ihren Kriegszügen mit nach Hause zu bringen. Zwar handelte es sich dabei nicht um Köpfe, sondern um Hände – ein Brauch, den man im Übrigen auch bei den Naga kannte. Diese wurden ebenfalls mit Pfeilen an »Orten der Fruchtbarkeit«, wie sie unter anderem große, erhabene Bäume darstellen, durchschossen.

An einem Haus, an dem wir vorbeilaufen, lehnt ein sorgsam gefertigtes Bambusgeflecht, auf dem Eier aufgespießt sind und an dem noch Hühnerflaum und Blut kleben. Aus dem Inneren des Hauses dringt Gemurmel. »Ob das Ritual wohl noch im Gange ist?«, denkt Aglaja laut und reckt den Hals, um durch den Türspalt Genaueres zu erhaschen. An ein Eintreten ist nicht zu denken – das Haus ist tabu. Da blicken uns auf einmal durch starke Brillengläser zwei riesige Augen an: Sie gehören dem Schamanen, der es sich trotz der heiligen Handlung, die er gerade im Haus vollführt, nicht nehmen lässt, die seltenen Fremden zu beäugen. Mit einem großen Topf voll Reispaste, mit dem er die Innenwände des Hauses bestreicht, tritt er auf die Terrasse und lacht uns zu. Er trägt einen fein gewebten blauen Umhang, in dessen orangefarbenen, roten und weißen Mustern die ganze Kunstfertigkeit der Apa-Tani-Weberinnen zum Ausdruck kommt. Auf dem Kopf und vom Stirnzopf mit seiner glasperlenbesetzten Nadel festgehalten, ruht ein weiteres Stück Stoff, das noch feinere Webmuster zeigt. Hinter seinem Rücken erscheint im Türrahmen nun eine ältere

Frau mit Nasenscheiben. Mit einem freundlichen Lachen lädt sie uns für den Abend zu sich ein: »Dann ist das Haus wieder rein – mehr können wir gegen die Krankheit unserer Tochter auch nicht machen.«

Als wir einige Stunden später das dunkle, rußgeschwärzte Innere des Hauses betreten, ist es voller Menschen. In einer Ecke läuft ein Fernseher. Obwohl der Empfang sehr schlecht ist, erkenne ich Musikvideos – Indisch, Europäisch und Amerikanisch krächzend, flimmern die bunten Bilder vor sich hin. Man hat Reisbier gekocht und bietet uns das noch warme Gebräu an. In der Kälte der Nacht tut es gut, zumal man sich dem Feuer des beißenden Rauches wegen kaum nähern kann. Das Mädchen, für dessen Genesung der Schamane gerufen wurde, sitzt neben der Feuerstelle und hüstelt mit triefender Nase vor sich hin. »Sie hat nur eine leichte Grippe«, meint Aglaja, als sie ihr die Stirn befühlt, und zieht unseren Medikamentenvorrat aus dem Rucksack hervor. »Der Schamane sieht's ja nicht ...«, schmunzle ich.

Was uns allerdings an der Runde der Anwesenden irritiert, ist die Tatsache, dass die Alte, die uns eingeladen hatte, nicht da ist. Auf die Frage nach ihrem Verbleib bekommen wir von einem jungen, westlich gekleideten Mann mit Baseballkappe in gutem Englisch zur Antwort, dass sie noch auf dem Feld sei, da heute die Arbeit aufgrund des Rituals unterbrochen werden musste.

»Die Frauen übernehmen den Hauptteil der Feldarbeit, jetzt, da die Männer die Kanäle ausgebessert haben«, sagt er lakonisch.

»Warum tragen die Frauen denn diese Nasenscheiben und Tätowierungen?«, frage ich, um zu verhindern, dass sich wieder Schweigen einstellt.

»Wegen der Nyishi«, antwortet der Junge verächtlich. »Die haben uns früher immer die Frauen gestohlen, weil sie viel hübscher und fleißiger sind als ihre eigenen Frauen. Da mussten wir sie hässlich machen!«

Solche Erklärungen habe ich schon von vielen Völkern mit eigentümlich anmutenden Schönheitsidealen gehört. Ich weiß, dass sie meist Erfindungen sind, um das Unverständnis, das ihnen Fremde entgegengebracht haben, zu beruhigen, aber wenig mit den eigentlichen Gründen zu tun haben. Deshalb ändere ich meine Taktik und frage: »Wisst ihr, dass es auf der Welt nur noch ein weiteres Volk gibt, das derartige Nasenscheiben trug?«

»Oh ja, welches denn?«, gibt der junge Mann sichtlich interessiert und nicht ohne Stolz zurück.

»Die Kaburi von Sokodé in Togo, Westafrika. Aber da waren es die Männer.«

»Wieso? Waren da die Männer so schwach, dass sie gestohlen wurden?«, amüsiert sich der Junge.

»Nein, man fand die Scheiben schön. Und ich finde sie auch großartig. Sie machen euer Volk zu etwas Besonderem!«

»Das schon«, platzt es nun aus ihm heraus, »aber die Regierung hat sie verboten. Weil es für die Mädchen ziemlich grausam war. Stellt euch vor, für die Tattoos hämmerte man schon den Kleinen mit einem Dornenzweig die Wunden ins Kinn, in die dann in Öl aufgelöste Asche gerieben wurde. Und für die Nasenscheiben stach man den Mädchen schon früh Löcher in die Nasenflügel, dann wurden rußgeschwärzte Holzscheiben hineingelegt, die mit der Zeit gegen immer größere ausgetauscht wurden. Denn wer letztlich die größten Nasenscheiben trug, war die angesehenste Frau im Dorf.«

Ich erinnere mich an Fürer-Haimendorfs Bericht, in dem er beschreibt, dass die vornehmliche Aufgabe des Arztes, der ihn begleitete, darin bestand, ausgerissene Nasenhäute zu nähen.

»Wie habt ihr es geregelt, dass ihr doch einigermaßen mit den Nyishi klargekommen seid?«, frage ich, um das Thema zu wechseln.

»Meine Vorfahren hatten ein geschicktes System. Unser Tal produzierte stets mehr Reis, als für den Eigenbedarf nötig war. Diesen tauschten wir dann mit den Nyishi – vor allem gegen Mithun, die wir bei uns nicht halten können, da sie unsere ganzen Felder kaputtmachen würden.«

»Esst ihr denn Mithunfleisch?«

»Nur wenig. Es dient vor allem als Brautpreis und für Opferrituale. Mein Vater brauchte viele Mithun.«

»Warum, hatte er auch mehrere Frauen?«

»Nein, nein«, lacht mein Gegenüber, »eine Frau mit Nasenscheiben reicht! Aber er veranstaltete viele *Lisudu*.«

»Ist das so eine Art Verdienstfest, wie bei den Naga?«, schaltet sich Aglaja in das Gespräch ein.

»Nein, *Lisudu* wurden veranstaltet, um das Ansehen eines Apa Tani wiederherzustellen, den man in seiner Ehre verletzt hatte. Wer sich zu *Lisudu* entschied, forderte seinen Gegner zu einem Konkurrenzkampf heraus, bei dem der eigene Reichtum demonstriert wurde. Das geschah, indem man seine Schätze nach einem Ritual zerstörte. Der Herausforderer begann, indem er zwei oder drei Mithunrinder vor dem Haus des Gegners schlachtete. Das Fleisch wurde liegen gelassen, und andere Dorfbewohner konnten sich daran bedienen. Nahm der Gegner die Herausforderung an, schlachtete dieser genauso viele Mithun vor dem Haus des Herausforderers. Nun war der an der Reihe, seinen Gegner zu überbieten. So ging es weiter und weiter, bis schließlich der Dorfrat einschritt, um beide Parteien vor dem Ruin zu bewahren.«

»Wie viele Mithun hat dein Vater geopfert?«

»Bei seinem größten *Lisudu* waren es sechzig Mithun!«

Da unterbricht eine schrille Stimme jäh unser Gespräch. Die hutzelige Alte vom Nachmittag mit den riesigen Scheiben in der Nase und den tätowierten Streifen im Gesicht hat den Raum betreten und krächzt fröhlich:

»Will jemand Frosch?«

Sie zieht ein mickrig anmutendes Amphibium aus ihrem Korb und wirft es in hohem Bogen in die Glut.

»Fernseher aus!«, befiehlt sie streng.

Ein Junge von ungefähr 12 Jahren langt zu dem kleinen Gerät in der Ecke. Ein letzter Blick auf Madonna, und dann sind wir endgültig eingetaucht in die urtümliche Welt der Apa Tani.

Im Himmlischen Paradies

»Heute bitte nicht unnötig viel anhalten!«, sagt Ozing, als wir nach unserem mehrtägigen Aufenthalt auf dem Apa-Tani-Plateau wieder im Auto sitzen.

»Wieso denn nicht?«, frage ich zurück.

»Wir kommen durch Nyishi-Gebiet.«

»Und was ist daran so schlimm?«, wundert sich Aglaja.

»Ich mag sie nicht. Sie sind unberechenbar. Vor einem Jahr haben sie meinen Fahrer ermordet, als ich mit ihm in der Gegend von Seppa unterwegs war«, entgegnet Ozing. »In einem Dorf lief auf einmal ein Kind auf die Straße, direkt vor unser Auto. Wir hielten sofort an. Das Kind war nur leicht verletzt. Doch die Nyishi-Männer waren dermaßen aufgebracht, dass sie meinen Fahrer am nächsten Baum aufgehängt haben. Ich konnte gerade noch meine eigene Haut retten. Eine Anzeige gegen das Dorf hat bis heute nichts ergeben ...«

Ich habe schon viel von der Wildheit der Nyishi gehört, und ich muss zugeben, dass ich sie gerade deshalb so faszinierend finde. Aber was Ozing gerade erzählt hat, rückt das Volk in ein ganz anderes Licht.

»Ihr könnt ruhig ein paar Fotos machen, wenn wir unterwegs ein paar Nyishi sehen, aber aus dem Auto bringen mich keine zehn Pferde heraus. Ich bin sicher, dass mittlerweile die gesamte Nyishi-Bevölkerung Arunachal Pradeshs von diesem Vorfall weiß. Ich würde mein Leben riskieren – zumal ich noch andere Probleme mit ihnen hatte.«

»Oje, was war denn noch?«, frage ich, eingeschüchtert und neugierig zugleich.

»Ich habe den Fehler begangen, einem ihrer Sklaven bei mir Unterschlupf zu gewähren.«

»Einem Apa Tani?«

»Nein, einem Sulung. Sie nennen sich heute Puroik, um von ihrem Image als Sklaven der Nyishi wegzukommen. Einer von ihnen war seiner Herrschaftsfamilie entkommen und hatte es durch den Dschungel bis in die Hauptstadt Itanagar geschafft. Da habe ich den jungen Kerl, ausgezehrt, wie er war, von der Straße aufgelesen.«

Ich kann Ozings Horrorgeschichten kaum glauben – Sklaverei, Lynchjustiz ... Und das heutzutage. »Oh doch«, sagt Ozing bitter, »es gibt noch viel in unserem Land zu tun. Zu vielen unserer

Brüder ist das Licht gewaltfreier Zivilisation noch nicht vorgedrungen …«

Auf unserer Fahrt durch die wilden Regenwälder des Subansiri-Distrikts passieren wir immer wieder Langhäuser der Nyishi, in denen, so haben wir gelesen, bis zu 20 untereinander verwandte Familien miteinander leben. Irgendwann bin ich – Lynchgefahr hin oder her – nicht mehr zu halten. Zu spektakulär wirken diese stolzen Männer, die wir am Straßenrand sehen. »*No problem*«, sagt Ozing, als ich ihn bitte anzuhalten, »solange ich nicht mit aussteigen muss.«

Zwei Männer laufen da in eigentümlichsten Trachten: barfuß, den Körper verhüllt mit einem groben grau-weißen Stoff, der oberhalb der Brust zusammengeknotet ist. Darüber tragen sie zahlreiche Rotangreifen um den Bauch, zwei lange *Daos* in fellbesetzten Scheiden um die Schultern und ein Dutzend gelber und dunkelblauer Glasperlenketten um den Hals. Die Ohrläppchen sind mit Holzpflöcken stark geweitet. Einer der beiden hat sich mit türkisbesetzten Silberohrringen, die tibetisch anmuten, geschmückt. Doch das Merkwürdigste an ihnen sind mit Abstand ihre Haartracht und ihr Kopfschmuck: Sie haben das lange Haupthaar, ähnlich wie die Apa Tani, zu einem Stirnzopf gebunden, es jedoch mit leuchtend blauen Tüchern dick umwickelt und zwei lange Silbernadeln durchgesteckt. *Podum* heißt dieser Zopf bei den Nyishi und markiert den Eintritt ins Mannesalter. Er hält eine kleine, eng geflochtene Rotangkappe, an der vorne ein gelber Nashornvogelschnabel sowie Raubvogelkrallen und Federn festgemacht sind.

Die Männer sind nicht unfreundlich, als ich mich ihnen mit meiner Kamera nähere. Doch als dächten sie, es werde von ihnen erwartet, zücken plötzlich beide ihre Daos und nehmen eine drohende Haltung ein. Dann lachen sie, und ihre dünnen Spitzbärtchen tanzen an ihrem Kinn.

Bis heute gibt es noch keine durchgehende Ost-West-Verbindung in Arunachal, und so müssen wir bei Kimin wieder auf assamesischen Boden ausweichen, nur um kurz danach bei Doimukh wieder einzureisen. Ein paar Tage wollen wir uns in Itanagar ausruhen und dann zu unserer letzten großen Tour aufbrechen, die den Kreis unserer Expeditionen schließen soll. Denn dann haben wir den gesamten Nordosten Indiens bereist. Tawang heißt das lang ersehnte Ziel – im äußersten Westen des Landes, unmittelbar an der Grenze nach Bhutan und Tibet gelegen.

Die westlichsten Distrikte von Arunachal sind nur schwer zu erreichen. Wieder müssen wir einen Abstecher nach Assam hinunter in Kauf nehmen, um bei Bhalukpong erneut die Grenze nach Arunachal zu überschreiten. Herrlicher Sal-Wald, ein Ausläufer des assamesischen Manas-Nationalparks, flankiert die Zufahrtsstraße. Wir sehen Fußabdrücke einer Elefantenherde, und eine Gruppe von Bodo-Mädchen kommt uns singend entgegen – es ist die Zeit des *Bihu*-Frühlingsfestes. Am Schlagbaum verläuft alles reibungslos, und so verbringen wir die erste Nacht im kleinen *Guesthouse* von Bhalukpong, welches gerade einmal über zwei Räume verfügt, dafür aber eine schöne holzgetäfelte Terrasse hat, die auf den Kameng-Fluss hinausblickt. Wir teilen Zimmer und Terrasse mit einem würdevollen tibetischen Lama in rotem Gewand, von dem ich später erfahre, dass es der amtierende Abt von Tawang ist.

Am frühen, noch lange tropisch heißen Abend besucht uns eine Gruppe von jungen Aka-Leuten, um uns ihre Tänze und Lieder vorzuführen. Der Name Aka ist assamesisch und bedeutet »bemalt«. So haben die Frauen, abgesehen von den Gesichtstätowierungen, ihre Wangen zusätzlich mit einer dunklen Mixtur aus Pinienharz und Kohle bemalt. Ein türkisbesetztes Stirnband ziert ihre Köpfe, während die Männer den *Musgera*, einen ringförmigen Hut aus Rohr, tragen, der mit einem schmalen Stoffband oder Fellstreifen sowie mit Federn, Blättern und Blumen fantasievoll geschmückt ist.

Die Fahrt am nächsten Morgen beschert uns die eindrucksvollsten Regenwaldlandschaften unserer gesamten Nordostindienreisen. Durch ein zerklüftetes Schluchtengebiet westlich des Ortes Jamiri steigt die Straße in engen Serpentinen kontinuierlich an.

Aufgrund der hohen Luftfeuchtigkeit, die sich über der unberührten, dichten Pflanzendecke ausbreitet, heißt das Gebiet auch das »Nebelloch«. Doch wir haben Glück: Wir können es ohne Nebel in seiner ganzen grünen Pracht genießen. Bald wird der Regenwald abgelöst von Nadelwald, die Landschaft weiter, aber auch karger und alpiner. Gebetsfahnen, die munter im Wind flattern, deuten darauf hin, dass wir uns dem Einflussbereich Tibets und Bhutans nähern. 2500 Höhenmeter hat sich der Weg seit der assamesischen Grenze bereits hinaufgeschraubt, bis wir schließlich Bomdila, den Distriktverwaltungsort von West Kameng, und damit unser heutiges Nachtlager erreichen. In den Straßen des freundlichen Ortes herrscht reges Treiben. Viele Mönpa, tibetisch-bhutanische Bauern und Hirten, die bis ins östliche Bhutan siedeln, tummeln sich hier und gehen ihren Geschäften nach. Ob Mann oder Frau, alle tragen sie eine Kappe aus Yakfilz, das zu mehreren langen Enden zusammengezwirbelt ist, über die das Regenwasser abtropfen kann. Die Männer hüllen sich in Tierfelle, und die Frauen sind mit weinroten Jacken aus Rohseide, die mit herrlichen Stickereien von Yaks und buddhistischen Symbolen verziert sind, bekleidet. In ihren Augen lacht die weite Bergwelt Tibets.

»Aufstehen, wir haben einen weiten Weg vor uns«, weckt uns Ozing früh am nächsten Morgen. Aglaja und ich quälen uns müde aus den Schlafsäcken, und kurze Zeit später rattert unser Jeep hinab in die Dirang-Senke zum Mönpa-Ort Dirang Dzong. Meine Erwartungen sind groß, denn hinter dem Wort »Dzong« verbergen sich in Bhutan riesenhafte klösterliche Regierungsburgen, mit denen das Land übersät ist. Doch der Dzong von Dirang ist lediglich ein etwas größeres Mönpa-Haus auf einem sanften Hügel. Wie enttäuschend, denke ich. Überhaupt tue ich mich bislang schwer, Verrier Elwins Begeisterung – »Gibt es ein Paradies, so ist es hier, hier, hier ...« – für dieses Land zu teilen. Sicherlich, die alpine Landschaft ist schön, aber für ein Paradies ist es mir weder lieblich noch spektakulär genug.

Hinter der Talsenke, die der Dirang Chu gurgelnd durchfließt, beginnt nun der lange Aufstieg auf den 4114 Meter hohen Se-la-

Pass. Weite Serpentinen erlauben es uns, über die blauen Berge bis nach Assam zurückzublicken. Kurz vor dem Bergsattel hält uns ein indischer Soldat an. »Was der wohl will?«, brummt Ozing und kurbelt das Fester hinunter. »Er bittet uns in die Offiziersmesse! Wir machen Pause.« In der Messe feiern die Sikhs gerade den Geburtstag ihres Religionsstifters, und wir werden im Anschluss daran zum Essen eingeladen. Die indische Militärpräsenz ist in dieser Gegend hoch, führte man doch 1960 hier nahe der tibetischen Grenze gegen das vorrückende kommunistische China einen Krieg, der nur aufgrund des freiwilligen Rückzugs der Chinesen, die ihre Truppen zur Besetzung Tibets dringender benötigten, beigelegt werden konnte. Doch bis heute erhebt China Territorialanspruch auf Arunachal Pradesh. Auf chinesischen Karten gehört das gesamte Gebiet bis zum Brahmaputra zu China.

Kurz nach unserer Mittagspause erreichen wir die über und über mit bunten Gebetsfahnen behängte und verschneite Passhöhe. »Lasst uns auch noch schnell einen Wimpel aufhängen«, schlägt Aglaja vor. Wir haben in Bomdila einen Satz Gebetsfahnen gekauft und hängen eine davon zu den tausenden anderen in den beißenden Wind. Wie es in den tibetischen Ländern Sitte ist, umrunden auch wir den von Reisenden aufgeschichteten Steinhaufen auf der Passhöhe und legen einen weiteren Stein dazu. Dann fahren wir entlang des kleinen Sees hinab in tiefere Lagen. »Was ist das? Da drüben in der Sonne!« Mich hält es kaum auf meinem Sitz. Ist es das, was Elwin mit Paradies gemeint hatte? Auf dem gegenüberliegenden Bergrücken spiegeln sich golden die Dächer einer Klosterstadt! »Das muss Tawang sein«, murmele ich gebannt und kann fortan den Blick nicht mehr von diesem entrückten Ort wenden. Schließlich handelt es sich um das größte tibetische Kloster auf indischem Boden, das bis zu 700 Mönchen Platz bietet. Ich kann es nicht mehr erwarten, endlich dort anzukommen – meinen ersten Versuch, eine Besuchsgenehmigung zu erhalten, habe ich vor elf Jahren unternommen! Doch es dauert eine halbe Ewigkeit, bis der Jeep bei Jang die Talsohle des Tawang Chu erreicht hat und wir westwärts durch die schmale Senke mit seinen zahlreichen, an den Berghängen klebenden Mönpa-Weilern fahren können. An Yakkarawanen vorbei steuern wir im Licht der untergehenden Sonne schließlich Shyö an, das kleine Dorf unterhalb des Klosterkomplexes. »Morgen werde ich bei Sonnenaufgang aufstehen und dieses ›Shangri-la‹ im schönsten Licht des Tages bewundern!«, rufe ich Aglaja voller Tatendrang zu, als wir unser Gepäck ausladen.

Kurz vor Sonnenaufgang möchte Aglaja lieber doch noch ein wenig schlafen, und so sitze ich alleine auf dem Dach unseres über 3000 Meter hoch gelegenen Hotels und beobachte, wie sich das weiße Kloster mit seinen goldenen Dächern langsam aus dem fahlgrauen Licht des Morgens schält. 85 weiß gekalkte Steingebäude zähle ich, eingezäunt von einer mit Wehrtürmen versehenen Klostermauer und überragt vom großen Dukhang, der Versammlungshalle. Das Kloster, das eigentlich *Galden Namgye Lhatse Ling* – »Himmlisches Paradies des von einem Pferd ausgewählten heiligen Ortes« – heißt, wurde im 17. Jahrhundert von Lodre Gyatso, einem Lama aus dem tibetischen Dorf Mera, in der Zeit des berühmten fünften Dalai Lama gegründet. Gyatsos Pferd soll sich auf der Bergkuppe, über die sich heute die Klosterburg erhebt, niedergeworfen haben und nicht mehr zum Aufstehen zu bewegen gewesen sein – Tawang, der gesegnete Zufluchtsort, war gefunden. In unmittelbarer Nähe wurde später der sechste Dalai Lama wiedergeboren. 1911 bot das Kloster dem 13. Dalai Lama Asyl, als dieser vor den Angriffen der chinesischen Manchu fliehen musste, und auch dem amtierenden Dalai Lama diente es auf seiner Flucht ins Exil als Zufluchtsort. Heute ist Tawang geistiges Zentrum für ein Dutzend Dörfer und Weiler sowie zahlreiche Klöster der Umgebung.

Nach dem Frühstück wandern Aglaja und ich hinauf zum Klosterberg. Durch einige Torbögen, die mit kunstvollen Mandalas ausgemalt sind, führt der Weg zur Klosterpforte. Dort wird Lhundup Choesang, der stellvertretende Abt, auf uns aufmerksam. Da wir die ersten Fremden sind, begrüßt er uns etwas verwundert, führt uns dann aber bereitwillig durch die labyrinthartige Anlage. Tawang ist reich an wertvollen Kulturschätzen – seien es seine Statuen und (neuen) Wandmalereien, die von hoher Kunstfertigkeit zeugen, seien es seine *Thangkas* (religiöse Rollbilder) oder seine Bibliothek, deren bedeutendstes Werk mit Goldlettern versehen ist und in einem von Elefantenstoßzähnen bewachten Schrein aufbewahrt wird. Doch am beeindruckendsten ist zweifelsohne die acht Meter hohe Buddhastatue aus Messing, die zwei Stockwerke durchstößt.

Als wir mit Lhundup nach der Besichtigung in seiner Klause beim Tee sitzen, lädt er uns für den nächsten Tag zur *Puja*, der Morgenandacht, sowie zu Proben für die Maskentänze ein. Er kommt damit gerne unserer Bitte nach, ein wenig vom spirituellen Leben der Mönche mitzubekommen.

Pünktlich um sechs sind wir im *Dukhang*, wo 30 Mönche vor der eindrucksvoll beleuchteten Buddhastatue Platz genommen haben und unter ihren durchdringenden Augen Gebete rezitieren. Zwischendurch wird Buttertee ausgeschenkt, in den die Mönche ihr *Tsampa*, geröstetes Gerstenmehl, einrühren. Dann setzt man räuspernd die Litanei fort. Nach zwei Stunden ist die *Puja* beendet, und Lhundup bedeutet uns, ihm in den Raum der Schutzgottheiten zu folgen. Hier werden die als magisch erachteten Masken und die Kostüme der Mönche aufgehoben. Die Masken, die Aglaja und ich zu sehen bekommen, sind von ausgesuchter Kunstfertigkeit – besonders die Charaktermasken zeigen den feinen Mönpa-Stil mit ausdrucksstarken, von tiefen Falten durchzogenen Gesichtern.

Dann beginnen die Proben. Als Erstes treten unter schrillen Pfiffen, begleitet von tiefen Trommeln und Langhörnern, die *Citipati*, die »Herren der Friedhöfe«, auf. Acht Mönche, die Skelettkostüme mit langen Fingern und Schädelmasken tragen, bewegen sich mit langsamen Ausfallschritten über den Klosterhof. Sie erinnern die Gläubigen an die Vergänglichkeit des Lebens und an ihre Pflicht, gute Werke zu tun. Ihnen folgen die Schwarzhutmagier, die in farbenprächtigen Brokatroben, von denen Dämonenfratzen bedrohlich die Zuschauer anstarren, entlang der mittlerweile in grelles Licht getauchten Gebäudemauern wirbeln. Ihre noch aus vorbuddhistischer Zeit stammenden schwarzen Hüte zeichnen sie als machtvolle Magier aus, die in der Lage sind, auch die übelsten Dämonen für ein ganzes Jahr zu vertreiben.

Am Nachmittag hat Lhundup für uns eine Aufführung von Mönpa-Volkstänzen organisiert. Schon lange brenne ich darauf, die auf den bedeutenden Heiligen Thangtong Gyalpo zurückgehende tibetische Oper *Ajilamu* zu sehen, deren Tradition hier in Tawang als einem der wenigen Orte des tibetischen Kulturraumes seit dem 15. Jahrhundert kontinuierlich gepflegt wird. Tsering Lama aus Shyö ist mit 20 Schauspielern auf den Platz vor dem Klostergelände angerückt. Bald finden sich auch zahlreiche Dorfbewohner und Mönche ein, sie alle wollen sich das Schauspiel natürlich nicht entgehen lassen.

Die Opernaufführung ist sehr eindrucksvoll. Sie erzählt die Geschichte des tibetischen Prinzen Norsang, der zwei göttliche Prinzessinnen entführt und trotz seines Frevels diese schließlich zur Frau nehmen darf. Als »Jäger« bezeichnete Tänzer mit blauen Filzmasken eröffnen wirbelnd den Reigen, dann erscheinen die Prinzessinnen in tibetischer Tracht. Pathetische Gesänge begleiten ihren würdevollen Auftritt. Immer wieder wird die Handlung von eingeflochtenen Geschichten mit lokalem Bezug unterbrochen, sodass es uns mitunter schwer fällt, dem Geschehen zu folgen. Doch die Mönpa lieben ihr Theater und wollen ihre grandiosen Kostüme zum Einsatz bringen. So betreten auch Schneelöwen, Yaks, Dämonen, Zwerge und Clowns die Bühne, bis schließlich nach fast drei Stunden der Vater der Prinzessinnen Norsang seine Töchter als Bräute überlässt.

Während ich den Tänzern und Schauspielern zusehe, lasse ich die vielen Straßen, Wege und Pfade, die wir in den letzten zehn Jahren befahren und beschritten haben, in Gedanken Revue passieren. Immer mehr beschleicht mich dabei ein wehmütiges Gefühl, nicht nur wegen des kurz bevorstehenden Endes unserer Reise, sondern auch wegen der unglaublichen Herzlichkeit, mit der uns die Menschen hier begegnet sind. Stolz haben sie uns in ihre Welt eingelassen und großzügig alles mit uns geteilt. Nun ist für Aglaja und mich die Zeit gekommen, Abschied zu nehmen – Abschied von einer Welt, die Teil von uns geworden ist, ebenso wie wir ein Teil von ihr geworden sind.

Als wir schließlich nach zweitägiger Fahrt wieder den Schlagbaum von Bhalukpong passieren, sind es Worte, die ich einst von Ursula Graham Bower gelesen habe, die sich nun unweigerlich in mein Bewusstsein drängen und mir in diesem Moment aus tiefstem Herzen sprechen:

Als wir den Rand des Tals zum letzten Mal überquerten, blickte ich nicht zurück. Der Wald schloß sich hinter uns, schloß das Tal ein und uns aus, und wir gingen vorwärts, in einem dünnen, unfreundlichen Regen, durchliefen die Jahrhunderte, der fremden und bitteren Gegenwart entgegen, zurück in die Fremde, die unsere eigene Welt war.

Wir waren an unseren Wurzeln herausgerissen worden. Die Wunde schmerzte unablässig. Wir hatten das Paradies verlassen müssen, willentlich oder nicht – wir hatten vom Baum der Erkenntnis gegessen, und wir hatten erfahren, daß über die Grenzen von Herkunft, Lebensweise und Hautfarbe hinaus alle Menschen gleich sind und alle sich abmühend die gleiche dunkle Wegstrecke zurücklegen müssen.

Ursula Graham Bower

Epilog: Die Früchte der Anstrengungen

Nordostindien ist kein Land großartiger Tempelanlagen und kulturell hochstehender Bauten, für die das restliche Indien, Tibet und Burma so berühmt sind. Der Reichtum dieses Gebiets liegt in der unglaublichen Vielfalt sowohl auf natürlichem wie kulturellem Gebiet. Neben der überwältigenden Schönheit des Landes und seiner einzigartigen Pflanzen- und Tierwelt besteht seine Besonderheit vor allem in den Menschen, seinen vielen unterschiedlichen Ethnien, die hier über Jahrhunderte unter dem schützenden Dach des Regenwaldes und in der Abgeschiedenheit der unzugänglichen Bergwelt ihre eigenen, noch heute gelebten kulturellen Identitäten entwickeln konnten. Es sind die vielen Begegnungen mit den Menschen, die für mich die tiefsten Erfahrungen in Nordostindien bedeuten. Nicht nur, dass wir ihre zum Teil für uns höchst eigentümlichen Lebensformen kennen lernen durften, unsere Erlebnisse mit ihnen waren immer geprägt von einem Höchstmaß an Sympathie, Herzlichkeit und Gastfreundschaft, sodass ich Gefühle tiefer Dankbarkeit und Verantwortung für diese Menschen hege. Weil sie unser ernsthaftes Interesse an ihrer ureigenen Kultur bemerkt haben, haben sie uns offen und enthusiastisch ein Tor zu ihrer Welt geöffnet – vorbehaltlos, ohne Gegenleistung zu erwarten, aus purer Freude und mit großem Stolz darauf, dass wir ihnen Respekt und Anerkennung entgegenbrachten. Dies habe ich als schätzenswertes Gut in meinem Herzen bewahrt und seither versucht, verantwortungsvoll mit der Offenheit dieser Menschen umzugehen und sie nicht zu enttäuschen.

Zahlreiche Aktivitäten sind aus unseren nunmehr zehn Jahre andauernden Reisen erwachsen – nicht nur Publikationen, Ausstellungen, Filme und Vorträge, sondern über unseren Verein

SPNH auch Projekte zum direkten Kulturerhalt vor Ort. Und der Wunsch, diesen Menschen nahe zu sein, ist noch lange nicht versiegt. Zu viele Volksgruppen gibt es noch, die ich noch näher kennen lernen möchte, die mich faszinieren, die es verdient haben, geschätzt zu werden, oder die ich ganz einfach wiedersehen möchte. Sind auch die Reisen in ihren Ländern anstrengend und mitunter entbehrungsreich, so vergeht kein halbes Jahr zu Hause, in dem in mir nicht wieder die Sehnsucht nach ihren *Hills* erwacht, ihrem Lachen, ihren bunten Farben, ihrem Leben über den Wolken.

Darum sind die indigenen Völker von den gefährdeten Arten der Welt die wichtigsten – nicht weil sie Menschen sind, sondern weil nur sie den anderen zeigen können, dass es kein Leben gibt, das als einziges richtig wäre.

Daniel Quinn

Dank

Ohne die Hilfe zahlreicher Freunde und Gönner wären all diese Reisen nicht möglich gewesen. Ihnen allen gebührt mein aufrichtiger Dank. Einige wenige dieser wertvollen Menschen möchte ich stellvertretend für all die anderen, die mir verzeihen mögen, namentlich anführen:

In Indien: die Regierungen der »Seven Sisters« – ganz besonders Thangi und T. N. Mannen. Ozing und Yane Dai und Donyi Hango Tours, Ashish Phookan und Jungle Travels India. Die Lowangs, die Thokchoms, die Elwins, Nesfield Sangma, Familie Choudhuri-Mogh, Lhundup Choesang, P. K. Dong, Prabha Murthi und Asha Srivastava.

In Deutschland: die Mitglieder der SPNH, die Högers, die Neuenhofers, Gerhard Heller, Günter Gessinger und Bea Bartusek, Angelika Stirn und Detlev Schwarz.

Anderswo: Pan Nalin, Shota Kanazawa und Jamie Saul.

Bibliografie

Folgende Literatur sei dem Leser bei weitergehendem Interesse empfohlen. Die Auswahl ist persönlich – es sind vor allem Bücher aufgeführt, die mir großes Lesevergnügen bereitet haben oder mir besonders wichtig waren.
Noch mehr Bücher sind in unseren anderen Veröffentlichungen verzeichnet; weiterführende Informationen speziell zu den in diesem Buch beschriebenen Reisen und Erlebnissen, zusätzliche Bilder, Details und Hinweise sind zugänglich unter: http://www.stirn-vanham.com. Hier finden sich auch Hinweise für an Reisen nach Nordostindien Interessierte. Mehr Informationen zum Verein für Erhalt und Förderung der Kulturen Nordostindiens (SPNH) erhält man unter: http://www.spnh.com.

Ao, M. Alemchiba, The Arts and Crafts of Nagaland, Kohima 1968.

Becker, Christophorus Edmund, Im Stromtal des Brahmaputra, 2. Aufl., Aachen 1927.

Bhandari, Vandana & Dhingra, Sudha (Hrsg.), Textiles and Crafts of India: Arunachal Pradesh, Assam, Manipur, New Delhi 1998.

Bhattacharjee, Tarun Kumar, Alluring Frontiers, Gauhati 1987.

Bower, Ursula Graham, The Hidden Land, London 1953.

Bower, Ursula Graham, Naga Path, London 1952.

Cox, Kenneth (Hrsg.), Frank Kingdon-Ward's Riddle of the Tsangpo Gorges, rev. ed., Woodbrigde 2001.

Doshi, Saryu, Dances of Manipur: The Classical Tradition, Bombay 1989.

Elwin, Verrier, The Tribal World of Verrier Elwin: an autobiography, London 1964.

Elwin, Verrier, The Art of the North-East Frontier of India, Shillong 1959.

Elwin, Verrier, A Philosophy for NEFA, Shillong 1957.

Fürer-Haimendorf, Christoph von, Himalayan Adventure: Early Travels in North East India, New Delhi 1983.

Fürer-Haimendorf, Christoph von, Return to the Naked Nagas, an anthropologist's view of Nagaland 1936–1970, London 1976.

Fürer-Haimendorf, Christoph von, Glückliche Barbaren: bei unbekannten Völkern an der Nordostgrenze Indiens, Wiesbaden 1956.

Fürer-Haimendorf, Christoph von, Die nackten Nagas: 13 Monate unter Kopfjägern Indiens, Leipzig 1939.

Ganguli, Milada, Naga Art, New Delhi 1993.

Ganguli, Milada, Reise zu den Naga, 2. Aufl., Leipzig 1978.

Ham, Peter van, Auf Buddhas Pfaden. 2.000 km durch den Westhimalaya, München 1994.

Ham, Peter van & Stirn, Aglaja, Klänge von den Nebeln jenseits der Zeit. Aus dem Liederbuch der Naga, www.journal-ethnologie.de 2004.

Ham, Peter van & Stirn, Aglaja, Buddhas Bergwüste. Tibets Geheimes Erbe im Himalaya, Graz 1999.

Ham, Peter van & Stirn, Aglaja, Vergessene Götter Tibets. Wiederentdeckung buddhistischer Klosterkunst im Westhimalaya, Stuttgart 1997.

Hamilton, Angus, In Abor Jungles (1912), Uckfield 2003.

Heath, Ian, Armies of the 19th Century: Asia 3: India's North-East Frontier, Guernsey 1999.

Heath, Ian & Perry, Michael, Armies of the 19th Century: North-East Frontier 1837–1901, Oxford 1998.

Hutton, John H., Naga Manners and Customs (1924), New Delhi 1990.

Izzard, Ralph, The Hunt for the Buru, London 1951.

Jacobs, Julian, The Nagas: Hill Peoples of Northeast India, Stuttgart, London 1990.

Quinn, Daniel, Ismael, München 1992.

RANJAN, M.P., IYER, NILAM & PANDYA, GHANSHYAM, Traditional Wisdom, Bamboo and Cane Crafts of Northeast India, New Delhi 2004.

SARDESHPANDE, SHRIKRISHNA CHIDAMBAR, The Patkoi Nagas, Delhi 1987.

SAUL, JAMIE & VIALLARD, DOMINIQUE, The Naga of Burma. Their Festivals, Customs and Way of Life, Bangkok 2005.

SCHUBERT, JOHANNES & SCHINDLER, MANFRED, Roter Fluss und blaue Berge. Durch Dschungel und Urwald von Assam, Leipzig 1960.

SHAND, MARK, Wilde Hunde beißen nicht. Eine abenteuerliche Flussfahrt entlang des Brahmaputra, München 2003.

SIMOONS, FREDERICK JOHN, A Ceremonial Ox of India. The Mithan in Nature, Culture and History, Madison 1968.

SINGH, K.S. (Hrsg.), People of India. Vol. 14: Arunachal Pradesh; Vol. 31: Manipur; Vol. 32: Meghalaya; Vol. 33: Mizoram; Vol. 34: Nagaland; Vol. 41: Tripura, Calcutta 1994–1998.

STIRN, AGLAJA & HAM, PETER VAN, The Hidden World of the Naga: Living Traditions of Northeast India and Burma, München 2003.

STIRN, AGLAJA & HAM, PETER VAN, »Ohne Tätowierung bin ich nackt!« Haut, Identität und Kopfjagd in Nordost-Indien, in: *Parapluie, Online-Zeitschrift für Kulturwissenschaft*, http://parapluie.de/archiv/haut/kopfjagd/, 01.12.2001.

STIRN, AGLAJA & HAM, PETER VAN, The Seven Sisters of India: Tribal Worlds between Tibet and Burma, München 2000.

STIRN-VAN HAM ARCHIVES, THE & SPNH: HIMALAYA – Songs from the Heights. A Celebration of Musical Traditions of Arunachal Pradesh / India, Audio-CD mit Texten, Frankfurt/M. 2006.

STIRN-VAN HAM ARCHIVES, THE & SPNH: NAGA – Songs from the Mist. A Celebration of Music from the Naga Hills in Northeast India and Burma, Audio-CD mit Texten, Frankfurt/M. 2003.

VERGHESE, BOOBLI GEORGE, India's Northeast Resurgent: Ethnicity, Insurgency, Governance, Development, New Delhi 1996.

Die Deutsche Bibliothek verzeichnet diese Publikation in Der Deutschen Nationalbibliografie; detaillierte bibliografische Daten sind im Internet über http://dnb.ddb.de abrufbar.

2. Aufl. 2006

www.frederking-thaler.de

Alle Fotos, sofern nicht anders angegeben: Peter van Ham & Aglaja Stirn
© The Stirn-van Ham Archives, Frankfurt am Main
Text: Peter van Ham, Frankfurt am Main
Die Zitate im Text sind folgenden Quellen entnommen:
S. 232 f., 247: Bower, Ursula Graham: The Hidden Land, London 1953, S. 31, 235 bzw. 238.
S. 249: Quinn, Daniel: Ismael, München 1992, S. 304.

Lektorat: Gudrun Honke, Bochum (Prolog, Kapitel 1, Kapitel 2, Bibliografie); Iris Forster, München (Kapitel 3, Kapitel 4, Epilog)
Herstellung und Satz: Büro Caroline Sieveking, München
Kartografie: Eckehard Radehose, Schliersee
Umschlaggestaltung: Dorkenwald Grafik-Design & Artwork, P. Dorkenwald, München
Reproduktion: Lorenz & Zeller, Inning am Ammersee
Druck und Bindung: Clausen & Bosse, Leck

Printed in Germany

ISBN 10: 3-89405-664-9
ISBN 13: 978-3-89405-664-3

Frederking & Thaler | ON TOUR

Carmen Rohrbach

NAMIBIA

Abenteuerliche Begegnungen mit Menschen, Landschaften und Tieren

224 Seiten, 28 Farbfotos, 1 Karte
14,0 x 22,0 cm, geb. mit SU
ISBN 3-89405-645-2

Zwischen Kalahari und Atlantik

Funkelnder Sternenhimmel und feurige Sonnenuntergänge, reiches Tierleben und karge Wüstenlandschaften, koloniales Trauma und nationales Selbstbewusstsein: Namibia ist ein rätselhaftes Land voll unterschiedlicher Facetten. Carmen Rohrbach hat dieses Land erkundet und wieder einmal einen fesselnden Reisebericht verfasst!

Hans-Joachim Löwer

HEILIGE ERDE – UNHEILIGES LAND

Eine Gratwanderung durch Israel und Palästina

176 Seiten, 45 Farbfotos, 1 Karte
14,0 x 22,0 cm, geb. mit SU
ISBN 3-89405-644-4

Erfahrungen eines Grenzgängers

Hans-Joachim Löwer berichtet in eindringlicher Weise von seiner Wanderung durch die Konflikt geladene Realität des Nahen Ostens. Unvoreingenommen und sensibel nähert er sich dem Land, den Menschen und ihren Geschichten auf beiden Seiten. Eine außergewöhnliche Reise über alle Fronten hinweg.

Frederking & Thaler | ON TOUR

Philippe Valéry

DER VERHEISSUNGSVOLLE WEG

Zu Fuß von Marseille bis Kaschgar

256 Seiten, 31 s/w- u. 25 Farbfotos, 3 Karten, geb. mit SU, 14,0 x 22,0 cm
ISBN 3-89405-638-X

Mythos Seidenstraße

Philippe Valéry ist dem Zauber des Orients erlegen und hat sich einen lang gehegten Wunsch erfüllt: Über 10.000 Kilometer legt er auf der Route der legendären Seidenstraße bis nach China dabei zurück. Ein Wanderer, der sich mit allen Sinnen einlässt auf ein großes Abenteuer und der dabei den Luxus der Zeit für sich entdeckt.

Andreas Altmann

DER PREIS DER LEICHTIGKEIT

Eine Reise durch Thailand, Kambodscha und Vietnam

240 Seiten, 25 Farbfotos, 1 Karte geb. mit SU, 14,0 x 22,0 cm
ISBN 3-89405-659-2

Unterwegs in Südostasien

Abseits der Touristenströme und ohne festen Plan – Altmann taucht ein in fremde Lebenswelten und kommt mit Geschichten im Gepäck zurück. Sein Tagebuch ist voll von Momenten der Sinnlichkeit, ein wildes *road movie* und zugleich eine Reflexion über das Unvermutete und das Vertraute, über das Fremde und das eigene Selbst.

LHASA
Shigatse
Yarlung Tsangpo
Yamdrok Tso
CHINA
(Tibet)
H i m a l a y
Mount Everest
8850
8598
Kanchenjunga
7314
Chomolhari
Punakha
Sikkim
THIMPHU
BHUTAN
Gangtok
NEPAL
Darjeeling
Siliguri
Westbengalen
Assam
Chidaogre
Tura
Meghalaya
Ganges
Bhagalpur
BANGLADESH
Bihar
Brahmaputra
DHAKA
Agartala
Udaipur
Khalabam
Dashamireang Para
Rupaichari
Barisal
Golf von Bengalen
IRAN
Indus
CHINA
Tibet
PAKISTAN
Kathmandu
Delhi
Ganges
Gauhati
Arabisches Meer
Kalkutta
INDIEN
Golf von Bengalen
Yangon
Bangkok
Indischer Ozean
Indischer Ozean

33105138R00065

Printed in Great Britain
by Amazon